Julie Jansen

Ich weiß nicht, was ich will, aber DAS ist es nicht

Julie Jansen

# Ich weiß nicht, was ich will, aber DAS ist es nicht

Ein Ratgeber für die Suche nach einem erfüllenden Job

Aus dem Amerikanischen von Brigitte Döbert

LINDE
*international*

Bibliografische Information Der Deutschen Bibliothek

Die Deutsche Bibliothek verzeichnet diese Publikation in der Deutschen Nationalbibliografie; detaillierte bibliografische Daten sind im Internet über http://dnb.ddb.de abrufbar.

Titel der Originalausgabe: I don't Know What I Want, But I Know It's Not This. A Step-by-Step Guide to Finding Gratifying Work, originally published by the Penguin Group



Dieses Werk wurde vermittelt durch die Literarische Agentur Thomas Schlück GmbH, 30827 Garbsen.



ISBN 3-7093-0026-6



Umschlag: AG MEDIA GmbH



LINDE VERLAG WIEN Ges.m.b.H., Wien 2004
1210 Wien, Scheydgasse 24, Tel.: 0043 / 1 / 24 630
www.lindeverlag.at

Druck: Hans Jentzsch & Co. GmbH., 1210 Wien, Scheydgasse 31

*Für meinen Bruder Dave.*
*Ich wünschte, du wärst hier.*

# Inhalt


**Danksagung** .......... 9

**Einleitung** .......... 11

**Teil 1: Wo stehen Sie?** .......... 13

1. Warum wollen oder müssen Sie den Arbeitsplatz wechseln? .... 15
2. Der Status quo .......... 23
   Bestandsaufnahme .......... 26

**Teil 2: Ihr Ziele** .......... 35

3. Werte, Einstellungen und Veränderungsbereitschaft .......... 37
   Assessment: Was ist das, wie wird es genutzt? .......... 38
   Werte: Das Grundgerüst Ihrer Wünsche .......... 39
   Einstellungen: Der Antrieb für Ihre Handlungen .......... 44
   Veränderungsbereitschaft: Der Motor für Ihren Aufbruch .... 50
4. Vorlieben, Interessen und Stärken .......... 53
   Vorlieben: Ihr ganz persönlicher Stil .......... 53
   Interessen: Gründe für Ihr Engagement .......... 58
   Stärken: Pfunde, mit denen Sie wuchern sollten .......... 65

**Teil 3: Ihr Weg zum Ziel** .......... 71

5. Es ist alles so sinnlos .......... 73
   Erster Schritt: der Test .......... 74
   Zweiter Schritt: Hindernisse und Chancen ermitteln .......... 78
   Dritter Schritt: Abhilfe schaffen .......... 92
6. Das kann's doch nicht gewesen sein .......... 94
   Erster Schritt: der Test .......... 95
   Zweiter Schritt: Hindernisse und Chancen ermitteln .......... 99
   Dritter Schritt: Abhilfe schaffen .......... 102
7. Gebrannte Kinder .......... 109
   Erster Schritt: der Test .......... 112
   Zweiter Schritt: Hindernisse und Chancen ermitteln .......... 117
   Dritter Schritt: Abhilfe schaffen .......... 128

8. Die ewige Tretmühle ........ 132
Erster Schritt: der Test ........ 135
Zweiter Schritt: Hindernisse und Chancen ermitteln ........ 137
Dritter Schritt: Abhilfe schaffen ........ 146
9. Endlich selbstständig! ........ 148
Erster Schritt: der Test ........ 150
Zweiter Schritt: Hindernisse und Chancen ermitteln ........ 155
Dritter Schritt: Abhilfe schaffen ........ 176
10. Wirklich schon aufs Altenteil? ........ 185
Erster Schritt: der Test ........ 187
Zweiter Schritt: Hindernisse und Chancen ermitteln ........ 189
Dritter Schritt: Abhilfe schaffen ........ 197

**Teil 4: In der Zielgeraden** ........ 201

11. Die zehn Schlüssel zum Erfolg ........ 203
Neugier ........ 205
Entscheidungsfreude ........ 206
Ausdauer ........ 209
Empathie ........ 211
Flexibilität ........ 212
Konsequenz ........ 213
Humor ........ 214
Intelligenz ........ 215
Optimismus ........ 216
Respekt ........ 220

12. Das 1×1 der Stellensuche ........ 221
Wie Sie sich vorbereiten und wappnen können ........ 221
Das ABC des Bewerbens ........ 228

**Nachwort** ........ 239

**Quellen und Adressen** ........ 245

# Danksagung

Ich möchte folgenden Menschen herzlich für ihre Unterstützung danken:

Lucy Hendrick, ohne die es dieses Buch nicht gäbe, die mich mit ihrem unnachahmlich ernsthaften Stil ermutigt und gecoacht und mir meine Agentin Denise vermittelt hat.

Denise Marcil, meiner wunderbaren Agentin, die vom ersten Moment an mich glaubte und sich so für das Projekt engagiert hat, dass es Wirklichkeit wurde.

Jane von Mehren, begnadete Verlegerin, hoch professionelle, fantastische Textbearbeiterin, berühmt für ihre Großzügigkeit.

Jessica Kipp, meiner hellsichtigen, diplomatischen und geduldigen Lektorin.

Ben, meinem Herzallerliebsten, der unerschütterlich an mich glaubt.

Lora Friedman, die in der Anfangsphase des Projekts mit mir durch dick und dünn ging und mit ihrem Talent und ihrer Freundschaft den Grundstein zu meinem Erfolg legte.

Diana Carter, auf deren Begeisterung, Humor, Ideen und Freundschaft ich jederzeit zählen konnte.

Chris Beggs, seit Urzeiten ein lieber Freund, ohne den das Leben fad wäre. Danke, dass du mich mit Blumen für jeden noch so unbedeutenden Teilerfolg belohnt hast.

Meinem Papa, der mich seit meiner Kindheit Samstag für Samstag zur Stadtbücherei fuhr, sodass mir das Lesefutter nie ausging. Ohne ihn hätte ich meine Leidenschaft für das gedruckte Wort vielleicht nie entdeckt.

Melody, die überhaupt nicht dem Klischee der bösen Stiefmutter entspricht und für mich ein Segen war.

Zeke, die mich Tag und Nacht während des Schreibens begleitet hat und die ich schrecklich vermisse.

Momster, meinem Schatz und Seelengefährten.

Joy Baldridge, mir stets zur Freude und mein großes Vorbild.

Robert Montello, der mich unermüdlich unterstützt.

Bonnie Depp, die mich notfalls auf den Boden der Tatsachen heruntergeholt hat.

Sheila Goldman und Robert Miller, die in Nantucket meine Begeisterung teilten.

Mark Rubinfeld, der sich schon immer sicher war, ich würde eines Tages Schriftstellerin werden.

Kim und Chris, ich liebe euch.

Allen meinen Freunden und Bekannten, die mir von sich erzählten.

Meinem weiteren Freundes- und Kollegenkreis, der mich begleitet und an mich geglaubt hat.

# Einleitung

Viele Menschen finden es einfach schrecklich, jeden Tag arbeiten gehen zu müssen. Sie sind mit ihrer Stelle nicht zufrieden, fühlen sich unglücklich und unausgefüllt und zählen die Tage bis zum Wochenende. Wenn mich jemand während der Arbeit an diesem Buch fragte, worum es darin gehen soll, antwortete ich: einen Job zu finden, mit dem man so richtig zufrieden ist. Ausnahmslos bekam ich zur Antwort: „Mensch, das könnte ich gerade jetzt verdammt gut gebrauchen!" oder „Mein Mann (Nachbar/Schwester/Sohn/Kusine …) wäre bestimmt dankbar für so ein Buch."

Derlei hat mich angespornt, weil ich genau weiß, wie auch derjenige Erfüllung im Beruf finden kann, der im Augenblick noch an seiner Arbeit (ver)zweifelt, und was er dafür tun muss. Mir selbst jedenfalls hat der Beruf immer so viel mehr als nur Geld eingebracht – Herausforderungen, Anregungen, Freiheit, Unabhängigkeit und richtige Glücksmomente. Und ich konnte dabei etwas für andere tun.

Seit meinem achten Lebensjahr stehe ich im Erwerbsleben. Angefangen habe ich damit, Süßigkeiten im Supermarkt zu kaufen und sie mit sattem Aufschlag auf dem Schulhof wieder zu verkaufen. In meinen prägenden Jahren übernahm ich gegen Entgelt ganz unterschiedliche Aufgaben – Rasen mähen, Swimmingpools und Düngemittel verkaufen oder Osterhase spielen – und versuchte mich als Telefonistin, Kassiererin, Barkeeperin oder Buchhalterin.

Ich verließ das College mit einem Abschluss in Mass Communications (Massenkommunikation) und arbeitete zunächst als Meinungsforscherin für einen Fernsehsender, später dann als Werbetexterin fürs Radio. Nach einem kurzen Ausflug in den Journalismus war ich in der Arbeitsvermittlung und Outplacement-Beratung tätig, die sich um die Wiedereingliederung entlassener Führungskräfte kümmert, und anschließend als Trainerin. Rückblickend wirkt das willkürlich zusammengewürfelt, aber an allen Punkten meiner Karriere hatte ich mit Menschen und deren Berufstätigkeit zu tun. Was mich am meisten interessiert? Der Mensch in der Arbeitswelt …

Derzeit arbeite ich an meiner fünften Laufbahn – ich halte Vorträge und habe mich als Beraterin und Coach selbstständig gemacht. Dabei fasziniert mich mehr denn je, wie Menschen erst zu ihrem Beruf finden und dann mit ihrer Wahl zurechtkommen. Ich will mit diesem Buch Mut machen und zeigen: Ja, man kann gern arbeiten, mehr noch – man hat das Recht, in seinem Beruf glücklich sein. Dabei verstehe ich jeden, der mit der täglichen Fron hadert und unter erschwerten Bedingungen seine Brötchen verdient, habe ich doch selbst massenweise schlechte Erfahrungen sammeln dürfen. Man hat mir gekündigt, meine Stelle wurde wegrationalisiert, zweimal war ich mit fiesen Vorgesetzten konfrontiert, Fusionen und politische Grabenkämpfe haben mich eiskalt erwischt. Ich habe in Unternehmen gearbeitet, deren Unternehmenskultur mir überhaupt nicht entsprach. Ein Arbeitgeber drohte mir gar mit juristischen Schritten, weil ich angeblich gegen eine Wettbewerbsklausel verstoßen hatte. Die Arbeit war keineswegs immer spannend und anspruchsvoll, nett und beglückend, lustig und gesellig. Nicht selten fühlte ich mich gelangweilt, unterfordert, desinteressiert und hundeelend. Welchen Schluss ich daraus gezogen habe? Nur wer den richtigen Job findet, arbeitet hoch motiviert und zuversichtlich, entwickelt eine starke Präsenz und kann sich, wann immer es nötig sein sollte, neu orientieren oder sogar neu erfinden.

# Teil 1

# Wo stehen Sie?

# 1. Warum wollen oder müssen Sie den Arbeitsplatz wechseln?

„Ich werde dieses Jahr 40 und fange plötzlich an, meinen Beruf in Frage zu stellen. Solche Gefühle kannte ich bis jetzt gar nicht. Es ist völlig verrückt!“ Das sagt Kim. Sie leitet die Personalabteilung einer der größten Banken der Vereinigten Staaten.

Vielleicht kennen Sie ähnliche Gefühle und Gedanken. Die Arbeitswelt hat sich im Vergleich zu den Verhältnissen vor zehn, 20 oder 30 Jahren sehr verändert und sie wird sich in Zukunft noch stärker verändern. Aus einer Reihe von Gründen wird es immer schwieriger, sich mit den Bedingungen am Arbeitsplatz zu arrangieren.

**Experten-Rat:** Die Psychotherapeutin und Buchautorin Louise Lague bringt einen der wichtigsten Gründe folgendermaßen auf den Punkt: „Technisch ist es möglich, seinen Beruf zu jedem Zeitpunkt und von jedem beliebigen Ort aus auszuführen. Dadurch sind viele Arbeitsplätze zur Hölle auf Erden geworden – es wird immer gearbeitet! Die Termine werden enger, die Erwartungen immer höher und die Freizeit wird ständig unterbrochen.“

Innerhalb der Unternehmen ist viel in Bewegung geraten: Die einst relativ langfristigen Arbeitsverhältnisse werden Arbeitsplätze auf Zeit. Das erzeugt Stress, der die Menschen unzufrieden, oft sogar unglücklich macht. Endlose Telefonate und Besprechungen, Unmengen von E-Mails und Nachrichten auf dem Anrufbeantworter, parallel laufende und sich überschneidende Projekte und Termine sowie der massive Druck, Gewinn machen zu müssen: All das überfordert viele Berufstätige.

**Beispiel:** Debbie vertreibt für einen großen Gesundheitskonzern Schwesternrufsysteme an Krankenhäuser. Irgendwann ertrug sie das Leben aus dem Koffer und die unrealistischen Umsatzziele nicht mehr und kündigte. Sie entschied sich für einen Job, der finanziell weniger Potenzial bot, dafür aber auch sehr viel stressfreier war. Nach ihrer Kündigung verabschiedete sie sich in ihrer alten Firma von einem Dutzend Personen auf verschiedenen Ebenen. Alle beglückwünschten sie zu ihrer Entscheidung und sagten, wenn sie könnten, würden sie auch lieber heute als morgen gehen. Debbie war schockiert. Manche meinten, früher sei das bei ihnen anders gewesen, oder beklagten sich darüber, dass das Unternehmen sich nicht mehr um die Mitarbeiter kümmere, sondern nur noch am Profit interessiert sei.

**Experten-Rat:** „Das Burnout-Syndrom entsteht nicht durch zu viel Arbeit“, erklärt Louise Lague, „sondern durch Arbeit, die einem persönlich nichts bedeutet. Wenn das Alltag wird, raubt es viel mehr psychische Energie, als wenn man seine Arbeit liebt.“ Die negativen Gefühle, die mit dem ungeliebten Job verbunden sind, vergällen einem auch den Feierabend und die Wochenenden. „Was uns einst freute“, fährt Louise fort, „lässt uns dann oft kalt. Wir leben und wachsen und lernen bis ins ganz hohe Alter, und wenn gesunde Menschen aufhören zu lernen, dann fangen sie an, sich zu langweilen, und sehnen sich nach etwas Neuem. Wer mit so einem Job unzufrieden ist, ist absolut normal – er beweist nur, dass er gesund ist.“

**Beispiel:** Kim, die bereits erwähnte Personalleiterin, arbeitete für eine Bank, die jüngst zwei andere Unternehmen geschluckt hat. Es war die achte Übernahme in drei Jahren. Das größte Problem an solchen Übernahmen ist die Unfähigkeit von Organisationen, unterschiedliche Unternehmenskulturen zu harmonisieren. Dieses Versäumnis führt zu erhöhter Fluktuation und vernebelt gemeinsame Werte und Ziele. Davon war Kim nicht nur persönlich betroffen. Als leitende Angestellte musste sie zudem mit den Widerständen ihrer Mitarbeiter umgehen lernen.

Obwohl die meisten Menschen inzwischen wissen, dass vielen Arbeitgebern Einsatz und Loyalität nicht mehr so viel bedeuten wie früher, können es die wenigsten emotional akzeptieren. Auch die Aufstiegsmöglichkeiten sind inzwischen so stark ausgedünnt, dass sich viele fragen, wonach sie im Beruf streben sollen. Das gilt insbesondere für erfahrene Mitarbeiter, die bisher ihre Motivation aus dem nächsten Schritt auf der Karriereleiter gezogen haben.

Viele Menschen empfinden es zudem als anstrengend, mit anderen Generationen zusammenarbeiten zu müssen.

**Experten-Rat:** Ron Zemke, Claire Raines und Bob Filipczak beschreiben in ihrem Buch *Generations at Work* den Abgrund zwischen Babyboomern, also den heute 40- bis Ende 50-Jährigen, und der Generation X, den in den 60ern und 70ern Geborenen: „Die Babyboomer halten die Generation X entweder für geldgeil oder faul, für misstrauisch oder egoistisch, für beziehungsunfähig oder zynisch." Und die „Xers" halten die Älteren für übertrieben engagiert, zu überzeugt von ihrem eigenen Weg, zu naiv und zu weich. Die schlechte Meinung voneinander hat in der Zusammenarbeit Konflikte, Frustration und Misstrauen provoziert, nicht gerade die besten Zutaten für ein angenehmes Arbeitsumfeld.

**Beispiel:** Immer mehr Menschen über 40 fühlen sich offen oder versteckt von den Arbeitgebern diskriminiert. Joanie, 52, hat ihr ganzes Berufsleben lang Werbeminuten für einen Fernsehsender verkauft. Als sie 50 wurde, nahm ihr der Chef den Titel „National Sales Manager" und die damit verbundene Verantwortung weg. Begründung: „Du bist jetzt 50 und solltest nicht mehr so viel reisen." Viele ältere Arbeitnehmer sind davon überzeugt, dass ihre jungen und technologisch versierten Kollegen bessere Chancen haben als sie selbst. Insbesondere jene, denen mit Ende 40 oder in den Fünfzigern gekündigt wurde, sind sich ziemlich sicher, dass die Entscheidung mit ihrem Alter zusammenhing. Menschen dieser Altersstufe glauben oft, dass Unternehmen, insbesondere Großunternehmen, Mitarbeiter oberhalb der 40 für weniger kreativ, weniger flexibel und teurer halten als jüngere Mitarbeiter.

Es spricht in der Tat vieles dafür, ältere Mitarbeiter durch jüngere zu ersetzen, die bis zum Umfallen arbeiten wollen oder zumindest können. Werden diese Youngster dann befördert, sind Reibereien oder offene Konflikte mit älteren Mitarbeitern vorprogrammiert, die die gleiche Arbeit seit langem ausführen und nolens volens auch weiterhin tun. Fazit?

Ältere Mitarbeiter würden gerne die Unternehmen verlassen, in denen sie, nur weil sie älter sind, schlecht behandelt werden.

Eine andere Frustrationsquelle ist die Unbeweglichkeit der meisten Unternehmen. Ob groß oder klein, sie behandeln Mitarbeiter noch immer nach denselben starren Schemata wie früher, als jeder noch einen festen Arbeitsplatz hatte. Neue Modelle setzen sich, wenn überhaupt, nur sehr langsam durch. Den veränderten Bedürfnissen von Arbeitnehmern wird unnötig selten Rechnung getragen, und diese Schwerfälligkeit verärgert Mitarbeiter und treibt sie zu anderen Unternehmen, die in diesen Fragen flexibler sind.

**Beispiel:** Ben etwa entwickelte für eine kleine Firma Stereoanlagen für Autos. Drei Jahre lang fuhr er täglich 112 Meilen zum Arbeitsplatz, obwohl er genauso gut von zu Hause aus hätte arbeiten können. Aber sein Arbeitgeber hatte kein Vertrauen zur Telearbeit. Er dachte, ein Mitarbeiter, der nicht im Büro sitzt, liegt auf der faulen Haut. Ben mochte seine Arbeit, den Chef und die Firma, aber mit 47 Jahren wollte er die lange Anfahrtzeit nicht mehr in Kauf nehmen. Er fand eine Stelle bei einem Großunternehmen und arbeitet jetzt von zu Hause aus. Als er kündigte, bot ihm seine alte Firma widerwillig einen Tag pro Woche Heimarbeit an, um ihn zu halten. Es war verführerisch, Ja zu sagen, aber Ben wusste, dass er hier nie vollen Rückhalt erwarten konnte, und wechselte trotzdem. Tatsächlich fühlt er sich seither viel wohler, weil der tägliche Stress durch die lange Autofahrt weggefallen ist.

Inzwischen lehnen immer mehr Menschen das grausame Tempo im Arbeitsalltag ab, das ihr Leben regiert. Um dieses Problem in den Griff zu bekommen, haben sich einige Unternehmen die so genannte Work-Life-Balance auf die Fahnen geschrieben. Vor einigen Jahren hat zum Beispiel Microsoft die Urlaubsregelung für leitende Angestellte geändert. Diese dürfen seither so viel Urlaub nehmen, wie sie brauchen. Obwohl Nachforschungen ergeben, dass Menschen in hohen Führungspositionen nicht einmal die ihnen gesetzlich zustehenden Urlaubstage voll ausschöpfen, war dies eine Form der Anerkennung. In Deutschland haben inzwischen auch einige große Unternehmen wie der Automobilzulieferer Brose, der Wirtschaftsprüfer KPMG, der Software-Produzent SAP und der Elektronik-Riese Siemens entsprechende Programme aufgelegt. Personnel Decisions International, eine auf Personalfragen spezialisierte Unternehmensberatung, hat im Jahr 2000 eine Umfrage durchgeführt, nach der fast die Hälfte der Angestellten quer durch die Hierarchieebenen eine Zunahme der Arbeitszeit während der letzten fünf Jahre festgestellt hat. Derzeit liegt sie in den USA bei durchschnittlich 49,2 Wochenstunden. Auch in Deutschland sind bis zu 48 Arbeitsstunden pro Woche erlaubt. Durchschnittlich leistet jeder Arbeitnehmer in Deutschland rund 60 Überstunden im Jahr, etwa 1,9 Millionen sind das insgesamt. Dazu kommt eine riesige Zahl von ungemeldeter und unbezahlter Mehrarbeit, die entweder in den Pausen oder über die gesetzlich oder tariflich festgelegte Maximalzeit hinaus erbracht wird. Einer Untersuchung des Families and Work Institute zufolge nehmen 16 Prozent der Befragten mehr als einmal pro Woche Arbeit mit nach Hause. Das Telekommunikationsunternehmen Verizon veranstaltete eine Umfrage unter seinen Mitarbeitern: Die Hälfte gab zu, während des Urlaubs mal in der Firma vorbeizuschauen oder zumindest die E-Mails abzurufen. Doch was beweist das?

Die Ausgewogenheit zwischen Beruf und Privatleben erscheint vielen Angestellten als unrealistisches Ziel, das in weiter Ferne liegt. Warum? Weil die Anforderungen im Beruf die meisten Menschen überfordern und daher Arbeit, zumindest aber die Belastungen mit nach Hause genommen werden. Es ist technisch möglich, an allen 24 Stunden des Tages zu arbeiten, und viele fühlen sich verpflichtet, das auch zu nutzen, ob nun am Wochenende oder im Urlaub. Mehr noch, gerade mit einer Politik der Work-Life-Balance kann ein Unternehmen doppelbödige Signale senden, da die Trennung zwischen Job und Privatleben noch weiter verwischt werden kann. Allen Statements zum Trotz ist es oft keineswegs selbstverständlich, das Büro zu einer vernünftigen Uhrzeit zu verlassen und den ganzen Urlaub zu nehmen, der einem laut Unternehmensrichtlinien zusteht. Wenn die Unternehmenskultur und das Vorbild der Führungsriege den Erfolg an das Arbeiten rund um die Uhr knüpfen, ist der Anpassungsdruck so stark, dass es unmöglich erscheint, ein ungestörtes Privatleben zu führen.

In den meisten Fällen läuft die Forderung nach einer Balance zwischen Arbeit und Privatleben nicht darauf hinaus, den Beruf aufzugeben. Es wäre psychologisch auch schwierig, ganz und gar aufzuhören, selbst für den, der es sich finanziell leisten könnte. Natürlich arbeitet man vor allem des Geldes wegen. Trotzdem hängen die meisten von uns, unabhängig vom Alter, an ihrer Arbeit und ziehen daraus einen großen Teil ihres Selbstwertgefühls.

Und noch etwas spricht dafür, dass man seinen Job möglichst mögen sollte: Die meisten von uns werden mit ihm alt werden, da die steigende Lebenserwartung in unseren modernen Gesellschaften in Verbindung mit ausbleibendem Nachwuchs die Sozialversicherungs-Systeme in Frage stellt.

**Experten-Rat:** Beverly Goldberg befasst sich in *Age Works* mit diesem Thema. Als Mitte der dreißiger Jahre in den USA die Sozialversicherung eingeführt wurde, lag die Lebenserwartung knapp unter 62 Jahren, nur sieben Prozent der Bevölkerung war älter als 65 Jahre. Im Jahr 2000 sind 13 Prozent der US-amerikanischen Bevölkerung älter als 65, und ihr Anteil steigt ständig. In Deutschland beträgt die Lebenserwartung heute geborener Männer über 74, die der Frauen fast 81 Jahre. Zwar bestimmen gegenwärtig im gesamten EU-Bereich noch die mittleren Jahrgänge den Altersaufbau der Bevölkerung. Schon 2030 werden allerdings die Alten dominieren – wenn die geburtenstarken Jahrgänge ins Rentenalter kommen und die Zahl der Geburten weiterhin zurückgeht. Unabhängig von nationalen Besonderheiten ist überall eine Alterung der Gesellschaft zu verzeichnen.

Die Statistik hat massive Folgen. Die Menschen sind abhängig von Sozialversicherung, Betriebsrenten und ihren Ersparnissen, um den Ruhestand zu finanzieren. Das Vertrauen in die soziale Absicherung ist allerdings erschüttert. Es ist fraglich, ob das System in der gegenwärtigen Form Bestand haben wird. Mehr als die Hälfte der Amerikaner arbeitet bei Unternehmen, die ihren Arbeitnehmern keine Betriebsrente zahlen, berichtet Goldberg. Auch in Deutschland müssen sehr viele Arbeitnehmer künftig mit massiven Einschnitten bei ihren Renten rechnen und diese Einbußen zum Teil durch eine längere Lebensarbeitszeit ausgleichen. Dazu kommt, dass die geburtenstarken Jahrgänge für ihre geringe Sparneigung berüchtigt sind. Sie stellen die größte Gruppe der Berufstätigen. Laut Ken Feltman, dem Vorsitzenden des Employers Council on Flexible Compensation, haben die Babyboomer die höchsten Kreditkartenschulden und zahlen im Schnitt von jetzt an gerechnet noch 20 Jahre lang ihre Hypotheken ab. In Deutschland werden rund 5,5 Millionen Menschen von Schuldenbergen gedrückt; oft beginnen regelrechte Schuldnerkarrieren bereits im Jugendalter.

Deswegen werden die meisten von uns länger arbeiten und später in Rente gehen als frühere Generationen.

Andere Gründe, mit der Arbeit unzufrieden zu sein, haben nicht unbedingt etwas mit dem Unternehmen oder dem Arbeitsplatz zu tun. So mancher ist enttäuscht oder unzufrieden mit der Arbeit selbst. Das kann ein schleichender Prozess sein oder aber auch aus heiterem Himmel auftreten. Solche Gefühle haben mehr mit der Persönlichkeit des Einzelnen zu tun und rühren aus inneren Konflikten oder der Sehnsucht nach Veränderung.

Es sind längst nicht nur die Menschen in mittleren Jahren, die ihre Ziele und Wertvorstellungen in Frage stellen. Auch wenn einschneidende Ereignisse, wie Scheidung, Arbeitslosigkeit oder das Flügge-Werden der Kinder, in den mittleren Lebensjahren gehäuft auftreten, ist es doch keine Frage des Alters, beruflich wie privat nach Glück und Zufriedenheit zu streben. Beispielsweise zwang das Scheitern vieler Internet-Firmen Ende der neunziger Jahre nicht wenige Menschen in den Zwanzigern und Dreißigern, erneut über ihre beruflichen Ziele und Wünsche nachzudenken.

Viele Menschen, die in ihrem Job unglücklich sind, wissen noch nicht einmal, warum eigentlich. Sie spüren nur ihre eigene Unzufriedenheit. Die Bandbreite reicht von Depression, Langeweile, Lethargie und Apathie bis hin zu Stress und Überlastung. Wieder andere fühlen sich unterfordert. Andere können die Gründe für ihre Unzufriedenheit benennen, stecken aber fest und finden es einfacher, sich mit der misslichen Situation zu arrangieren als etwas dagegen zu unternehmen.

Arbeiten am Beginn des 21. Jahrhunderts unterscheidet sich erheblich von der Arbeit in den siebziger, achtziger und frühen neunziger Jahren. Das stetige Vorankommen in einer einzigen Laufbahn gehört unwiderruflich der Vergangenheit an. Der Arbeitsmarkt, aber auch der persönliche

Lebensstil diktieren zunehmend unsere Tätigkeit. Insofern wird die Fähigkeit, in beruflichen Dingen schnell schalten zu können und Vergangenes hinter sich zu lassen, immer wichtiger für die Arbeitszufriedenheit. Wer sich diese Fähigkeit aneignet, kann einen großen Teil des bisherigen oder gegenwärtigen Unbehagens abschütteln.

Leben heißt immer Entscheidungen zu treffen. Eine der größten Entscheidungen ist die Berufswahl. Wir haben heutzutage so viele Möglichkeiten, dass man sich manchmal am liebsten hinsetzen und gar keine Entscheidung treffen möchte. Das trifft auch auf den Punkt im Leben zu, an dem eine Veränderung notwendig wird.

**Tipp:** Wer dort ankommt, sollte sich die Alternativen vor Augen führen: Entweder man entscheidet sich dafür, sein Glück zu suchen und etwas zu ändern, oder man bleibt bei einer Tätigkeit, die einen nicht glücklich macht.

In diesem Buch geht es darum, die richtige Arbeit zu finden. Es ist gut möglich, dass Sie nach der Lektüre eine Entscheidung treffen, sich nach einer neuen Stelle umsehen und vielleicht mit einer Laufbahn brechen, die Sie über viele Jahre verfolgt haben. Wie auch immer Ihre Entscheidung ausfällt, eines sollten Sie nicht vergessen: Arbeit ist etwas Individuelles. Was zu Ihnen passt, hängt in hohem Maße von Ihrer Persönlichkeit ab.

In meiner Eigenschaft als Coach habe ich oft mit Menschen Kontakt, die sich mit ihrem Beruf oder ihrer Laufbahn nicht identifizieren können. Sie berichten häufig von Kollegen, denen es genauso geht, die jedoch resigniert haben oder nicht wissen, wo sie mit den Veränderungen anfangen sollen, und deswegen einfach alles weiterlaufen lassen wie bisher. Zeitweilige Unzufriedenheit mit dem Job ist normal, aber wenn sie zum Dauerzustand wird, dann sollte man sich einen Ruck geben.

Die Zeit ist reif. Machen Sie sich auf den Weg zu einem erfüllten Berufsleben!

# 2. Der Status quo

Die Gründe für eine massive Unzufriedenheit mit dem Arbeitsplatz lassen sich in sechs exemplarischen Situationen zusammenfassen. Anhand von deren Beschreibung können Sie für sich klären, welche auf Sie zutrifft, warum Sie den Arbeitsplatz wechseln möchten bzw. noch diffuse Gründe konkretisieren. Wahrscheinlich werden Sie sich in einer der sechs Situationen besonders gut wiedererkennen, es kann aber auch sein, dass verschiedene Aspekte auf Sie zutreffen.

1. **Es ist alles so sinnlos.** Diese Menschen fahnden nach einer neuen Art von Anerkennung und Zufriedenheit. Entweder streben sie persönliche Erfüllung an oder sie werden von dem starken Wunsch getrieben, anderen zu helfen.

   **Beispiel:** Bill etwa hat 15 Jahre lang als Ingenieur gearbeitet, konnte sich aber nie voll mit seiner Arbeit identifizieren. Als sein Arbeitsplatz bei einem Telefonausrüster wegrationalisiert wurde, nahm sich Bill eine Auszeit und arbeitete ehrenamtlich für fünf Nonprofit-Organisationen. Derzeit verdient er sein Geld mit verschiedenen Teilzeitjobs. Auch seine Frau ist in denselben Organisationen engagiert. Beide fühlen sich trotz des geringeren Einkommens glücklicher und haben mehr Spaß am Leben.

2. **Das kann's doch nicht gewesen sein.** Hier handelt es sich um erfolgreiche Mitmenschen, die weiterhin gut verdienen möchten oder müssen, sich aber nicht vorstellen können, weitere zehn oder 20 Jahre am selben Arbeitsplatz zu verbringen. In ihrem Fall wird es nicht so einfach sein, auf die Schnelle eine neue Aufgabe zu finden. Aber mit sorgfältiger Planung kann es schließlich gelingen.

   **Beispiel:** Melinda hat lange Zeit als Programmiererin gearbeitet. Sie verdiente gut und hatte finanzielle Verpflichtungen, also wechselte sie die Stelle nicht. Dann hörte sie wegen der Kinder auf, und als diese älter wurden, begann sie abends und am Wochenende als Trainerin in einem Fitnessklub zu arbeiten. Als die Kinder dann aus dem Haus waren und Melinda sich von ihrem Mann scheiden ließ, machte sie den Nebenerwerb zum Hauptberuf. Heute verdient sie ungefähr so viel wie früher als Programmiererin und tut etwas, was ihr sehr viel Spaß macht.

3. **Gebrannte Kinder.** In diese Kategorie fallen Menschen, die man als Opfer der derzeitigen Umwälzungen bezeichnen kann. Sie wurden entlassen oder diskriminiert und zögern deswegen, sich wieder in die Zwänge eines Unternehmens zu begeben, müssen aber trotzdem Geld verdienen.

   **Beispiel:** Juan bekam nach seiner Entlassung einen Bypass gelegt und entschloss sich daraufhin, seine persönlichen Erfahrungen anderen mitzuteilen und als „Stress-Coach" zu arbeiten. Er hat seine eigene Praxis eröffnet und hilft anderen, mit dem Ärger in der Arbeit fertig zu werden.

4. **Die ewige Tretmühle.** Viele Menschen haben über lange Jahre schwer gearbeitet und halten den Trott nicht mehr aus. Sie brauchen einen Tapetenwechsel, eine neue Herausforderung.

   **Beispiel:** Die 40-jährige Deborah hat sich im Konsumgüter-Marketing hochgearbeitet und es bis in die Unternehmensleitung geschafft. An die frühen Jahre ihrer Laufbahn erinnert sie sich gern, es war aufregend und interessant. Inzwischen jedoch langweilt sie sich zu Tode, wie sie sagt. Insbesondere in den letzten vier Jahren empfand sie nur noch Stillstand und begann deshalb, sich aktiv umzuorientieren.

5. **Endlich selbstständig!** Diese Menschen träumen davon, freiberuflich zu arbeiten oder ein eigenes Unternehmen zu gründen.

   **Experten-Rat:** Helen Harkness, die Autorin von *Don't Stop the Career Clock,* hat herausgefunden, dass Anfang des 19. Jahrhunderts 80 Prozent der Amerikaner selbstständig waren. 1970 lag der Anteil nur noch bei 9 Prozent. Heute jedoch wächst er wieder in raschen Schritten, im Jahr 2000 gab es in den USA 12 Millionen Kleinstunternehmen. Bis 2020 soll ihr Anteil auf 25 Prozent steigen. In Deutschland gab es 2002 fast eine halbe Million Neuanmeldungen von Kleingewerbe und Nebenerwerbsbetrieben. Eine andere Form der Selbstständigkeit üben Menschen aus, die mit Zeitverträgen für ein bestimmtes Projekt eingestellt werden. In den USA ist der Anteil dieser „contingency workforce" seit 1980 um 57 Prozent gewachsen. Solche auch Free Agents genannten Menschen tragen nicht die gleiche Verantwortung wie ein Unternehmer, sind aber genauso flexibel. Einige kommen in den Genuss von Sozialleistungen, andere nicht.

In Deutschland wird der Versuch unternommen, über so genannte Ich-AGs Menschen zu motivieren, einen wichtigen Schritt in Richtung Selbstständigkeit zu gehen, der auch staatlich gefördert wird. Die Kleinunternehmer in eigener Sache erhalten drei Jahre lang Zuschüsse vom Arbeitsamt, die von 600 Euro monatlich im ersten Jahr auf 240 Euro im dritten sinken. Im November 2003 wurden mehr als 72 000 Kleinstunternehmer auf diese Art gefördert. Freilich ist dieser Schritt in vielen Fällen nicht ausschließlich selbstbestimmt, sondern folgt wirtschaftlichen Notwendigkeiten. Anhaltend hohe Arbeitslosigkeit und wenig Aussicht auf einen neuen Job geben oft den Ausschlag.

Mit dem zunehmenden Stress in den Unternehmen kommen immer mehr Menschen zu dem Schluss, dass ihnen die Selbstständigkeit besser entspricht.

**Beispiel:** Blanche hat 30 Jahre lang erfolgreich in der Schulung, im Vertrieb und im Personalwesen gearbeitet. Vor einigen Jahren schließlich gründete sie ihr eigenes Beratungsunternehmen. Sie hätte schon immer eine eigene Firma haben wollen, sagt sie, und genießt die Selbstständigkeit sehr, denn sie erreicht jedes Ziel, das sie sich vornimmt.

6. **Wirklich schon aufs Altenteil?** Diese Menschen gehören oft den geburtenstarken Jahrgängen an und würden gern etwas kürzer treten ohne ganz aufzuhören. Sie stellen sich häufig die Frage, was sie mit den vor ihnen liegenden Jahren anfangen sollen – eine völlig neue Karriere beginnen, ehrenamtlich arbeiten, die Arbeitszeit reduzieren oder ganz aufhören?

   **Beispiel:** Diana ging mit 58 Jahren in Rente, weil die häufigen Reisen als Vertriebsmitarbeiterin ihre Gesundheit angegriffen hatten. In den ersten Jahren lernte sie Yoga, las viele Bücher und versuchte sich in Ölmalerei. Seit neuestem gibt sie Seminare für einen früheren Arbeitgeber und genießt die Verbindung von Ruhestand und Teilzeitarbeit.

Nehmen Sie sich die Zeit, um diese sechs Beschreibungen zu durchdenken. Die folgende Liste wird Ihnen helfen, Ihre persönliche Situation einzukreisen. So erhalten Sie mehr Klarheit, können einen bereits bestehenden Anfangsverdacht erhärten oder ganz neue Einsichten gewinnen.

## Bestandsaufnahme

Lesen Sie sich die folgenden Sätze genau durch und reagieren Sie möglichst spontan. Die Reihenfolge orientiert sich an den oben vorgestellten sechs Situationen, aber Sie sollten alle Fragen beantworten, nicht nur den Abschnitt, der auf Sie am meisten zutrifft. Nur so erhalten Sie ein vollständiges Bild.

### ✍ Es ist alles so sinnlos.

1. Haben Sie sich in den letzten Jahren öfter mal gefragt: Wieso mache ich das überhaupt? Ja ☒ Nein ☐
2. Ich weiß nicht genau, welche Arbeit für mich sinnvoll wäre, aber ich würde es gern herausfinden. Ja ☒ Nein ☐
3. Ich will während meiner Arbeit so oft wie möglich etwas für andere tun. Ja ☐ Nein ☒
4. Ich habe immer häufiger das Gefühl, dass meine Tätigkeit nicht gewürdigt wird und keine Herausforderung mehr darstellt. Ja ☒ Nein ☐
5. Ich würde am liebsten das Handtuch werfen und in einer gemeinnützigen Institution arbeiten oder mich für einen guten Zweck engagieren. Ja ☒ Nein ☐
6. Ich würde über verschiedene Organisationen gern mehr erfahren, die sich für die Umwelt, karitative Zwecke oder anderes einsetzen, und könnte mir vorstellen, mich in einem solchen Verein zu engagieren. Ja ☐ Nein ☒

7. Freunde und Familie würden nicht behaupten, dass ich gegenwärtig etwas für die Allgemeinheit tue. Ja ☐ Nein ☐
8. Ich habe in der jüngsten Vergangenheit etwas sehr Trauriges oder sogar Traumatisches erlebt. Seither denke ich darüber nach, was für mein Leben wirklich wichtig ist. Ja ☐ Nein ☐
9. Ich habe starke Interessen, mit denen ich mich gerne intensiver beschäftigen würde. Ja ☐ Nein ☐
10. Früher waren mir Geld und Karriere wichtig, aber das ist nicht mehr so. Ja ☐ Nein ☐

## Das kann's doch nicht gewesen sein.

1. Meine Arbeit füllt mich nicht mehr aus, aber ich habe mich an mein Einkommen gewöhnt. Ja ☐ Nein ☐
2. Ich habe beruflich viel erreicht und würde gern etwas Neues ausprobieren, befürchte jedoch Einkommenseinbußen. Ja ☐ Nein ☐
3. Es ist mir nicht zuletzt aus Rücksicht auf meine Familie wichtig, so viel wie jetzt zu verdienen, aber die Arbeit langweilt mich. Ja ☐ Nein ☐
4. Ich finde meinen Beruf toll, habe aber das Gefühl, auf der Stelle zu treten. Einen Wechsel kann ich mir trotzdem nicht vorstellen, ich würde kaum so viel verdienen wie derzeit. Ja ☐ Nein ☐
5. Ich habe viele finanzielle Verpflichtungen und bin deshalb skeptisch, was einen Stellenwechsel und die damit verbundene finanzielle Unsicherheit betrifft. Ja ☐ Nein ☐
6. Obwohl ich vor allem wegen möglicher finanzieller Einbußen vor einem Stellenwechsel zurückschrecke, sehe ich doch Möglichkeiten, meine Ausgaben in den nächsten ein bis zwei Jahren einzuschränken. Ja ☐ Nein ☐

7. Ich muss zugeben, dass mich mein Job in letzter Zeit ziemlich langweilt, aber es mangelt mir an Alternativen, bei denen ich ähnlich viel verdienen würde. Ja ☐ Nein ☒

## Gebrannte Kinder.

1. Bestimmte berufliche Erfahrungen haben mich zumindest zeitweise aus der Bahn geworfen, es fällt mir noch immer schwer, darüber emotionslos zu reden. Ja ☒ Nein ☐
2. Ich bin aufgrund einschlägiger Erfahrungen nicht allzu optimistisch, was meine Karriereaussichten betrifft. Ja ☐ Nein ☒
3. Man hat mir schon einmal gekündigt, was mir immer noch zu schaffen macht. Auch wenn ich meinen derzeitigen Arbeitsplatz nicht besonders mag, denke ich nicht ernsthaft an einen Wechsel. Ich habe zu viel Angst, wieder auf der Straße zu stehen. Ja ☐ Nein ☒
4. Ich bin arbeitslos und finde die Jobsuche sehr kräftezehrend. Ich wäre schon froh, wenn ich überhaupt eine Stelle hätte. Ja ☒ Nein ☐
5. Ich habe kein Vertrauen mehr zu den Unternehmen. Als ich anfing zu arbeiten, waren die Arbeitsplätze sicher, aber heute? Ja ☒ Nein ☐
6. Ich musste im Lauf meines Berufslebens herbe Rückschläge einstecken. Ich wurde entlassen, Opfer von Intrigen und diskriminiert oder mein Arbeitgeber wurde von einem anderen Unternehmen aufgekauft. Was muss ich noch über mich ergehen lassen? Ja ☒ Nein ☐
7. Offenbar verändert sich ständig das, was Unternehmen von ihren Angestellten erwarten. Ich weiß einfach nicht, ob ich da Schritt halten kann, aber andererseits brauche ich das Geld. Ja ☐ Nein ☒

8. Eigentlich würde ich mich gern selbstständig machen, aber ich bin aufgrund meiner Erfahrungen sehr vorsichtig. Ja ☒ Nein ☐

## Die ewige Tretmühle.

1. Ich sitze seit über zwei Jahren auf meiner derzeitigen Stelle, erfülle mühelos die Anforderungen und fühle mich unterfordert. Ja ☒ Nein ☐
2. Ich habe viel Zeit und Mühe in meine Arbeit investiert und gelte auf meinem Gebiet als Kapazität. Trotzdem brauche ich eine Veränderung, und sei es in Kleinigkeiten. Ja ☐ Nein ☒
3. Ich werde dermaßen mit Aufgaben und Projekten zugeschüttet, dass der Spaß zu kurz kommt. Ja ☐ Nein ☒
4. Es fällt mir schwer, morgens aus dem Bett zu kommen, und ich schleppe mich lustlos zur Arbeit. Ja ☒ Nein ☐
5. Ich würde wahnsinnig gern aufhören und etwas anderes tun, weil mich meine derzeitige Arbeit furchtbar langweilt. Ja ☒ Nein ☐
6. Ich stelle an mir Symptome des Burnout-Syndroms fest (Wut, Frustration, Depressionen und Angst). Ja ☒ Nein ☐
7. Ich schätze, nach so vielen Jahren wäre es Zeit für eine Veränderung. Wenn ich nur wüsste, in welche Richtung! Ja ☒ Nein ☐
8. Meine Kollegen respektieren mich, aber ich frage mich langsam, ob sie mich noch für engagiert halten. Ehrlich gestanden, ich weiß es selbst nicht. Ja ☒ Nein ☐
9. Ich habe vor ein paar Jahren innerhalb der Branche die Stelle gewechselt, weil ich einen Tapetenwechsel brauchte. Jetzt geht es mir wieder so ähnlich – alles erscheint schal und reizlos. Ja ☒ Nein ☐

10. Mir fällt auf, dass ich in letzter Zeit nicht mehr so stark in politische oder strategische Unternehmensentscheidungen eingebunden bin wie früher. Ich muss allerdings zugeben, dass von mir auch keine neuen Impulse mehr ausgehen. Ja ☐ Nein ☒

11. Besprechungen, Angestellte und Kunden werden immer austauschbarer – dieses Gefühl beunruhigt mich, aber ich weiß noch nicht, was ich dagegen tun könnte. Ja ☒ Nein ☐

## Endlich selbstständig!

1. Es befriedigt mich nicht, für jemand anders zu arbeiten. Gegen dieses Gefühl kann ein reiner Stellenwechsel nichts ausrichten. Ja ☒ Nein ☐
2. Ich bin immer weniger mit der Art der Unternehmensführung bei meinem derzeitigen Arbeitgeber einverstanden und überzeugt, dass ich es besser könnte. Ja ☒ Nein ☐
3. Ich stamme aus einer Unternehmerfamilie oder habe gute Kontakte zu Unternehmern. Ich sehe in der Selbstständigkeit mehr Chancen als Gefahren. Ja ☐ Nein ☒
4. Ich bin so neidisch auf Menschen, die ein eigenes Geschäft führen. Der Gedanke, mein eigener Herr zu sein, reizt mich ungeheuer. Ja ☒ Nein ☐
5. Ich habe schon immer von einer eigenen kleinen Firma geträumt. Viele Chancen liegen auf der Straße, davon bin ich überzeugt, aber ich weiß nicht, wo ich anfangen soll. Ja ☒ Nein ☐
6. Selbstständig sein bedeutet nicht unbedingt, ein eigenes Unternehmen zu gründen. Ich würde mich gern über verschiedene Formen der Freiberuflichkeit informieren, weil sie mich reizt. Ja ☒ Nein ☐

7. Ich will eines Tages mein eigenes Geschäft gründen, aber ich war noch nie ein guter Verkäufer. Das könnte zum Stolperstein werden, befürchte ich. Ja ☐ Nein ☐
8. Ich habe viel über meinen nächsten beruflichen Schritt nachgedacht und bin davon überzeugt, ich sollte unternehmerisch tätig werden. Ja ☐ Nein ☐
9. Die Vorstellung, als Freelancer oder fester Freier zu arbeiten, hat für mich etwas sehr Anziehendes. Ja ☐ Nein ☐
10. Ich arbeite gern eigenständig und hatte schon immer Schwierigkeiten, mich in Gruppen zu integrieren. Für mich wäre die Freiberuflichkeit sicher eine sinnvolle Alternative. Ja ☐ Nein ☐

## Wirklich schon aufs Altenteil?

1. Ehrlich gestanden würde ich lieber heute als morgen aufhören zu arbeiten. Aber ich kann es mir finanziell nicht leisten. Ja ☐ Nein ☐
2. Ich möchte nicht ganz aufhören, will aber etwas kürzer treten und suche eine andere, weniger anspruchsvolle bzw. anstrengende Tätigkeit. Ja ☐ Nein ☐
3. Der Wunsch, nicht mehr zu arbeiten, mehr Zeit mit der Familie und meinen Hobbys zu verbringen, lässt mir keine Ruhe. Ja ☐ Nein ☐
4. Die Anforderungen am Arbeitsplatz erschöpfen mich, und meine Gesundheit ist angeschlagen. Ich überlege ernsthaft, in Rente zu gehen. Ja ☐ Nein ☐
5. Das Berufsleben hat bei mir seine Spuren hinterlassen. Ich habe die einzelnen Möglichkeiten durchdacht und denke, Teilzeitarbeit wäre das Beste für mich. Ja ☐ Nein ☐
6. Ich habe lange Jahre gearbeitet und suche jetzt nach Ideen, wie ich die nächste Lebensphase gestalten kann. Ja ☐ Nein ☐

## Auflösung

Alle Abschnitte, in denen Sie wenigstens viermal Ja angekreuzt haben, beschreiben Ihre derzeitige Einstellung zum Beruf.

- ☒ Es ist alles so sinnlos.
- ☐ Das kann's doch nicht gewesen sein.
- ☒ Gebrannte Kinder.
- ☒ Die ewige Tretmühle.
- ☒ Endlich selbstständig!
- ☐ Wirklich schon aufs Altenteil?

**Hinweis:** Im nächsten Schritt sollten Sie sich selbst, Ihre Vorlieben, Bedürfnisse und Wünsche kennen lernen – in Bezug auf Arbeit und Privatleben. Wenn Sie die Selbsteinschätzung in Kapitel 3 und 4 abgeschlossen haben, können Sie das Buch entweder der Reihe nach durchlesen oder von Kapitel zu Kapitel springen. Jede der vorgestellten Situationen wird in einem eigenen Kapitel anhand von Fallbeispielen erörtert.

Sie werden in einem Drei-Schritt-Verfahren kennen lernen, wie Sie entweder Ihre derzeitige Situation ganz hinter sich lassen und sich etwas Neuem zuwenden. Oder zumindest einige Aspekte Ihrer Arbeit verändern, um das zu erhalten, was Sie vermissen.

## Erster Schritt: der Test

Der erste Schritt auf dem Weg zu einem Karriereplan ist das Verständnis der eigenen Werte, Interessen, Vorlieben, Einstellungen und Fähigkeiten. Diese Informationen liefern die Grundlage, um sich bei der Stellensuche richtig zu orientieren. Jede der sechs oben vorgestellten Situationen verlangt andere Zusatzinformationen, abhängig von den Umständen und der gewünschten Entwicklungsrichtung.

## Zweiter Schritt: Hindernisse und Chancen ermitteln

Die Hemmschwelle zu einem Berufswechsel ist hoch, das Alter, die Gehaltshöhe, die Zeit, die Ausbildung oder Erfahrungsmangel können zum Stolperstein werden. Andererseits gibt es unendlich viele Chancen. Im zweiten Schritt werden Sie lernen, die Hindernisse zu umgehen und die Chancen auszuloten.

## Dritter Schritt: Abhilfe schaffen

Planmäßiges Vorgehen verlangt Nachdenken und Vorbereitung. Die Planung nimmt viel Zeit und Energie in Anspruch, aber sie ist für den Entwurf einer neuen Laufbahn oder eine Revision der Karriereziele unendlich wertvoll.

Die Reise, zu der dieses Buch Sie einlädt, ist nicht einfach, aber faszinierend und lohnend. Letztendlich wird es Ihnen zu dem verhelfen, was Sie sich wünschen: eine zufrieden stellende, erfüllende Arbeit.

# Teil 2

# Ihre Ziele

# 3. Werte, Einstellungen und Veränderungsbereitschaft

Ob Sie Ihrer Arbeit nur einen anderen Dreh geben oder sich vollständig verändern wollen: Sie sollten vor allem eine Person genau kennen, um zu entscheiden, welcher Weg zu Ihnen passt – sich selbst.

**Tipp:** Wenn Sie wissen, wer Sie sind, sowie Ihre Werte, Einstellungen, Vorlieben und Charakterzüge kennen, halten Sie den Schlüssel zu Ihrer persönlichen Erfüllung in der Hand. Wenn Sie Freunde zum Abendessen einladen, müssen Sie schließlich auch genau wissen, welche Zutaten Sie benötigen. Wenn nur eines der verwendeten Lebensmittel nicht ins Menü passt, werden Ihre Gäste hungrig nach Hause gehen, weil das Essen nicht schmeckt. Ihre Werte, Einstellungen, Fähigkeiten und Charakterzüge sind wie die Zutaten zu einem Rezept. Sie müssen sie kennen, um etwas Sinnvolles daraus zuzubereiten.

Viele Menschen, die mit ihrer Arbeit unzufrieden sind, bringen den Lebenslauf auf den neuesten Stand und bewerben sich auf Teufel komm raus.

**Achtung:** Dass man den ersten, extrem wichtigen Schritt – die Selbsteinschätzung – überspringt, ist ein sehr geläufiger und folgenschwerer Fehler.

**Experten-Rat:** Die Psychologin Suzanne Roff, Leiterin der auf Karriereberatung und Assessment spezialisierten Compass Point Consulting LLC, sagt dazu: „Wenn so viele Menschen mit ihrer beruflichen Situation unzufrieden sind, ist es wichtiger denn je, zunächst über die Angemessenheit eines Arbeitsplatzes nachzudenken. Karriere-Assessment stößt einen Prozess der Selbsterforschung an. Ein Mensch hat nie nur eine Möglichkeit, aber manche Möglichkeiten passen eben besser zu der eigenen Persönlichkeit als andere. Oft ist einfach mehr Information und Hilfe von außen nötig, um eine vorteilhafte Veränderung zu Stande zu bringen."

Fazit: Überspringen Sie weder dieses noch das folgende Kapitel! Arbeiten Sie beide durch, vervollständigen Sie Ihre Selbsteinschätzung und kommen Sie im Lauf der Lektüre immer wieder darauf zurück. Es wird Ihnen nicht nur bei der Entdeckung Ihres Stellenideals helfen, sondern Ihnen auch ein Repertoire neuer Wörter, Sätze und Begriffe vermitteln, die Sie mit Gewinn in Ihrem Lebenslauf und bei Vorstellungsgesprächen verwenden können. Sie werden sich nicht nur optimistisch und gut vorbereitet fühlen, Sie werden auch einen guten Eindruck bei Ihren Gesprächspartnern hinterlassen.

## Assessment: Was ist das, wie wird es genutzt?

Mit „Assessment" bezeichnen Stellenvermittler, Outplacement-Spezialisten, Coaches und andere Berater die Tests, Fragebögen, Umfragen, Bestandsaufnahmen und Checklisten, mit denen sie ihren Klienten helfen, die eigenen Stärken und Schwächen kennen zu lernen. Sie können eine derartige Bestandsaufnahme auch für sich machen und Ihre Vorlieben, Erfahrungen, Werte, Bedürfnisse, Fähigkeiten und andere Charakterzüge selbst erfassen. Das ist die Grundlage, anhand deren Sie die perfekte Arbeit finden oder schaffen können. Stellen Sie sich nur vor, wie produktiv die Welt wäre, wenn jeder am Arbeitsprozess Beteiligte in seinem Idealberuf arbeiten würde!

Die Fragen in diesem Kapitel lassen sich in drei Kategorien einteilen:

- Werte
- Einstellungen
- Veränderungsbereitschaft

Manche Menschen meiden eine solche Selbstbeurteilung aus Angst vor dem Ergebnis. Die ist aber ganz unbegründet. Um es ganz deutlich zu sagen: Im Folgenden finden Sie weder psychologische noch klinische Tests, die allgemein in einem schlechten Ruf stehen. Es geht weder um Ihre geistige Gesundheit noch um eventuelle Persönlichkeitsstörungen. Die Tests bestätigen lediglich, was Sie – bewusst oder unbewusst – längst von sich wissen, und die Antworten bieten ein Gerüst, an dem entlang Sie Ihre Suche nach einer befriedigenden Stelle strukturieren können.

**Beispiel:** Joan arbeitet seit längerem als Headhunter für eine Agentur, die sich auf Marketingpersonal spezialisiert hat, und nie zuvor hat sie sich in der Arbeit so wohl wie jetzt gefühlt. Vor diesem Job betreute sie leitende Verwaltungsangestellte. Joan ist felsenfest davon überzeugt, dass sie ohne verschiedene Selbsteinschätzungstests nach ihrer Entlassung heute nicht in der Personalbeschaffung arbeiten würde. Erst diese Tests versetzten sie in die Lage, selbstständig eine neue Richtung einzuschlagen, an die sie vorher noch nicht einmal gedacht hatte. „Jeder Mensch ist eine Persönlichkeit und hat spezifische Fähigkeiten. Beides muss in die Entscheidung für eine bestimmte Laufbahn einfließen. Wenn man sich nach einem Assessment entscheidet, ist die Erfolgswahrscheinlichkeit in dem gewählten Beruf größer und in der Folge auch die Erfüllung und Zufriedenheit. Denn dann hat man gefunden, was man für sein eigenes Leben gesucht hat. Ich bin der lebende Beweis!“, sagt Joan.

Beginnen wir also mit Ihrer Selbsteinschätzung.

## Werte: Das Grundgerüst Ihrer Wünsche

Ein Wert wird als Prinzip, Standard oder Qualität definiert. Ein Wert wird um seiner selbst willen angestrebt, er ist Zweck, nicht Mittel zum Zweck. Menschen, Gruppen und ganze Gesellschaften haben Werte. Werte bieten Motivation und Erfüllung, verleihen der Arbeit und dem Leben Sinn. Es gibt persönliche Werte, Werte, die in keinem Zusammenhang mit der Arbeit stehen, und Werte, die sich ausschließlich auf den Beruf beziehen. Die entscheidenden Werte sind allerdings jene, die sowohl das Leben im Allgemeinen als auch das Arbeitsleben im Besonderen bestimmen. Psychologen haben weit über hundert Werte identifiziert, die folgende Liste enthält etwa 40 Werte.

**Hinweis:** Bestimmen Sie zunächst alle Werte, die Ihnen wichtig sind. Beschränken Sie die Liste dann auf die zehn wichtigsten Werte. Zuletzt ermitteln Sie von diesen zehn Werten jene, die in Ihrer derzeitigen Stelle erfüllt werden. So verstehen Sie besser, was Ihnen fehlt. Im Umkehrschluss ergibt sich, worauf Sie im Beruf auf keinen Fall verzichten möchten.

Lesen Sie die folgende Liste und kreuzen Sie jeden Wert an, der Ihnen wichtig ist. Sie müssen sich dabei nicht beschränken, aber streichen Sie bitte keine Werte an, von denen Sie denken, dass Sie Ihnen wichtig sein *sollten*. Wählen Sie nur jene, nach denen Sie tatsächlich leben oder in Zukunft leben wollen. Ignorieren Sie zunächst das zweite Kästchen.

## ✍ Was zählt für Sie?

- ☐ Zielstrebigkeit: Sie wollen wesentliche Ergebnisse produzieren, Aufgaben und Projekte erfolgreich erledigen. ☐
- ☐ Vorankommen: Sie wollen immer wieder neue und bessere Gelegenheiten ergreifen. ☐
- ☐ Autonomie: Sie wollen selbstbestimmt und im eigenen Rhythmus arbeiten dürfen, ohne groß Rechenschaft ablegen zu müssen. ☐
- ☐ Balance: Sie wollen eine ausgewogene Verteilung von Arbeitszeit und Privatleben. ☐
- ☐ Zugehörigkeit: Sie wollen das Gefühl haben, in einer Gruppe akzeptiert zu werden und einen eigenen, anerkannten Beitrag zu deren Zielen zu leisten. ☐
- ☐ Aufbauen: Sie wollen etwas erschaffen oder einer Idee zum Durchbruch verhelfen. ☐
- ☐ Herausforderung: Sie wollen anspruchsvolle Aufgaben und Projekte meistern. ☐
- ☐ Wettbewerb: Sie wollen Dinge tun, bei denen man sich häufig mit anderen vergleichen muss und die eigene Leistung ständiger Bewertung unterliegt. ☐

- ☐ Kreativität: Sie wollen etwas Neues, Phantasievolles oder Originelles machen, erfinden oder produzieren. ☐
- ☐ Ethik: Sie wollen dazu beitragen, dass die Welt ein bisschen besser wird. ☐
- ☐ Unternehmertum: Sie wollen eine Firma oder ein Geschäft gründen, aufbauen oder leiten. ☐
- ☐ Gleichheit: Sie wollen denselben Wert oder Status, dieselben Möglichkeiten und Mittel haben wie andere. ☐
- ☐ Spannung: Sie wollen neue, dynamische Erfahrungen sammeln, auch wenn damit Risiken oder zumindest großen Veränderungen verbunden sind. ☐
- ☐ Ruhm: Sie wollen im Vordergrund stehen, sich einen guten Ruf erwerben, anerkannt und angesehen sein. ☐
- ☐ Familie: Sie wollen sich auf Beziehungen konzentrieren, Zeit mit Kindern, Ehegatten, Eltern und anderen Verwandten verbringen. ☐
- ☐ finanzielle Sicherheit: Sie wollen gutes Gehalt und gute Nebenleistungen, die zuverlässig gezahlt werden. ☐
- ☐ Freundschaften: Sie suchen den guten, fürsorglichen und kameradschaftlichen Umgang mit anderen Menschen. ☐
- ☐ Glück: Sie wollen Annehmlichkeiten, Zufriedenheit, stille und gelegentlich auch übersprudelnde Freude erfahren. ☐
- ☐ Harmonie: Sie wollen innere Ruhe und Ausgeglichenheit erleben. ☐
- ☐ Gesundheit: Sie wollen Ihren Körper, Ihre Seele und Ihren Geist in optimaler Verfassung wissen. ☐
- ☐ Helfen: Sie wollen Unterstützung gewähren sowie Wissen, Erkenntnisse oder anderes weitergeben können. ☐
- ☐ Unabhängigkeit: Sie wollen selbstverantwortlich arbeiten und von fremden Einflüssen möglichst frei sein. ☐
- ☐ Integrität: Sie wollen in Übereinstimmung mit Ihren Moralvorstellungen leben und stets aufrichtig sein können. ☐

- ☐ Führung: Sie wollen andere leiten und motivieren. ☐
- ☐ Lernen: Sie wollen Wissen erwerben und Ihre Neugier befriedigen. ☐
- ☐ Freizeit: Sie wollen Aktivitäten außerhalb der Arbeit verfolgen. ☐
- ☐ persönliche Entwicklung: Sie wollen vorhandene Fähigkeiten schulen, neue erwerben und unter Beweis stellen. ☐
- ☐ Bewegung: Sie bevorzugen Tätigkeiten, bei denen der Körper einbezogen ist, Sie wollen sich auspowern können. ☐
- ☐ Anerkennung: Sie wollen positive Rückmeldung von anderen erhalten, besondere Reaktionen hervorrufen, Aufmerksamkeit bekommen. ☐
- ☐ Respekt: Sie wollen fair und mit Achtung behandelt werden. ☐
- ☐ Risiko: Sie wollen in unbekannte Gefilde vorstoßen und gefährliche Herausforderungen annehmen. ☐
- ☐ Unversehrtheit: Sie wollen frei von Gefahr, Risiko und Verletzungen aller Art leben. ☐
- ☐ Sicherheit: Sie wünschen sich Schutz vor Angst, Sorge und Gefahren, wollen die Gewissheit, dass Vereinbarungen eingehalten werden, und Vorhersehbarkeit. ☐
- ☐ Expressivität: Sie wollen nach eigenen Ideen, Gefühlen und Emotionen leben und diese unter Ihren Mitmenschen propagieren. ☐
- ☐ Spiritualität: Sie wollen an einem religiösen oder kirchlichen Glaubenssystem teilhaben. ☐
- ☐ Stabilität: Sie wollen dauerhafte, verlässliche und vorhersehbare Verhältnisse. ☐
- ☐ Status: Sie wollen eine prestigeträchtige Position oder Stellung. ☐
- ☐ Teamwork: Sie wollen eng mit anderen an einem gemeinsamen Ziel arbeiten und schätzen enge Arbeitsbeziehungen. ☐
- ☐ Reichtum: Sie wollen viel Geld oder Besitz Ihr Eigen nennen. ☐

Wenn Ihnen bestimmte Werte wichtig sind, die in der obigen Liste fehlen, notieren Sie diese bitte hier:

☐ ............................................................................................ ☐ ✍

☐ ............................................................................................ ☐

☐ ............................................................................................ ☐

Nachdem Sie alle Werte ausgewählt haben, die Ihnen etwas bedeuten, schränken Sie die Liste auf die zehn wichtigsten Werte ein. Lesen Sie dazu die Werte erneut durch, die Sie angekreuzt haben, und markieren Sie die zehn, ohne die Sie nicht leben wollen oder können. Fragen Sie sich:

- War dieser Wert erfüllt, als ich besonders glücklich war?
- Ist es wirklich *mein* Wert oder ein unrealistisches oder nicht authentisches Ideal, nach dem ich im Grunde gar nicht lebe?

Wenn Sie auf zehn unverzichtbare Werte kommen, ist das gut, aber erzwingen Sie nichts: Es ist genauso gut, wenn es weniger sind. Schreiben Sie jetzt diese Werte in beliebiger Reihenfolge auf:

1. ........................................................... ja ☐ nein ☐ ✍
2. ........................................................... ja ☐ nein ☐
3. ........................................................... ja ☐ nein ☐
4. ........................................................... ja ☐ nein ☐
5. ........................................................... ja ☐ nein ☐
6. ........................................................... ja ☐ nein ☐
7. ........................................................... ja ☐ nein ☐
8. ........................................................... ja ☐ nein ☐
9. ........................................................... ja ☐ nein ☐
10. ........................................................... ja ☐ nein ☐

Beziehen Sie nun Ihre aktuelle berufliche Situation mit ein. Kreuzen Sie rechts neben den Werten an, ob er erfüllt ist oder nicht.

**Tipp:** Wenn Sie an einer beruflichen Veränderung arbeiten oder auch nur der derzeitigen Dynamik eine andere Richtung geben wollen, ist es sehr wichtig, die eigene Wertehierarchie zu kennen.

**Beispiel:** Für Mary sind finanzielle Sicherheit und Stabilität sehr wichtig. Beide Werte sind an ihrem derzeitigen Arbeitsplatz als Analystin bei einer Investmentbank erfüllt. Zwei weitere Werte allerdings – Respekt und Balance – kommen in diesem Job entschieden zu kurz. Marys Kollegen sind fordernd und unhöflich. Außerdem verbringt sie zwischen 60 und 70 Wochenstunden im Büro plus drei Stunden Fahrzeit täglich. Mit der eigentlichen Arbeit ist Mary mehr als einverstanden, und sie will sich eine vergleichbare neue Stelle in einer anderen Branche suchen. Doch diesmal will sie sich die Unternehmenskultur ihres künftigen Arbeitgebers vorher genau ansehen, um sicherzustellen, dass die Angestellten mit- und nicht gegeneinander arbeiten. Außerdem will sie prüfen, ob das Unternehmen die Arbeitszeit der Angestellten respektiert, indem es Gleitzeit, Telearbeit, genügend Urlaubstage und realistische Termine bietet. Durch die Arbeit für ein Unternehmen, in dem Respekt und Balance wenig gelten, hat Mary ihre eigenen Werte auf die harte Tour kennen gelernt. Wäre sie sich über diese früher im Klaren gewesen, hätte sie schon beim Vorstellungsgespräch entsprechend nachgefragt.

Sie haben den Vorteil, Ihre Werte jetzt zu ermitteln. Wenn Sie sich dann an die Veränderung Ihrer beruflichen Situation begeben, sollten Sie Ihre zehn wichtigsten Werte im Hinterkopf behalten und neue Optionen stets daraufhin analysieren.

## Einstellungen: Der Antrieb für Ihre Handlungen

Unter Einstellung verstehen wir die innere Haltung oder die Gefühle, die wir in Bezug auf Personen, Vorstellungen oder Dinge hegen. Alle Forschungsergebnisse stimmen darin überein, dass Einstellungen unser Verhalten direkt beeinflussen.

**Tipp:** Wer gegenüber einem Ziel oder einer Herausforderung positiv eingestellt ist, hat wesentlich bessere Chancen, Hindernisse zu überwinden und das Ziel tatsächlich zu erreichen. Menschen mit einer negativen Einstellung haben damit hingegen erhebliche Schwierigkeiten. Die Einschätzung der eigenen Person und der derzeitigen Arbeit kann, falsch angepackt, ausgesprochen nervenaufreibend sein. Die nötigen Tests verlangen Zeit, Ehrlichkeit, Geduld und Bereitschaft zur Selbstanalyse.

**Hinweis:** Die folgenden Fragen konzentrieren sich auf Ihre Haltung zu sich selbst und zur Umwelt, insofern das Berufliche davon betroffen ist. Kreuzen Sie zu jedem Statement an, was Ihr Gefühl oder Ihr Verhalten am besten beschreibt.

1. Ich habe genug Vertrauen in mich selbst und meine Fähigkeiten, um echte Gelegenheiten zu ergreifen und Neues auszuprobieren, wenn ich mir davon eine befriedigende Arbeit verspreche. ✍
   Fast nie ☐ Selten ☐ Manchmal ☐ Häufig ☐ Fast immer ☐
2. Ich lobe mich nicht gern selbst und denke, wenn ich etwas gut mache, werden es schon die richtigen Leute merken.
   Fast nie ☐ Selten ☐ Manchmal ☐ Häufig ☐ Fast immer ☐
3. Ich weiß ziemlich genau, was ich wirklich gut und was ich weniger gut kann. Tests sind etwas für Leute, die nicht so viel Erfahrung haben.
   Fast nie ☐ Selten ☐ Manchmal ☐ Häufig ☐ Fast immer ☐
4. Ich investiere so viel Zeit, Energie und Engagement in die Arbeit, dass ich langsam an meine Grenzen stoße.
   Fast nie ☐ Selten ☐ Manchmal ☐ Häufig ☐ Fast immer ☐
5. Meiner Meinung nach entscheiden Beziehungen über den beruflichen Erfolg. Ich pflege sehr tragfähige Beziehungen zu Menschen innerhalb und außerhalb meines Unternehmens und meiner Branche.
   Fast nie ☐ Selten ☐ Manchmal ☐ Häufig ☐ Fast immer ☐
6. Ich nehme aktiv Kontakt zu meinem Chef, meinen Klienten und meinen Untergebenen auf und biete ihnen, wann immer möglich, Unterstützung, Rückmeldung und Anerkennung an.
   Fast nie ☐ Selten ☐ Manchmal ☐ Häufig ☐ Fast immer ☐

7. Angesichts der permanenten Umwälzungen und der gewachsenen Ansprüche von Arbeitgebern und Kunden glaube ich nicht, dass heute noch echte Zufriedenheit im Beruf möglich ist.
   Fast nie ☐ Selten ☐ Manchmal ☐ Häufig ☐ Fast immer ☐
8. Wenn ich etwas Neues gelernt oder einen wichtigen Beitrag für meine Firma geleistet habe, dokumentiere ich es sofort und feiere meinen Erfolg.
   Fast nie ☐ Selten ☐ Manchmal ☐ Häufig ☐ Fast immer ☐
9. Ich setze mir selbst kurzfristige Ziele und überlege mir entsprechende Maßnahmen, die ich dann auch sehr ernst nehme.
   Fast nie ☐ Selten ☐ Manchmal ☐ Häufig ☐ Fast immer ☐
10. Ich weiß sehr genau, was ich erreichen will, und bin mir über die Bedeutung spezifischer Ziele im Klaren. Ich beobachte meine eigene Leistung und rufe mich, wenn nötig, zur Räson.
    Fast nie ☐ Selten ☐ Manchmal ☐ Häufig ☐ Fast immer ☐
11. Ich bin beruflich so eingespannt, dass ich einfach nicht dazu komme, die Branchenpresse zu lesen und mich um eine berufliche Entwicklung zu kümmern.
    Fast nie ☐ Selten ☐ Manchmal ☐ Häufig ☐ Fast immer ☐
12. Ich halte mich auch über Trends und Tendenzen in anderen Branchen auf dem Laufenden.
    Fast nie ☐ Selten ☐ Manchmal ☐ Häufig ☐ Fast immer ☐

## Auflösung

Markieren Sie in der folgenden Tabelle den Wert, der Ihrer jeweiligen Antwort zugeordnet ist. Haben Sie beispielsweise „Selten" auf Aussage 1 geantwortet, dann haben Sie zwei Punkte. Diese addieren Sie wie unten aufgeführt.

Meine Zahl

1. Fast nie(1) Selten(2) Manchmal(3) Häufig(4) Fast immer(5) ☐
2. Fast nie(1) Selten(2) Manchmal(3) Häufig(4) Fast immer(5) ☐

3. Fast nie(1) Selten(2) Manchmal(3) Häufig(4) Fast immer(5) ☐
4. Fast nie(1) Selten(2) Manchmal(3) Häufig(4) Fast immer(5) ☐
5. Fast nie(1) Selten(2) Manchmal(3) Häufig(4) Fast immer(5) ☐
6. Fast nie(1) Selten(2) Manchmal(3) Häufig(4) Fast immer(5) ☐
7. Fast nie(1) Selten(2) Manchmal(3) Häufig(4) Fast immer(5) ☐
8. Fast nie(1) Selten(2) Manchmal(3) Häufig(4) Fast immer(5) ☐
9. Fast nie(1) Selten(2) Manchmal(3) Häufig(4) Fast immer(5) ☐
10. Fast nie(1) Selten(2) Manchmal(3) Häufig(4) Fast immer(5) ☐
11. Fast nie(1) Selten(2) Manchmal(3) Häufig(4) Fast immer(5) ☐
12. Fast nie(1) Selten(2) Manchmal(3) Häufig(4) Fast immer(5) ☐

Addieren Sie die Punktzahlen auf die Fragen 1 und 2: ____ Dies ist Ihr Wert für Selbstvertrauen.

Addieren Sie die Punktzahlen auf die Fragen 3 und 4: ____ Dies ist Ihr Wert für Selbsterkenntnis.

Addieren Sie die Punktzahlen auf die Fragen 5 und 6: ____ Dies ist Ihr Wert für Beziehungsmanagement.

Addieren Sie die Punktzahlen auf die Fragen 7 und 8: ____ Dies ist Ihr Wert für Motivation.

Addieren Sie die Punktzahlen auf die Fragen 9 und 10: ____ Dies ist Ihr Wert für Zielstrebigkeit.

Addieren Sie die Punktzahlen auf die Fragen 11 und 12: ____ Dies ist Ihr Wert für berufliches Engagement.

### **Selbstvertrauen** (Fragen 1 und 2)

Wenn Sie hier weniger als sechs Punkte haben, haben Sie vielleicht das Gefühl, dass Ihre Arbeit keinen Wert hat und vom Arbeitgeber nicht geschätzt wird. Vielleicht meiden Sie jedes berufliche Risiko und sind weder optimistisch noch offen. Ohne gesundes Selbstvertrauen sind Veränderungen schwierig.

**Tipp:** Sie sollten die Gründe für Ihr niedriges Selbstbewusstsein herausfinden und etwas dagegen tun.

Haben bestimmte Ereignisse in der jüngsten Vergangenheit Ihr Selbstvertrauen untergraben? Können Sie sich auf etwas konzentrieren, was Ihr Selbstbewusstsein stärken würde?

### **Selbsterkenntnis** (Fragen 3 und 4)

Wenn Sie hier bis zu sechs Punkte haben, ist Ihre Selbsteinschätzung vielleicht weniger genau, als sie sein könnte. Die aufrichtige Einschätzung von Stärken und Schwächen könnte Ihnen gut tun.

**Tipp:** Bitten Sie andere um Feedback.

Eine unrealistische Selbsteinschätzung könnte verhindern, dass Sie eine Stelle finden, die Ihnen voll und ganz entspricht.

### **Beziehungsmanagement** (Fragen 5 und 6)

Sechs Punkte und weniger können bedeuten, dass Sie Beziehungen vielleicht keinen hohen Stellenwert zuschreiben oder denken, dass Ihr Umgang mit anderen Menschen nicht besonders effektiv ist.

**Achtung:** Ohne Netzwerk fehlt Ihnen jedoch eine wichtige Informationsquelle, und Recherchen ohne gewachsene Kontakte gestalten sich oft sehr mühsam.

### **Motivation** (Fragen 7 und 8)

Wenn Sie hier nur bis zu sechs Punkte haben, könnten Sie Ihre Karriere vernachlässigt haben. Ob Sie konzentriert und energisch an Ihre Arbeit herangehen, liegt jedoch an Ihnen.

**Achtung:** Wenn Sie sich nicht kontinuierlich mit Ihrer Karriere beschäftigen, werden Sie mit der Motivation Schwierigkeiten haben. Und das verursacht wiederum Schwierigkeiten bei der Zielerreichung.

### **Zielstrebigkeit** (Fragen 9 und 10)

Sollten es hier nur sechs Punkte oder weniger sein, haben Sie wahrscheinlich keinen Plan, wie Sie bestimmte Ergebnisse erreichen wollen. Wenn Sie sich anspruchsvolle, gleichwohl vernünftige Ziele setzen und wirklich daran glauben, wird das Ihrer Motivation auf die Sprünge helfen, insbesondere wenn Sie sich beruflich verändern wollen.

**Berufliches Engagement** (Fragen 11 und 12)

Sechs und weniger Punkte bedeuten, dass Sie sich wahrscheinlich in Ihrem Beruf langweilen.

**Tipp:** Denken Sie über die Gründe nach, warum Sie Ihre derzeitige Stelle angenommen haben.

Woraus ziehen Sie Ihre Kraft zum Arbeiten, woraus zogen Sie diese in der Vergangenheit? Die Antwort könnte Ihnen bei der Rückgewinnung Ihres Engagements helfen und vielleicht sogar zu einer Neuentdeckung Ihres Berufs. Aber wenn Sie Schwierigkeiten haben, eine zufrieden stellende Antwort zu finden, lohnt sich die Mühe einer beruflichen Veränderung.

**Hinweis:** Wenn Sie mit Ihrer Arbeitssituation unzufrieden sind, dürfte Ihre Punktzahl in mehreren oder allen Kategorien bei sechs oder darunter liegen. Das ist kein Grund zu übertriebener Sorge! Denken Sie lieber darüber nach, warum das so ist und was Sie dagegen unternehmen können. In allen Bereichen können Sie sich mit Motivation, Anleitung und den richtigen Hilfen weiterentwickeln.

**Beispiel:** Richard hat über 20 Jahre lang als Fotograf gearbeitet und kam im Lauf der Zeit immer weniger mit den Veränderungen in der Branche klar. Die Einnahmen aus dem Geschäft trugen die Kosten nicht mehr, er konnte seine Familie nicht mehr ernähren und es war bald klar, dass er sein Geschäft schließen musste. Leider war sein Selbstvertrauen so untergraben, dass er handlungsunfähig war. Er konnte sich nicht vorstellen, erfolgreich etwas Neues zu versuchen. Er zweifelte an seiner Kontaktfähigkeit, dachte, er könne kein Netzwerk aufbauen, und glaubte, er würde deswegen zu spät von guten Angeboten erfahren. Er wollte eigentlich gar keine neue Arbeit und hatte keine Idee, was er konkret verändern sollte. Richard musste dringend mit sich ins Reine kommen, bevor er mit seiner Stellensuche fortfahren konnte.

Ihre Einstellung, die sich in den oben genannten sechs Kategorien spiegelt, ist für jede berufliche Veränderung sehr wesentlich. Wenn Sie mit Ihrer Arbeit glücklich und zufrieden sind, haben Sie mit Sicherheit in allen Bereichen hohe Punktzahlen erreicht.

# Veränderungsbereitschaft: Der Motor für Ihren Aufbruch

Die wenigsten Menschen mögen Veränderungen. Oft empfinden sie diese als schwierig und anstrengend. Das stimmt auch, und zwar unabhängig davon, ob die Veränderung durch äußere Umstände erzwungen oder selbst geplant wurde, ob sie unerwartet oder gewollt ist. Warum? Weil wir bei jeder Veränderung das Vertraute gegen das Unvertraute und Unbekannte eintauschen müssen. Wenn dies geschieht, durchleben wir Tausende von Gefühlen, darunter Frustration, Unsicherheit und Angst.

**Experten-Rat:** Das Buch *Die Mäuse-Strategie* von Spencer Johnson bietet auf unterhaltsamen 100 Seiten eine leichtverständliche Einführung in den raschen, effizienten Umgang mit Veränderungen.

**Achtung:** Angst vor Veränderungen zählt zu den Hauptgründen, warum Menschen ihre Arbeit keiner rigorosen Prüfung unterziehen.

Die folgenden Fragen sollen Ihnen ein Gefühl dafür vermitteln, wie gut Sie mit Veränderungen zurechtkommen. Wenn Sie genau wissen, bis zu welchem Grad Sie Veränderungen ertragen können, können Sie besser damit umgehen und diese sogar eigenständig initiieren. In dieser Beziehung sollten Sie sich selbst einschätzen können, denn Veränderungen lassen sich auf der Suche nach einer zufrieden stellenden Arbeit nicht vermeiden.

Geben Sie bei den folgenden Aussagen an, wie stark sie auf Sie zutreffen, und notieren Sie die entsprechende Ziffer hinter den einzelnen Sätzen.

5 = Unbedingt
4 = Stimmt oft
3 = Irgendwie schon
2 = Sehr unwahrscheinlich
1 = Trifft praktisch nie zu

| | Meine Zahl |
|---|---|
| 1. In gewissen Abständen brauche ich einen Tapetenwechsel. | ☐ |
| 2. Veränderungen im Unternehmen überraschen mich kaum, weil ich rechtzeitig Warnsignale registriere und mich darauf einstellen kann. | ☐ |
| 3. Ich erwerbe mir ständig neue Fähigkeiten, auch wenn es im Beruf nicht unmittelbar verlangt wird. | ☐ |
| 4. Wenn im Unternehmen oder bei einem Klienten Veränderungen anstehen, werde ich oft gefragt, ob ich die Einführungsphase begleiten will. | ☐ |
| 5. Ich finde es leicht, Probleme aus einem anderen Blickwinkel zu betrachten, selbst wenn dieser mir vorher fremd war. | ☐ |
| 6. Ich ermutige Kollegen oder Mitarbeiter, die etwas Neues versuchen wollen, selbst dann, wenn etwas Ähnliches in der Vergangenheit bereits versucht wurde. | ☐ |
| 7. Ich halte mich in meinem Gebiet auf dem Laufenden, indem ich berufsständischen Organisationen angehöre, mich mit Kollegen außerhalb meines Unternehmens austausche und die Fachpresse lese. | ☐ |
| 8. Ich bin neugierig auf berufliche Veränderungen und finde das spannend. | ☐ |

## Auflösung

Addieren Sie die Ziffern, die Sie zu jeder Aussage eingetragen haben.

8 bis 19 Punkte: Ihnen bereiten Veränderungen große Probleme. Sie mögen Neuerungen einfach nicht und vermeiden Sie um beinahe jeden Preis.

20 bis 29 Punkte: Wenn es sein muss, kommen Sie gut mit Veränderungen zurecht. Aber Sie müssen sehr motiviert sein, um den Wandel von sich aus anzustoßen.

30 bis 40 Punkte: Ihre Fähigkeit, Veränderungen vorherzusehen und zu bewältigen, ist bewundernswert. Sie sind sehr gut in der Lage, Veränderungen zu initiieren und darauf zu reagieren.

Jeder Mensch kann lernen, mit Veränderungen umzugehen, wenn es gute Gründe dafür gibt und es sich auszahlt. Wenn Sie mit Ihrer beruflichen Situation unzufrieden sind, lohnt es sich allemal, Veränderungen anzuregen und zu akzeptieren.

# 4. Vorlieben, Interessen und Stärken

Wenden wir uns nun Ihrer Persönlichkeit zu, der Frage, was Sie zu einem einmaligen Wesen macht, was Sie als Individuum auszeichnet. Die Selbsteinschätzung wird aus drei Kategorien gewonnen:

- Vorlieben
- Interessen
- Stärken

## Vorlieben: Ihr ganz persönlicher Stil

Die Persönlichkeit ist die Gesamtheit individueller Charakterzüge. Auch wenn sie sich in Einzelheiten je nach persönlicher Erfahrung und neuen Kenntnissen verändern kann, ist die Entwicklung doch im Wesentlichen mit dem zweiten Lebensjahr abgeschlossen. Sie können keinen neuen Menschen aus sich machen, aber Sie können Ihr Verhalten ändern. Wenn Sie nach einem passenden Beruf suchen, sollten Sie Ihre persönlichen Interessen genau kennen, um unliebsame Interferenzen zu vermeiden.

Die Persönlichkeit setzt sich aus vielen Charakterzügen zusammen. Die folgenden Fragen betreffen jene, die für die Berufswahl wesentlich sind. Es gibt hier kein richtig oder falsch, nur ein „trifft zu“ oder „trifft nicht zu“, aber Sie sollten sie rasch und intuitiv beantworten. Dass die Fragen sehr holzschnittartig wirken, ist Absicht.

✍

1. Ich mag Menschen, arbeite aber lieber für mich. Ja ☐ Nein ☐
2. Wenn ich mit vielen unbekannten Menschen konfrontiert werde, fühle ich mich nicht wohl und reagiere sehr zurückhaltend. Ja ☐ Nein ☐
3. Wenn ich viele Leute treffen oder viel telefonieren muss, fühle ich mich am Ende des Tages völlig erschöpft. Ja ☐ Nein ☐
4. Ich denke oft daran, was sein könnte, und weniger an das, was tatsächlich ist. Ja ☐ Nein ☐
5. Neue Einsichten, Ideen und Schlussfolgerungen begeistern mich. Ja ☐ Nein ☐
6. Projekte, an denen ich arbeite, langweilen mich schnell. Ja ☐ Nein ☐
7. Ich finde nicht, dass man sich sklavisch an Regeln, Vorschriften und Richtlinien halten muss. Ja ☐ Nein ☐
8. Bei Geschäftsabschlüssen oder anderen Transaktionen interessiert mich vor allem, wie dem anderen zu Mute ist. Ja ☐ Nein ☐
9. Man würde mich wohl eher als „enthusiastisch und heißblütig" statt als „gelassen und kaltblütig" beschreiben. Ja ☐ Nein ☐
10. Wenn ich aus meiner Arbeit herausgerissen werde, um jemand anders zu helfen, verliere ich den Faden. Ja ☐ Nein ☐
11. Ich finde Fristen, Abgabetermine und Zeitvorgaben gut. Ja ☐ Nein ☐
12. Ich dringe auf vollständige Vorgaben, bevor ich mit einem Projekt beginne, und hasse kurzfristige Änderungen. Ja ☐ Nein ☐
13. Ich habe kein Problem damit, meine Meinung zu sagen und gegebenenfalls anderen zu widersprechen. Ja ☐ Nein ☐

14. Ich führe lieber selbst als mich führen zu lassen. Ja ☐ Nein ☐
15. Ich möchte, dass andere meine Gründe verstehen. Ja ☐ Nein ☐

## Auflösung

Notieren Sie, wie oft Sie jeweils mit Ja geantwortet haben:

Fragen 1 bis 3: ............................ mal,
Fragen 4 bis 6: ............................ mal,
Fragen 7 bis 9: ............................ mal,
Fragen 10 bis 12: .......................... mal,
Fragen 13 bis 15: .......................... mal.

Und was bedeutet das Ergebnis für Sie?

### Introvertiert/extrovertiert

Wenn Sie Fragen 1 bis 3 überwiegend mit Ja beantwortet haben, sind Sie eher introvertiert. Sie können gut allein sein, müssen nicht immer im Mittelpunkt der Aufmerksamkeit stehen und machen die Dinge in der Regel mit sich selbst ab.

Haben Sie überwiegend mit Nein geantwortet, dann sind Sie eher extrovertiert und scharen gern Leute um sich. Sie haben wahrscheinlich tausend Freunde, gehen oft aus sich heraus und sind offenherzig.

### Idealistisch/realistisch

Wenn Sie Frage 4 bis 6 überwiegend mit Ja beantwortet haben, dann haben Sie einen Hang zur Fantasie und sind tendenziell idealistisch. Sie lieben neue Ideen, Einsichten und Schlussfolgerungen und richten Ihre Energien eher auf die Zukunft und auf das, was sein könnte, als auf das, was Sie tatsächlich umgibt.

Haben Sie überwiegend mit Nein geantwortet, liegt Ihr Fokus eher auf der Realität, weniger auf den Möglichkeiten. Sie nehmen die Dinge, wie sie sind, bevorzugen das Konkrete gegenüber dem, was man weder sehen noch anfassen kann.

## Gefühlsbetont/sachlich

Wenn Sie auf Frage 7 bis 9 überwiegend mit Ja geantwortet haben, reagieren Sie oft emotional und sind nicht primär sachbezogen. Emotional sein bedeutet, dass für Sie Gefühle und persönliche Werte im Zentrum stehen oder doch zumindest Ihre Entscheidungen wesentlich beeinflussen.

Haben Sie überwiegend mit Nein geantwortet, sind Sie eher sachbezogen und halten sich gern an Analysen, Gesetze, Regeln und Richtlinien.

## Strukturiert/spontan

Wenn Sie auf Frage 10 bis 12 überwiegend mit Ja geantwortet haben, arbeiten Sie gern in bestehenden Strukturen und planen am liebsten mit festen Termin- und Zielvorgaben.

Haben Sie überwiegend mit Nein geantwortet, sind Sie spontan und lassen die Dinge lieber laufen. Sie sind flexibel und anpassungsfähig, eine veränderte Sachlage ist für Sie kein Problem.

## Dominant/angepasst

Wenn Sie auf Frage 13 bis 15 überwiegend mit Ja geantwortet haben, sind Sie eine bestimmende Persönlichkeit. Sie bringen Dinge und Menschen in Bewegung.

Haben Sie überwiegend mit Nein geantwortet, ordnen Sie sich tendenziell unter, sind zurückhaltend und arbeiten lieber hinter den Kulissen statt die Meute zu führen.

## Was Sie mit diesem Wissen anfangen können

Selbst wenn Sie für Ihre Arbeit die nötigen Fähigkeiten mit- und im Prinzip Interesse für die Inhalte aufbringen, werden Sie nicht glücklich sein, falls Ihre Persönlichkeit nicht zu Ihrer Tätigkeit passt.

**Beispiel:** Nehmen wir Kelly. Sie ist introvertiert und realistisch, emotional und angepasst und schätzt Strukturen. Sie arbeitet im IT-Support und fühlt sich jeden Tag völlig ausgelaugt von der Flut von Anrufen und E-Mails, obwohl sie sich brennend für Informationstechnologie interessiert. Sie bringt nichts richtig zu Ende, findet sie, weil sie immer wieder gestört und zum nächsten Brandherd gerufen wird. Weil sie eher folgt als führt, kann sie dem schlecht etwas entgegensetzen.

**Hinweis:** Wenn Sie den Persönlichkeitstest abgeschlossen haben, schreiben Sie sich Ihre Charakterzüge auf und vergleichen Sie sie mit den Anforderungen an Ihrem Arbeitsplatz. Passt beides zusammen? Sehen wir uns Kellys Liste an:

| Charakterzüge | Anforderungen |
|---|---|
| Introvertiert | Sie hat ständig mit Menschen zu tun. |
| Realistisch | Kelly löst Computer-Probleme, indem sie zunächst alle Fakten sammelt, auch wenn das viel Zeit kostet. |
| Emotional | Kellys Chef und viele Kollegen richten sich nach Regeln und Richtlinien, wenn sie Entscheidungen treffen. |
| Strukturiert | Es gibt eine Vorschrift, wie sich die Mitarbeiter an Kelly wenden sollen, aber daran hält sich kaum jemand. |
| Angepasst | Wegen Kellys Passivität können ihre Kollegen sie herumkommandieren. Sie fühlt sich ständig in die Ecke gedrängt und akzeptiert unrealistische Termine, nur weil sie keine Grenzen setzen kann. |

Fazit: Kelly arbeitet eindeutig in einer Position, die nicht zu ihrer Persönlichkeit passt. Wahrscheinlich wäre sie viel zufriedener, wenn sie ihre IT-Kenntnisse in einem stärker geregelten Rahmen anwenden und ihre Termine selbst setzen könnte, statt sich diese von außen aufdrängen lassen zu müssen.

Jetzt sind Sie dran: Setzen Sie Ihre Eigenschaften ins Verhältnis zu den Anforderungen Ihres gegenwärtigen Jobs:

| Charakterzüge | Anforderungen |
|---|---|
| ........................ | ........................................................................................ |
| ........................ | ........................................................................................ |
| ........................ | ........................................................................................ |
| ........................ | ........................................................................................ |
| ........................ | ........................................................................................ |

Wenn Sie den Vergleich von Persönlichkeit und Anforderungen abgeschlossen haben und dabei feststellen, dass zwischen beidem wie in Kellys Fall ein Abgrund klafft, könnten Sie den Grund für Ihre Unzufriedenheit gefunden haben.

## Interessen: Gründe für Ihr Engagement

Ein Interesse ist etwas, dem Sie sich gern widmen, entweder weil Sie der Sache emotional stark verbunden sind oder weil Sie das Gefühl mögen, das Ihnen die Beschäftigung damit verschafft. Das Maß, in dem Sie Leidenschaft für ein Interesse entwickeln, kann sehr stark variieren, je nach Ihren Vorlieben für verschiedene Themen und Tätigkeiten.

**Hinweis:** Die folgende erste Übung zum Thema erfolgt in zwei Schritten. Schreiben Sie, ohne allzu lange nachzudenken, zehn Tätigkeiten oder Themen auf, die Sie am meisten interessieren. Es ist nicht wichtig, ob diese beruflicher oder privater Natur sind. Und es ist auch kein Grund zur Sorge, wenn Ihnen weniger als zehn Dinge einfallen.

Denken Sie im zweiten Schritt an Ihre Werte und Charakterzüge und notieren Sie sich zwei, drei Stichpunkte oder kurze Sätze zu der Frage, wie es sich anfühlt oder anders ausgedrückt, warum dieses spezielle Thema oder diese besondere Tätigkeit in Ihnen die Bereitschaft auslöst, sich näher damit zu beschäftigen. Ich möchte Ihnen kurz an meinem eigenen Beispiel erklären, was damit gemeint ist.

| Interesse | Wie es sich für mich anfühlt |
|---|---|
| 1. Lesen | Lesen gestattet die Flucht in andere Räume und Zeiten. Ich lerne interessante Menschen kennen und immer etwas Neues. |
| 2. Vorträge halten | Damit kann ich mich ausdrücken, mit Gedanken und Sprache spielen und Menschen dabei helfen, etwas zu lernen, zu verstehen und Informationen zu verarbeiten. Reden bringt unmittelbare Anerkennung. |
| 3. Filme anschauen | Die visuelle Präsentation von Geschichten und Charakteren unterhält mich; ich bin emotional unmittelbar beteiligt. |
| 4. Organisieren | Diese Tätigkeit spricht meinen Ordnungssinn an und gibt mir das Gefühl, die Dinge im Griff zu haben. |
| 5. Menschen treffen | Treffen geben mir Energie, ich kann meine Neugier stillen, lachen etc. |
| 6. Am Strand sein | Sonne und schöne Umgebung entspannen mich. |
| 7. Essen gehen | Ich mag die Empfindungen, die mit dieser gesellschaftlichen Veranstaltung verbunden sind. |
| 8. Schreiben | Schreiben gibt mir die Möglichkeit, mit Sprache umzugehen und anderen zu helfen. |
| 9. Ratschläge geben, Proleme lösen | Ich liebe die intellektuelle Herausforderung und kann etwas bewirken. |
| 10. Zug fahren | Ich mag diese effiziente, schnelle Art der Fortbewegung und finde sie sehr entspannend. |

Jetzt sind Sie dran:

| Interesse | Wie es sich für Sie anfühlt |
|---|---|
| 1. ................. | ................................................................................ |
| 2. ................. | ................................................................................ |
| 3. ................. | ................................................................................ |
| 4. ................. | ................................................................................ |
| 5. ................. | ................................................................................ |
| 6. ................. | ................................................................................ |
| 7. ................. | ................................................................................ |
| 8. ................. | ................................................................................ |
| 9. ................. | ................................................................................ |
| 10. ................. | ................................................................................ |

Die Bestimmung von Freizeit-Interessen ist relativ leicht, insbesondere wenn man regelmäßig viel Zeit mit einem bestimmten Hobby wie Golfspielen oder der Herstellung von Bleifenstern verbringt. Die meisten Menschen tun sich jedoch schwer, wenn sie ihre Interessen in Bezug auf die Arbeit erkennen sollen. In der Regel trennen sie beide Bereiche und glauben, in der Arbeit ihre Interessen nicht erfüllen zu können.

**Tipp:** Menschen, die mit ihrer Situation zufrieden sind, ist es jedoch gelungen, persönliche und berufliche Interessen zu verknüpfen, entweder indem sie sich zeitliche Freiräume für ihre Hobbys geschaffen haben oder indem sie in einem Bereich arbeiten, der sie auch persönlich interessiert.

Hier zwei **Beispiele:** Barry vertreibt Rasensamen und spielt leidenschaftlich gern Golf – mit seinen Kunden, den Inhabern oder Managern von Golfplätzen. Das Golfspielen ist Teil seines Jobs als Vertriebsleiter. Candace arbeitet in der Personalabteilung, kann sich die Zeit aber so einteilen, dass sie zwei bis drei Radtouren pro Jahr unternehmen kann.

**Hinweis:** Im folgenden Test geht es um die Verbindung Ihrer Hauptinteressen mit dem Beruf. Ich zum Beispiel halte Vorträge, schreibe und berate Menschen. Das kommt meinem Interesse entgegen, öffentlich zu reden und zu schreiben, Ratschläge zu geben und Probleme zu lösen sowie Menschen einzeln zu helfen. Oft stelle ich mir vor, als Restaurants- oder Filmkritikerin zu arbeiten. Das würde meine Interessen am Schreiben, Menschentreffen, Filmeschauen und am Essengehen befriedigen. Gern essen zu gehen heißt aber noch nicht, auch gern in einem Restaurant zu arbeiten oder es besitzen zu wollen. Tatsächlich habe ich bereits in Restaurants gearbeitet und fand es weniger schön.

Können Sie sich nach diesen Beispielen vorstellen, Ihre Interessen mit dem Beruf zu verbinden? Schreiben Sie Ihre Gedanken dazu auf:

............................................................................................................ ✍

............................................................................................................

............................................................................................................

............................................................................................................

............................................................................................................

............................................................................................................

**Hinweis:** Die nächste Übung will Ihnen dabei helfen, Ihre spezifische Neigung zu bestimmten Aufgaben und Tätigkeiten im Beruf herauszufinden. Kreuzen Sie alle Aufgaben und Tätigkeiten an, die Sie ansprechen, unabhängig davon, wie stark Sie davon angesprochen sind. Es kommt auch nicht darauf an, ob Sie derartige Aufgaben bereits erledigt haben. Ignorieren Sie zunächst die Buchstaben hinter jedem Einzelpunkt.

✍

| | | |
|---|---|---|
| ☐ | Terminplanung | D |
| ☐ | Ratschläge geben | M |
| ☐ | Holz hacken | O |
| ☐ | Mannschaftssportarten | M |
| ☐ | Maschinen bedienen | O |
| ☐ | Gartenarbeit | O |
| ☐ | neue Software ausprobieren | O |
| ☐ | Buchführung | D |

| | | |
|---|---|---|
| ☐ | Kochen | O |
| ☐ | Kranke pflegen | M |
| ☐ | Geldanlagen betreuen | D |
| ☐ | einen Vertrag zwischen zwei Parteien aushandeln | M |
| ☐ | Angebote schreiben | I |
| ☐ | Forschung betreiben | D |
| ☐ | Vergütungsregelungen verbessern | D |
| ☐ | auf Beschwerden reagieren | M |
| ☐ | Vertreterbesuche | M |
| ☐ | Audiosysteme planen | I |
| ☐ | Textverarbeitung | D |
| ☐ | Sekretariatsarbeit | I |
| ☐ | Unterrichten | M |
| ☐ | Produkte an Endkunden verkaufen | M |
| ☐ | Artikel schreiben | I |
| ☐ | Webseiten gestalten | I |
| ☐ | einen 40-Tonner fahren | O |
| ☐ | Kinder betreuen | M |
| ☐ | Rennpferde züchten | O |
| ☐ | den Jahresabschluss vorbereiten | D |
| ☐ | Märkte für neue Produkte suchen | I |
| ☐ | Bewerber auf ihre Eignung für das Unternehmen prüfen | M |
| ☐ | Veranstaltungen planen | I |
| ☐ | Pressemitteilungen schreiben | I |
| ☐ | Uhren reparieren | O |
| ☐ | ein Budget planen | D |
| ☐ | die Hauselektrik erneuern | O |
| ☐ | einen Schrank bauen | O |
| ☐ | die Bücher prüfen | D |
| ☐ | neue Geschäftsräume suchen | D |

| | |
|---|---|
| ☐ Besprechungen vereinfachen | M |
| ☐ Reisegruppen führen | M |
| ☐ Mode entwerfen | I |
| ☐ ein neues Konto für einen Kunden eröffnen | M |
| ☐ Restaurantkritiker sein | I |
| ☐ Mitarbeiter führen | M |
| ☐ Geld für einen guten Zweck sammeln | M |
| ☐ Tabellen erzeugen | D |
| ☐ Landkarten zeichnen | O |
| ☐ Feuer bekämpfen | O |
| ☐ Daten der letzten Volkszählung analysieren | D |
| ☐ ein Buch schreiben | I |
| ☐ ein Sofa aufpolstern | O |
| ☐ ein Haus schön einrichten | I |
| ☐ Rinder züchten | O |
| ☐ Arbeitsorganisation neu planen | D |
| ☐ eine Vision für ein Unternehmen entwickeln | I |
| ☐ eine Marketingkampagne entwickeln | I |
| ☐ den Rasen eines Golfplatzes pflegen | O |
| ☐ Versicherungsrisiken analysieren | D |
| ☐ Manuskripte herausgeben | I |
| ☐ juristische Verträge beurteilen | D |

Jede der genannten Aufgaben fällt in eine spezifische Interessenkategorie – **M**enschen, **I**deen, **D**aten und **O**bjekte. Zählen Sie nun die M, I, D und O neben jenen Aufgaben, die Sie angekreuzt haben:

M .................... mal,
I .................... mal,
D .................... mal,
O .................... mal.

**Hinweis:** Die höchste Zahl entspricht Ihrer ureigensten Interessenkategorie. Lesen Sie dazu den entsprechenden Abschnitt.

### Menschen

Sie genießen den Umgang mit Menschen, einzeln oder in Gruppen. Sie überzeugen, unterrichten, beraten oder leiten Menschen gern.

**Tipp:** Der größte Teil Ihrer Arbeitszeit sollte mit Kontakten zu anderen Menschen gefüllt sein.

### Ideen

Diese Kategorie beinhaltet Theorien, Begriffe, das Hervorrufen oder Ausdrücken von Gefühlen, Gedanken oder Überzeugungen. Sie sind wahrscheinlich musisch veranlagt und lieben Kunst, Musik, Mode oder Literatur.

**Tipp:** Ihr Beruf sollte möglichst kreativ sein, damit Sie Ihren Ideenreichtum nutzen können.

### Daten

Ihnen liegen konkrete, realistische Aufgaben, Termine, Zahlen, Finanzdaten, Verfahren, Anweisungen und Prozesse.

**Tipp:** Sie fühlen sich mit abgegrenzten, praktischen Aufgaben am wohlsten.

### Objekte

Sie arbeiten gern mit Ihren Händen, reparieren Dinge und sind fasziniert von dem präzisen und ordnungsgemäßen Gebrauch von Maschinen, Werkzeugen und anderen unbelebten Objekten. Aber auch die Arbeit mit Pflanzen und Tieren gehört dazu.

**Tipp:** Ein Teil Ihrer Arbeit sollte praktisch, gegenständlich und anfassbar sein.

Bei den meisten Menschen kristallisiert sich ein eindeutiger Interessenschwerpunkt heraus, was nicht ausschließt, dass sie auch Aufgaben aus anderen Kategorien schätzen.

**Beispiel:** Bernie etwa liebt seine Arbeit im technischen Vertrieb, aber als gelernter Ingenieur vertieft er sich auch gern in die Planung und Installation der Ausrüstungsteile, die er verkauft. Er hat das Glück, zwei verschiedene Interessen in seiner Arbeit verbinden zu können.

## Stärken: Pfunde, mit denen Sie wuchern sollten

Eine Stärke ist nicht nur eine Fähigkeit oder ein besonderes Wissen, sondern eine Fähigkeit, an der man *interessiert ist* und die man *einsetzen will* bzw. zum eigenen Vorteil auch *einsetzen sollte*. Man kann den Begriff Fähigkeit sehr weit fassen, etwa sprachliche Ausdrucksfähigkeit oder räumliches Vorstellungsvermögen nennen.

**Hinweis:** Der folgende Test konzentriert sich jedoch auf spezifische Fähigkeiten, die Sie bei Ihrer Arbeit nutzen können und wollen, wie Schreiben oder Termine planen.

Wir alle haben Fähigkeiten, die wir gut beherrschen, an denen wir aber nicht unbedingt interessiert sind. Sie werden es natürlich nicht schaffen, dass Sie bestimmte – ungeliebte – Fähigkeiten überhaupt nicht mehr verwenden müssen. Aber Sie können Ihre Arbeit so organisieren, dass Sie den Großteil Ihrer Zeit Fähigkeiten nutzen, an denen Sie selbst Spaß haben – Ihre Lieblingstätigkeiten.

Notieren Sie zu jeder der folgenden Fähigkeiten zwei Dinge:

1. Wie professionell beherrschen Sie sie?
2. Mögen Sie sie?

**Hinweis:** Bewerten Sie den Grad der Professionalität anhand der vorgegebenen Skala und schreiben Sie die entsprechende Nummer in die Spalte rechts neben der Fähigkeit. Setzen Sie links neben die Tätigkeit ein Kreuz in das Kästchen, wenn Sie diese mögen. Wenn Sie eine Tätigkeit, die Sie bisher noch nie ausgeführt haben, reizt, markieren Sie diese ebenfalls in dem Kästchen mit einem Sternchen.

## Grad der Professionalität:

1. Nie probiert
2. Sehr bescheiden
3. Unterdurchschnittlich
4. Durchschnittlich
5. Überdurchschnittlich
6. Herausragend

| ✍ × oder ✸ | Bevorzugte Tätigkeit | Bewertung (1 bis 6) |
|---|---|---|
| ☐ | Geschäftsbriefe schreiben | .................................. |
| ☐ | Material ausgeben | .................................. |
| ☐ | Personal einstellen | .................................. |
| ☐ | Auseinandersetzungen schlichten | .................................. |
| ☐ | Mentoring | .................................. |
| ☐ | Vertragsverhandlungen | .................................. |
| ☐ | öffentliche Vorträge halten | .................................. |
| ☐ | Besprechungen vereinfachen | .................................. |
| ☐ | Vorschläge präsentieren | .................................. |
| ☐ | Coachen | .................................. |
| ☐ | Menschen beraten | .................................. |
| ☐ | Unterrichten | .................................. |
| ☐ | Menschen motivieren | .................................. |
| ☐ | ein Team aufbauen | .................................. |
| ☐ | ein Team führen | .................................. |
| ☐ | Menschen ausbilden | .................................. |
| ☐ | anderen helfen | .................................. |
| ☐ | Dinge katalogisieren | .................................. |
| ☐ | Termine verwalten | .................................. |
| ☐ | Buch führen | .................................. |
| ☐ | Forschen | .................................. |
| ☐ | Vorschläge bewerten | .................................. |

| | | |
|---|---|---|
| ☐ | Inventar analysieren | ................................ |
| ☐ | Standards setzen | ................................ |
| ☐ | Qualität beurteilen | ................................ |
| ☐ | Daten sammeln | ................................ |
| ☐ | Ratschläge geben | ................................ |
| ☐ | Entscheidungen bestätigen | ................................ |
| ☐ | Aufgaben/Verantwortung delegieren | ................................ |
| ☐ | Verfahren entwickeln | ................................ |
| ☐ | Menschen leiten | ................................ |
| ☐ | Probleme lösen | ................................ |
| ☐ | Projekte managen | ................................ |
| ☐ | Veränderungen anstoßen | ................................ |
| ☐ | Richtlinien interpretieren | ................................ |
| ☐ | Aufgaben bewältigen | ................................ |
| ☐ | Budgets analysieren | ................................ |
| ☐ | ein Budget planen | ................................ |
| ☐ | Kostenrechnung | ................................ |
| ☐ | Geldanlagen analysieren | ................................ |
| ☐ | Finanzplanung | ................................ |
| ☐ | Rechnungsprüfungen durchführen | ................................ |
| ☐ | Richtlinien entwickeln | ................................ |
| ☐ | neue Ideen ausarbeiten | ................................ |
| ☐ | Strategien entwickeln | ................................ |
| ☐ | Produkte oder Dienstleistungen verkaufen | ................................ |
| ☐ | Telemarketing | ................................ |
| ☐ | einen Marketingplan entwickeln | ................................ |
| ☐ | Angebote schreiben | ................................ |
| ☐ | Gebührenordnungen festlegen | ................................ |

- ☐ Werbekampagnen entwickeln ..................................
- ☐ Produkte oder Dienstleistungen bewerben ..................................
- ☐ Veranstaltungen koordinieren ..................................
- ☐ Märkte analysieren ..................................
- ☐ Vertriebsleitung ..................................
- ☐ Fundraising (Spendengelder sammeln) ..................................
- ☐ Kunden bedienen ..................................
- ☐ Beschwerden von Kunden beantworten ..................................
- ☐ am Computer arbeiten ..................................
- ☐ technische Produkte planen ..................................
- ☐ etwas bauen ..................................

**Hinweis:** Notieren Sie sich nun die zehn Tätigkeiten, die Sie in Ihrer Arbeit am liebsten ausführen würden (in beliebiger Reihenfolge):

✍

1. ...........................................................................................
2. ...........................................................................................
3. ...........................................................................................
4. ...........................................................................................
5. ...........................................................................................
6. ...........................................................................................
7. ...........................................................................................
8. ...........................................................................................
9. ...........................................................................................
10. ...........................................................................................

Wie viele dieser zehn Tätigkeiten üben Sie in Ihrem derzeitigen Job aus?

...........................................................................................

Um welche Tätigkeiten handelt es sich?

..........................................................................................

..........................................................................................

..........................................................................................

Wie viele und welche dieser Tätigkeiten beherrschen Sie überdurchschnittlich gut?

..........................................................................................

..........................................................................................

..........................................................................................

Welche könnten Sie verbessern?

..........................................................................................

..........................................................................................

..........................................................................................

Welche Ihrer bevorzugten Tätigkeiten haben Sie noch nie ausprobiert?

..........................................................................................

..........................................................................................

..........................................................................................

Es ist immer sehr erhellend und nützlich, sich selbst so gut wie möglich kennen zu lernen. Die Ergebnisse werden teilweise nur bestätigen, was Sie bereits von sich wissen. Teilweise jedoch werden Sie überrascht sein und Ihnen werden Ideen, Meinungen, Gefühle und Stärken zu Bewusstsein kommen, die Sie entweder aus dem Blick verloren hatten oder Ihnen bisher nur diffus gewärtig waren.

Durch die verschiedenen Tests haben Sie einen wichtigen ersten Schritt hin zu einem Beruf getan, der Ihnen voll und ganz entspricht. Damit können Sie planvoll vorgehen und letztlich eine befriedigende Lösung finden. Bei der Ausarbeitung von Maßnahmen werden Sie immer wieder auf die Ergebnisse aus diesen Tests zurückgreifen.

**Hinweis:** In den folgenden Kapiteln wird es um die sechs Situationen gehen, die im Kapitel 2 vorgestellt wurden. Jedes Kapitel beschäftigt sich mit einer spezifischen Sachlage und erzählt von Menschen, die in diese Kategorie gehören. Zusätzliche Tests unterstützen die Suche nach sinnvollen Maßnahmen. Sie sind aufgefordert herauszufinden, wie Sie Ihre derzeitige Situation entsprechend Ihren Bedürfnissen verändern können. Haben Sie die entsprechenden Schritte identifiziert und finden den Mut, entsprechende Veränderungen einzuleiten, dann wird die Suche auch Spaß machen.

# Teil 3

# Ihr Weg zum Ziel

# 5. Es ist alles so sinnlos

Von 110 Menschen, die ich befragt habe, nannten über 90 Prozent das Gefühl von Sinnlosigkeit als Hauptgrund, warum sie kürzlich die Arbeit gewechselt hatten oder gern eine andere Laufbahn einschlagen würden. Der Sinnbegriff lässt so viele Interpretationen zu, dass ganze Bibliotheken darüber geschrieben wurden. Im Wörterbuch wird Sinn mit Bedeutung erklärt, mit Zweck oder Absicht. Eine sinnvolle Arbeit tun kann bedeuten, dass man sich leidenschaftlich für deren Inhalte einsetzt, oder auch nur, dass man im Beruf Prioritäten setzen darf, sodass die eigenen Bedürfnisse und Wünsche erfüllbar werden. Vielleicht wissen Sie persönlich bereits, was sinnvolle Arbeit für Sie bedeutet, und haben lediglich noch nicht die richtige Stelle gefunden. Vielleicht spüren Sie nur instinktiv, dass Sie in Ihrem derzeitigen Beruf keinen Sinn finden, ohne diesen deswegen schon genau fassen zu können.

Manche Menschen kämen überhaupt nicht auf die Idee, im Beruf Sinn suchen zu wollen. Es ist einfacher, sich auf das Geld zu konzentrieren und vom Arbeiten nicht mehr als die Grundlage für Nahrung, Kleidung und Unterkunft für sich und die Familie zu erwarten. Aber herauszufinden, wofür man sich leidenschaftlich einsetzen will und kann, ist nicht ganz einfach.

Jeder Mensch ist anders. Was dem einen alles bedeutet, kann dem anderen vollkommen gleichgültig sein. Um Sinn in der eigenen Arbeit zu finden, müssen Sie sich daher zuerst einmal fragen, was Sinn für Sie selbst bedeutet.

**Beispiele:** Nehmen wir Steve, einen selbstständigen Finanzberater. Er glaubt fest daran, dass jeder Mensch bei geschickter Geldanlage finanzielle Sicherheit genießen kann. Steve verspürt unglaublich starke Genugtuung, wenn er seinen Klienten auf diesem schwierigen Gebiet helfen kann. Für ihn stehen Selbstständigkeit, Familie, Glück, finanzielle Sicherheit und Helfen ganz oben auf der Werteliste.

Der 44-jährige Chris hingegen arbeitet als Assistent für eine Fernsehstation und zieht den Sinn aus der Anerkennung durch seine Chefin und die Kollegen. Auch wenn ihn die überwiegend administrativen Aufgaben nicht begeistern, spürt er doch, dass er gebraucht wird. Chris wird von Teamwork, Anerkennung, Respekt und Weiterbildungsmöglichkeiten motiviert.

Sowohl Steve als auch Chris wissen, was sie unter Sinn verstehen. Für Steve war das die Voraussetzung, seine frühere Karriere im Vertrieb aufzugeben und sich die entsprechenden Qualifikationen und Bescheinigungen zu verschaffen, um andere in finanziellen Dingen beraten zu können. Chris weiß, dass ihm sein Job einen Einstieg bietet, und hat deswegen sein Bedürfnis nach mehr Sinn zurückgestellt.

Ob Sie persönlich bereits wissen, was Sinn für Sie bedeutet und ihn in der gegenwärtigen Arbeit vermissen, oder ob Sie nur spüren, dass Ihnen etwas fehlt, ohne es genauer umreißen zu können – eins ist gewiss: Um einen Job zu finden, der Ihnen etwas bedeutet, müssen Sie Sinn und Zweck Ihrer derzeitigen Arbeit hinterfragen können.

## Erster Schritt: der Test

Bevor Sie den Sinn in Ihrer Arbeit suchen, müssen Sie zunächst für sich klären, was Sinn für Sie überhaupt bedeutet.

In diesem Zusammenhang sind Ihre Werte entscheidend. Rufen Sie sich die Liste in Erinnerung, in der Sie herausgefunden haben, was Sie erfüllt und motiviert. Blättern Sie zu den zehn wichtigsten Werten auf Seite 43 zurück.

Diese im Hinterkopf, notieren Sie sich Ihre Antwort auf folgende Fragen:

1. Wenn Sie etwas Sinnvolles nennen sollten, was fällt Ihnen da ein? Berücksichtigen Sie dabei alles, was Ihnen sowohl privat als auch beruflich wichtig ist. Es kann sich ebenso gut um materielle Dinge handeln wie um Ideen oder Gefühle. ✍

   ........................................................................................................

   ........................................................................................................

   ........................................................................................................

2. Mit welchen dieser Dinge sind Sie derzeit beschäftigt? Welche spielten in der Vergangenheit eine Rolle? Mit welchen würden Sie sich gern in der Zukunft befassen? Antworten Sie so detailliert wie möglich.

   Vergangenheit

   ........................................................................................................

   ........................................................................................................

   Gegenwart

   ........................................................................................................

   ........................................................................................................

   Zukunft

   ........................................................................................................

   ........................................................................................................

Betrachten Sie noch einmal Ihre Antworten auf Frage 1 und 2. Gehen Sie in sich und seien Sie ganz ehrlich: Gibt es auf dieser Liste Dinge, von denen Sie nur glauben, sie sollten Ihnen etwas bedeuten? Wenn ja, welche?

........................................................................................................

........................................................................................................

**Tipp:** Sie sollten unbedingt herausfinden, was Ihnen tatsächlich wichtig ist. Der eine steckt lieber im Beruf zurück, um mehr Zeit für die Kinder zu haben, der andere liest Blinden etwas vor.

**Achtung:** Manchmal wird die Sinnfrage – unzulässigerweise – auf überhöhte Ideale eingeschränkt, aber sinnvolles Tun ist nicht identisch mit karitativer Arbeit oder dem Engagement für einen guten Zweck.

**Hinweis:** Lesen Sie bitte in diesem Buch nicht weiter, bevor Sie sich nicht zu 100 Prozent darüber im Klaren sind, was für Sie persönlich Sinn bedeutet. Ohne dieses Element können Sie weder einen Plan ausarbeiten noch die Hindernisse auf dem Weg zu einer sinnvollen Arbeit überwinden.

Ein weiterer Aspekt ist von Bedeutung. Was Sie heute als sinnvoll empfinden, muss nicht mit dem übereinstimmen, was vor zehn Jahren für Sie sinnvoll war und auch nicht mit dem, was in 20 Jahren für Sie sinnvoll sein wird. Wenn Sie einmal gelernt haben, das für Sie Sinnvolle zu ermitteln, wird es Ihnen beim nächsten Mal leichter fallen.

**Hinweis:** Lesen Sie nun die Liste mit zehn verschiedenen Arten von Sinn durch und kreuzen Sie die für Sie bedeutsamsten an. Vielleicht halten Sie alle zehn für wichtig. In diesem Fall markieren Sie jene mit einem Sternchen, die für Sie Priorität haben.

✍

1. Belohnung: eine Gegenleistung, die im Austausch für eine Leistung als Anreiz oder Motivation angeboten wird, z. B. Sonderzahlungen, Prämien, Preise, Applaus oder Wertschätzung. ☐
2. Interessante Branche: in einem anregenden, attraktiven oder faszinierenden Umfeld tätig sein, in einem ansprechenden Bereich, etwa wenn eine Bankangestellte aus einer Geschäftsbank in eine Investmentbank wechselt. ☐
3. Prinzipientreue: für Werte und Ideale einstehen oder nach Grundsätzen leben und diese nach außen vertreten, etwa in einem Unternehmen, das sich aktiv für Minderheiten oder Frauenrechte einsetzt. ☐

4. Mitgestalten: geben, teilen oder Anteil nehmen, verändern oder verbessern, zum Beispiel ein Programm umsetzen, das den Mitarbeitern Anreize und Motivation bietet. ☐
5. Problem bewältigen: Fragen beantworten oder mit schwierigen, unsicheren oder komplizierten Situationen zurechtkommen, zum Beispiel in der Arbeit als Mediator. ☐
6. Lebensqualität: Werte, Prioritäten und Beziehungen gegebenenfalls verändern, etwa indem man von zu Hause aus arbeitet, um mehr Zeit für die Kinder zu haben. ☐
7. Leidenschaft: starke Gefühle oder Sehnsüchte ausleben, etwa indem man sich für einen guten Zweck engagiert, der einem sehr am Herzen liegt. ☐
8. Wohltätigkeit: Zeit, Geld und/oder Kenntnisse einbringen, sich für eine Veränderung einsetzen, eine soziale, politische oder sonstige Bewegung fördern, etwa indem man von einem gewinnorientierten Unternehmen zu einer Nonprofit-Organisation wechselt. ☐
9. Kreativität: etwas Neues, Originelles einführen, produzieren oder erfinden, das einen Beitrag für die Allgemeinheit leistet, etwa indem man ein Unternehmen für umweltschonende Haushaltswaren gründet. ☐
10. Lernen: Wissen erwerben, verstehen wollen, durch Erfahrung oder Studium Expertenwissen erwerben, zum Beispiel indem man sich an neuartigen Projekten beteiligt. ☐

Diese zehn Kategorien bieten eine breite Grundlage, um den Charakter und die Art von Sinn zu beschreiben, der Ihnen am Herzen liegt. Betrachten Sie noch einmal Ihre Antworten auf die eben gestellten Fragen auf Seite 75. Wie viele entsprechen den zehn genannten Arten von Sinn? Sollten Sie zum Beispiel geantwortet haben: „Ich habe für Organisation XY eine neue Ortsgruppe gegründet und 125 aktive Mitglieder geworben“, dann wollen Sie unter anderem mitgestalten, einen guten Zweck unterstützen und kreativ sein.

**Hinweis:** Analysieren Sie Ihre Antworten in dieser Weise, um festzustellen, ob bestimmte Punkte immer wieder auftauchen. Passen Ihre Antworten weiter oben mit der Einschätzung der Kategorien zusammen? Nutzen Sie die Kategorien als Gerüst, an dem Sie sich bei Ihrer Suche nach einer sinnvollen Arbeit entlanghangeln können.

**Beispiel:** Judi, eine Frau in mittleren Jahren, kann auf vier verschiedene Berufe zurückblicken. Sie arbeitet seit 20 Jahren im Vertrieb, hat verschiedene Ehrenämter übernommen und wird von ihren Mitmenschen als warmherzige Person beschrieben, die anderen gerne hilft. Sie ist eine ausgesprochen gute Verkäuferin, hat mit Erfolg Telefone, Immobilien, Promotion-Aktionen, Hypotheken und Plüschtiere an den Mann und die Frau gebracht. Trotz ihres karitativen Engagements und ihrer Begeisterung für den Vertrieb merkte Judi, dass erst die Verbindung von Beruf und Berufung wahre Erfüllung für sie bedeutet. Sie fand ihre Nische im Vertrieb von Pflegedienstleistungen. Die Kombination von Vertrieb und sinnvollen Inhalten versetzte sie in Hochstimmung. Dann bot sich die Gelegenheit, Fundraising für eine besonders hochwertige Form der Gesundheitsvorsorge und -pflege zu betreiben, und Judi nahm die Herausforderung an. „So konnte ich mein Faible für den Vertrieb mit meinem Wunsch verbinden, Menschen ganz persönlich zu erreichen. Das ist ein unglaubliches Gefühl, wenn ich durch ein Krankenhaus oder eine Krebsstation oder ein Reha-Zentrum oder ein Hospiz gehe und weiß, dass ich mit meiner Arbeit dazu beitrage, dass diesen Menschen gegen Bezahlung oder kostenlos geholfen wird.“ Inzwischen wirbt Judi für die neuen Gesundheits- und Fitness-Zentren desselben Trägers. Im Nachhinein bedauert sie, dass sie nicht eher gemerkt hat, wie sehr berufliche Erfüllung und Zufriedenheit aus dem Gefühl rühren, etwas Sinnvolles zu tun, und weniger aus dem Geld, das man am Ende des Monats nach Hause trägt.

## Zweiter Schritt: Hindernisse und Chancen ermitteln

Nun sollten Sie die Widerstände ermitteln, die sich Ihrer Suche nach Sinn in den Weg stellen könnten. Ob es sich um objektive Hindernisse oder subjektive Empfindungen handelt, spielt keine Rolle.

**Hinweis:** Notieren Sie Ihre Bedenken, etwa: Ich bin zu alt, da kann ich nicht genug lernen, mir fehlt der entsprechende Abschluss usw.

Was hält Sie von einem Wechsel ab?

.................................................................................................

.................................................................................................

.................................................................................................

Bei den meisten Menschen handelt es sich fast immer um subjektive Bedenken. Im Folgenden besprechen wir einige der häufigsten Einwände, die Menschen von der Suche nach einer sinnvolleren Arbeitsstelle abhalten.

## Einkommenseinbußen

Die größten Befürchtungen bestehen im Bereich der Finanzen. Wer den Sinn in Dingen sieht, die überwiegend von gemeinnützigen Organisationen erledigt werden, der geht zu Recht davon aus, am Verdienst Abstriche machen zu müssen. Auch der Wechsel in eine neue Branche ist oft mit der Befürchtung verbunden, finanziell rückgestuft zu werden. Es ist kein Geheimnis, dass man sich in einer Nonprofit-Organisation keine goldene Nase verdient. Trotzdem sollten Sie die Abwägung zwischen Monatsgehalt und gehaltvoller Arbeit nicht allein deswegen zurückstellen.

**Beispiel:** Bruce arbeitete 25 Jahre lang für eine Bank, die in New York City ihren Sitz hat. Von diesen 25 Jahren denkt er nur an acht gerne zurück. In dieser Zeit war er nicht mehr im eigentlichen Bankgeschäft tätig, sondern in der Organisationsentwicklung und als Ausbilder. Doch selbst in diesen guten Jahren war er nie ganz zufrieden, sondern hatte ständig das Gefühl, nicht das zu bekommen, was er wollte. Als die Bank von einem anderen Institut übernommen wurde, stimmte er daher trotz aller Ängste einer Abfindung zu. Die vorübergehende Arbeitslosigkeit nutzte er für einen Kassensturz, wie er sich ausdrückt. Er überlegte, welche Werte ihm wirklich wichtig waren, und entdeckte in sich einen gewissen missionarischen Eifer und das Bedürfnis, etwas zu bewegen. Beides war in seiner bisherigen Laufbahn völlig unterbelichtet geblieben. Eines Tages besuchte er eine Podiumsdiskussion, in der es um den Wechsel von einem Wirtschaftsunternehmen zu einer Nonprofit-Organisation ging. Bruce fühlte sich sofort angesprochen. Der sprichwörtliche Groschen fiel, fortan wusste er, in welcher Richtung er fortan suchen musste.

Zunächst führte er in verschiedenen gemeinnützigen Organisationen für wenig Geld oder unentgeltlich Beratungen durch. Dann bot man ihm in einer Initiative gegen Gewalt in der Familie den Posten des Finanzverantwortlichen an. Als Halbwüchsiger hatte Bruce selbst unter einem prügelnden Vater gelitten. Sein neues berufliches Universum besteht noch immer überwiegend aus Zahlen, aber er war nie zufriedener. Er ist an der Strategieentwicklung beteiligt und ein bisschen Mädchen für alles innerhalb der Organisation. Der geringere Verdienst hat ihm anfangs, wie er zugibt, durchaus zugesetzt. Trotzdem wäre mehr Geld für ihn kein Grund zu wechseln. Wenn er will, kann er sein Gehalt mit Beratungen, Artikeln und anderen Nebentätigkeiten aufbessern. Der neue Beruf verschlingt weniger Energie, sodass ihm mehr Muße für Interessen außerhalb der Arbeit bleibt.

Wer die Branche oder den Beruf wechselt, muss nicht unbedingt Einkommenseinbußen hinnehmen. Es hängt immer auch von der Art ab, wie man sich einem neuen Arbeitgeber oder Auftraggeber „verkauft".

**Beispiel:** Nici wechselte von einer Marketingagentur, die für Konsumgüterproduzenten arbeitete, zu einer Designerfirma und übernahm dort die Vertriebsleitung. Sie verdient ähnlich gut wie im vorherigen Job, weil sie im Vorstellungsgespräch ihre Leitungs- und Marketingerfahrungen überzeugend präsentieren konnte. Ihre Begeisterung für Mode und Design tat ein Übriges, um den Arbeitgeber für Nici einzunehmen.

## Fortgeschrittenes Alter

Man kann sich mühelos in die unterschiedlichsten Branchen und Berufe hineinträumen und sich ausmalen, Musiker, Pilot, Sommelier oder Art

Director zu sein. Aber die meisten Menschen rufen sich nach solchen Fantastereien wieder zur Ordnung und halten ihr Alter für eine unüberwindliche Hürde. Dabei gibt es Hunderte von Geschichten über Menschen, die schon immer etwas Bestimmtes sein wollten und es irgendwann einfach taten, gleichgültig, wie alt sie waren. Es ist schon wahr: Wir leben in einer gegen Ältere voreingenommenen Gesellschaft. Aber wer Mut, Ausdauer und Leidenschaft mitbringt, wird es schaffen!

**Beispiel:** Bernice war 40 Jahre alt, hatte vier Kinder und praktisch keine Berufserfahrung, als sie sich für ein Jura-Studium einschrieb. Ihr Mann war von der Idee zunächst wenig begeistert, aber Bernice setzte sich durch. Ihre Kommilitonen waren im Schnitt halb so alt wie die vierfache Mutter. Sie schloss die Universität ab, sammelte erste Erfahrungen in einer Kanzlei und eröffnete dann ihr eigenes Anwaltsbüro. Heute kann sie sich über Arbeitsmangel nicht beklagen, ist zufrieden und glücklich. Sie genießt es, Klienten zu ihrem Recht verhelfen zu können, ob es nun um Immobiliengeschäfte oder Scheidungen geht. Bernice ist sich sicher, dass sie durch die Erfahrungen in der Familie eine bessere Anwältin wurde, als wenn sie direkt nach der Schule auf die Uni gegangen wäre. Sie war eben viel reifer als die 20-jährigen Mitstudenten.

Falls Sie tatsächlich geschrieben haben sollten: „Zu alt", oder: „Firmen diskriminieren Menschen meines Alters", dann denken Sie noch einmal darüber nach. Es mag schon stimmen, wenn Sie für die New York Yankees als Pitcher auf dem Baseball-Platz stehen oder als Mannequin in Paris über die Laufstege schweben möchten. Aber wenn Sie die nötige Energie mitbringen und sich gründlich über die anvisierte Branche informiert haben, kann Sie in den meisten Fällen nichts und niemand aufhalten.

## Fehlende Branchenkenntnisse

Ein Mangel an einschlägigen Erfahrungen könnte Sie ebenfalls von dem Wechsel in ein neues Gebiet abhalten. Aber auch wenn Sie in der gewünschten Tätigkeit keinerlei Erfahrungen haben, können Sie doch ganz sicher zahlreiche Erfahrungen in anderen Wirtschaftszweigen und Berufen vorweisen. Sie haben viel gelernt. Geschäft ist Geschäft, darin sind sich alle Branchen gleich. Überall gibt es Klienten, Kunden, Lieferanten, Arbeitnehmer und diverse sonstige Interessengruppen. Überall gibt es Vertrieb, Marketing, Finanzen, Personalwesen, Forschung & Entwicklung und Verwaltungsaufgaben. Überall wird mit Zielvorgaben gearbeitet und überall müssen Gelder hereinkommen.

Denken Sie an Bruce, den Ex-Banker: Er wollte unbedingt in den Nonprofit-Bereich wechseln, sich aber auf keinen Fall ins Fundraising einarbeiten. Vertrieb war nicht seine Sache. Stattdessen brachte er seine Rechnungslegungs- und Finanzkenntnisse in den neuen Bereich ein. Er musste natürlich einiges dazulernen, aber nicht so viel, wie er ursprünglich befürchtet hatte. Er wartete auf die richtige Gelegenheit und übte sich bis dahin mit verschiedenen ehrenamtlichen Beratungstätigkeiten in Geduld. Als er in die Initiative gegen Gewalt in Familien als Finanzverantwortlicher eintrat, kannte er sich bereits gut aus. Der Träger begrüßt den anderen Blickwinkel, den Bruce mitbringt, und schätzt sich glücklich, einen ehemaligen Bankangestellten in seinen Reihen zu wissen.

Eine neue Branche kennen zu lernen ist aufregend und anregend, vor allem, wenn es Sie dort schon immer hinzog.

**Tipp:** Ehrenamtliche Tätigkeit, stundenweises Engagement oder ein Posten im Vorstand oder Beirat einer gemeinnützigen Organisation sind erstklassige Gelegenheiten, um Insiderkenntnisse zu erwerben.

Jede Branche hat ihre Fachpresse und Standesorganisationen, die regelmäßig Kongresse veranstalten und Zeitschriften herausgeben.

**Hinweis:** Am Ende dieses Buches finden Sie einige Quellen, die Ihnen hier weiterhelfen können.

Informelle Gespräche sind der beste Weg, Informationen über eine fremde Branche einzuholen. Über Ihr persönliches Netzwerk dürften Sie Namen genannt bekommen, und wenn Sie verschiedenen Personen dieselben Fragen stellen, haben Sie bald die gewünschten Auskünfte. Fragen Sie zum Beispiel:

- „Wie sind Sie in diesen Bereich gerutscht?“
- „Welche Empfehlungen, Fähigkeiten und Erfahrungen sind Ihrer Meinung nach sinnvoll, um in diesem Bereich Fuß zu fassen?“

- „Ich habe Ihnen meinen Background geschildert. Welche Referenzen lassen sich Ihrer Meinung nach besonders gut auf die neue Branche übertragen?“
- „Mit welchen Problemen hat die Branche derzeit besonders zu kämpfen?“

Wenn Sie Ihre Gesprächspartner als aufrichtig interessiert erleben, steigen Ihre Chancen, im gewünschten Bereich Angebote zu erhalten und Entscheidungsträgern vorgestellt zu werden.

## Kein passendes Unternehmen

Vielleicht haben Sie auch als Hinderungsgrund angegeben, Sie wüssten nicht, in welchen Branchen, Unternehmen und Umgebungen Sie Ihre Werte und Ideale überhaupt leben könnten. Dank des ersten Tests in diesem Buch wissen Sie bereits, ob diese an Ihrem derzeitigen Arbeitsplatz unterstützt werden. Wenn Sie an dem festhalten, was Ihnen wichtig ist, werden Sie mehr Geschick auf der Suche danach entwickeln.

**Beispiel:** Ed – Ende 40, Personalsachbearbeiter – hat in einer ganzen Reihe von Unternehmen gearbeitet, in denen die bunte Vielfalt menschlicher Lebensformen nicht respektiert wurde. Als Schwuler stand Ed unter dem Druck, seine sexuelle Orientierung nicht offen zeigen zu dürfen. Sein letzter Arbeitgeber, eine große Investmentbank, lag mit der Gemeinde der Lesben und Schwulen zu allem Überfluss auch noch über Kreuz. Für Ed wurde es immer wichtiger, seine Homosexualität nicht länger verstecken zu müssen, und schließlich stellte er diesen persönlichen Wunsch explizit auf die Kriterienliste bei der Suche nach einem neuen Arbeitsplatz.

In einer mittelgroßen PR-Firma fand er einen Arbeitgeber, der sich offen zu Homosexuellen bekennt. Wie Ed das gelang? Er aktivierte sein Netzwerk und fragte einen schwulen Bekannten, der als Personalverantwortlicher in dieser Firma arbeitete. Dieser Freund überzeugte die Firmenleitung, Ed einen verantwortungsvolleren Posten zu geben als ursprünglich vorgesehen. Ed hat sich die Zeit genommen, seine Prioritäten zu ermitteln, und er glaubte an den Erfolg. So landete er in einem Unternehmen, das seiner Persönlichkeit entspricht. Wie Judi, Bruce und Bernice war er nie glücklicher und zufriedener mit seinem Beruf.

Wer ein Unternehmen sucht, in dem er seine Werte erfüllt sieht, muss kritische Fragen stellen und mit den Antworten umgehen können. Auf Eds direkte Frage hin hieß es oft: „Natürlich haben Homosexuelle bei uns die gleichen Rechte und Chancen.“ Aber in Wirklichkeit wurden sie doch diskriminiert.

**Tipp:** Je hartnäckiger Sie recherchieren und nachhaken, desto sicherer werden Sie Lippenbekenntnisse und tatsächliches Verhalten differenzieren können.

Stellen Sie Fragen wie:

- „Wie würden Sie die hiesige Unternehmenskultur beschreiben?“
- „Für mich ist Anerkennung sehr wichtig. Können Sie anhand einiger Beispiele erläutern, wie das Unternehmen die Anerkennung von Leistungen zum Ausdruck bringt?“

Wenn Ihnen das Unternehmen Gespräche mit Mitarbeitern verweigert, die nicht am Vorstellungsgespräch beteiligt sind, ist Vorsicht geboten.

**Beispiel:** Sean kann auf erfolgreiche Jahre als Anwalt einer großen Versicherungsgesellschaft zurückblicken. Er hat für den Konzern einen komplizierten Rechtsstreit durchgefochten, eine groß angelegte Umschuldung begleitet, den Verkauf eines wichtigen Unternehmensteils betreut und an der Übernahme einer Krankenkasse mitgearbeitet. Diese Projekte schmeichelten seinem professionellen Anspruch und entsprachen seinem Bedürfnis nach Engagement, Problemlösung und kreativer Zusammenarbeit mit Kollegen und Klienten. Leider verschoben sich die Werte auf der Arbeitgeberseite peu à peu, nach einiger Zeit wichen sie massiv von Seans eigenen Wertvorstellungen ab. Für ihn stehen Integrität, Aufrichtigkeit und die Familie im Zentrum. Deswegen engagiert sich Sean seit langem auch ehrenamtlich. Bislang trug das Unternehmen dieses Engagement nicht nur mit, sondern gewährte ihm auch Freiräume für solche Tätigkeiten. Doch diese Förderung trocknete mehr und mehr aus. Als Sean sein Missfallen schließlich gegenüber der Unternehmensleitung zum Ausdruck brachte, kam man ihm sehr entgegen. Trotzdem kehrte Sean der Versicherung den Rücken und wechselte zu einer Immobilienentwicklungsgesellschaft, deren Werte mit seinen Überzeugungen übereinstimmen.

## Fehlende Gestaltungsmöglichkeit

Die meisten Menschen möchten zum größeren Ganzen beitragen, sie wollen für andere Menschen oder in bestimmten Bereichen Verbesserungen bewirken. Zu den häufigsten Bedenken in diesem Zusammenhang gehört, wegen der eigenen beschränkten Möglichkeiten nichts Wesentliches verändern zu können. Wer sich im Job langweilt, sieht häufig keinen Sinn in seinem Tun. Am 2. Juli 2000 erschien in der *New York Times* ein Artikel unter der Überschrift „Gesucht: gelangweilte Berufsanfänger mit Hochschulabschluss“. Beschrieben wurde eine Kampagne der Stadt New York, um den Lehrermangel an Schulen in sozialen Brennpunkten zu beheben. Unter den 400 Bewerbern und Bewerberinnen waren Bankangestellte, Rechtsanwälte, ein Richter, ein Redenschreiber und Geschäftsleute, die nach Auskunft des Schuldezernenten Harold O. Levy ihre bisherige Tätigkeit unbefriedigend fanden.

**Tipp:** Wenn Sie das Gefühl haben, in Ihrem Beruf nichts zu bewegen, schauen Sie sich um. Was müsste verändert, verbessert, wiederbelebt oder eliminiert werden?

Nichts ist perfekt, es gibt immer etwas, das besser sein könnte. Schreiben Sie sich entsprechende Projekte auf Ihre Fahne. Wenn Sie damit nicht auf Gegenliebe stoßen, könnte es an der Zeit sein, sich ein neues Wirkungsfeld zu suchen, in dem Sie wirklich mitgestalten können. So wie Sean, der Rechtsanwalt, der der Versicherungsbranche den Rücken kehrte und jetzt Grundstücke erschließen hilft: „Ich kann so viele meiner Fähigkeiten in diese Projekte einbringen, dass die Kommunen echte Vorteile davon haben.“

Sie haben bestimmte Eigenschaften, Stärken und Fähigkeiten, die Sie gern einsetzen. Drehen Sie den Spieß um: Denken Sie nicht an die Welt und was zu deren Verbesserung alles nötig wäre. Denken Sie an Ihre Möglichkeiten, wie Sie sich mit Ihren ganz spezifischen Talenten für Kollegen, Gruppen, gute Zwecke oder Organisationen einsetzen können.

**Beispiel:** Janet ist 53, sie hat in acht verschiedenen Berufen gearbeitet: Lehrerin, Mediatorin, Museumsmitarbeiterin, selbstständige Event-Organisatorin, um nur einige zu nennen. Derzeit koordiniert und betreut sie Freiwillige für ein gemeinnütziges Kinderhilfswerk. Sie hat selbst zunächst ehrenamtlich für die Organisation gearbeitet, dachte über deren Struktur und ihre eigenen Fähigkeiten nach und erstellte eine Aufgabenbeschreibung. Dann trat sie an die Verantwortlichen heran und überzeugte sie davon, dass diese Stelle notwendig und sie am besten dafür geeignet wäre. Janet liebt ihre Arbeit. „Ich arbeite Teilzeit", erklärt sie, „kann auf meinen Erfahrungen und Fähigkeiten aufbauen und lerne eine Menge. Was will man mehr?!"

## Mangelndes Stehvermögen

Manche Wechsel-Willigen sind unsicher, ob sie Probleme in Bereichen lösen können, in denen ihnen Erfahrung und Kenntnisse fehlen. Aber das Positive an dieser Situation ist, dass man ohne Scheuklappen gegen das Motto „Das haben wir schon immer so gemacht" frischen Wind in einen neuen Arbeitsbereich bringt.

**Beispiel:** Gail hat lange im Vertrieb verschiedener Großunternehmen gearbeitet. Die Arbeit gefiel ihr und trotzdem ödete sie die tägliche Routine in ihrer Leitungsfunktion mit der Zeit an. Schließlich wählte sie die Selbstständigkeit als Beraterin für kleine Betriebe. Gail hat schon immer mit Vorliebe die ganz harten Nüsse geknackt und in der Beschäftigung mit spezifischen Absatzproblemen ihre Nische gefunden.

## Abstriche am Lebensstil

Die meisten Berufstätigen haben das Gefühl, dass im Alltag immer etwas auf der Strecke bleibt und man nie alles schafft. Manchmal muss die

Familie eben warten, weil in der Arbeit dringende Termine anstehen. Erschöpfung wird zum Dauerzustand, und sie fragen sich vermutlich, wann das endlich aufhört.

**Beispiel:** Howard flatterte Mitte der neunziger Jahre die Kündigung ins Haus. Bis dahin war er als Führungskraft arbeitstäglich zur Wall Street gefahren. Nach einem Monat Arbeitslosigkeit erzählte er seinem Outplacement-Berater, wie sehr ihn seine Frau und die Kinder faszinierten – all die Jahre im Börsengeschäft hatte er überhaupt nicht mitbekommen, was für Menschen da mit ihm unter einem Dach wohnten. Diesen Kontakt wollte er nicht noch einmal abreißen lassen. Er befürchtete zwar Einkommenseinbußen, recherchierte aber trotzdem bei verschiedenen Franchiseketten und kaufte sich schließlich als Zwischenhändler bei einem Saftproduzenten ein. Nach knapp zwei Jahren hatte er sich wieder zu seinem früheren Gehalt hochgearbeitet. Natürlich musste er sich in den Aufbau des Geschäfts hineinknien, aber er konnte freier über seine Zeiteinteilung entscheiden und das bedeutete für ihn einen Riesenunterschied zu früher.

## Leidenschaft noch nicht entdeckt

Wenn Sie noch nie so richtig engagiert gearbeitet haben, liegt das größte Hindernis vielleicht darin, die eigene Leidenschaft zu entdecken. Das soll nicht heißen, dass man ohne Leidenschaft nicht leben könnte, und die meisten Menschen würden Leidenschaft als Dauerzustand wohl als exaltiert empfinden.

**Tipp:** Aber wer von sich weiß, was ihn im tiefsten Innern begeistert, erfährt echtes Glück, Zufriedenheit und eine angenehme Erregung. Solche Menschen sehen die Arbeit spielerisch.

**Experten-Rat:** Richard Chang hat unter dem Titel *The Passion Plan* einen Sieben-Stufen-Plan für (mehr) Leidenschaft im Leben entwickelt. Er unterscheidet zwischen kontext- und inhaltsabhängiger Begeisterung. Wenn man Golf spielt, angelt, kocht oder am Computer herumschraubt, interessiert man sich für die Inhalte, geht es hingegen um Verbesserungen, Führung, Unternehmertum oder Wettbewerb, dann steht der Kontext im Vordergrund. Beide Formen können wir sowohl im Privat- als auch im Berufsleben finden.

Vielleicht entzündet sich Ihre Leidenschaft an Dingen, die sich Ihrer Meinung nach schwer beruflich verwerten lassen. Wer Golf spielt, hat naturgemäß eher schlechte Karten, und doch gibt es auch hier Möglichkeiten.

**Beispiel:** Frank etwa arbeitet für eine Hausverwaltung, die überall in den USA Gebäude betreut. Er trifft sich mit vielen seiner Klienten auf dem Golfplatz, eine gelungene Verbindung von gutem Job und Kundenpflege.

Was begeistert Sie? Hat es nichts mit Ihrer Arbeit zu tun? Haben Sie sich seit langem schon nicht mehr damit beschäftigt? Spielt es für Sie zwar beruflich eine Rolle, jedoch so sehr am Rande, dass auch keine rechte Begeisterung aufkommt?

**Hinweis:** Nehmen Sie sich ein Blatt Papier und schreiben Sie alle Möglichkeiten auf, wie Sie Ihre Leidenschaft in den Beruf integrieren könnten. Lassen Sie für einen Moment allen Realismus fahren. Sie können sich natürlich auch mit einigen Freunden zusammensetzen und Ideen produzieren.

Sie wissen nicht so recht, wofür Sie sich begeistern? Interessiert Sie etwas, das Sie noch nie getan haben? Gibt es etwas, das Sie schon immer machen wollten, zu dem Sie noch nie gekommen sind? Vielleicht finden Sie jemand, der Sie in die Grundbegriffe einweist.

**Tipp:** Belegen Sie einen Kurs oder ein Seminar, um die Tragfähigkeit Ihres Wunsches zu überprüfen.

Ob Sie sich nun für Bogenschießen oder für eine selbstständige Tätigkeit interessieren – erst dann, wenn Sie es ausprobiert haben, werden Sie es wissen.

**Beispiel:** Don hat bis zur Rente gewartet, um seiner Leidenschaft zu frönen – Mathematik unterrichten. Jahrzehnte hat er in der Privatwirtschaft gearbeitet, am Schluss Versicherungen verkauft, bevor er in den „Ruhestand“ ging. „Ja, meine Arbeit macht mir Spaß“, sagt er, „ich freue mich schon beim Aufwachen auf die Schule. Die Schüler fordern mich, und ich liebe die Mathematik."

## Zeitmangel

Eine Umfrage unter Ärzten, Rechtsanwälten und Menschen anderer hoch qualifizierter Berufe von *undershoot.net* ergab, dass 94 Prozent der Menschen gern helfen. Viele würden gern Gutes tun und weniger glückliche Zeitgenossen unterstützen, viele denken jedoch, ihnen fehle die nötige Zeit. Eine andere Umfrage im Auftrag einer gemeinnützigen Organisation ergab, dass 52 Prozent der Amerikaner für etwa fünf Stunden pro Woche ehrenamtlich arbeiten. Wenn Sie das Bedürfnis verspüren, zum Gemeinwohl beizutragen, Ihnen jedoch die Zeit fehlt, könnten Sie folgende Vorschläge interessieren.

Im Internet finden Sie Vermittlungsdienste, die ehrenamtliche Helfer und Bedürftige zusammenbringen wollen. Außerdem können Sie sich bei verschiedenen gemeinnützigen Vereinen melden.

**Tipp:** Wenn Sie später von dem Dienst an der guten Sache auch leben wollen, fangen Sie am besten trotzdem mit ehrenamtlichen Engagements an. Dadurch erhalten Sie einen Einblick in die Arbeitsweise der jeweiligen Organisationen.

Es ist natürlich nicht einfach, sich die nötige Zeit für ehrenamtliche Aufgaben neben einem Vollzeitjob freizuhalten. Wenn Sie einen strukturierten Tagesablauf schätzen, könnten Sie sich auf eine bestimmte Zeit in jeder Woche festlegen. Wenn Sie lieber spontan sind, wird Ihnen eher eine Aufgabe entsprechen, bei der Sie nicht an Termine gebunden sind, in die Sie aber zum Beispiel Ihre Kreativität einbringen können.

**Tipp:** Fangen Sie klein an, begrenzen Sie Ihr Engagement zunächst.

Wenn Ihr Arbeitgeber ehrenamtliche Tätigkeiten für die Kommune oder die Kirchengemeinde unterstützt, sollten Sie zuerst auf dieser Schiene fahren. Fragen Sie ruhig, ob die Bereitschaft besteht, Ihr Engagement mit einem Stundenausgleich zu unterstützen. In Deutschland gibt es Freistellungen allerdings nur für Bereiche wie Feuerwehr, Katastrophenschutz und Schöffentätigkeit, Mitarbeit in Personalvertretungen, Berufsverbänden und Gewerkschaften sowie politische Arbeit.

**Beispiel:** Bill hat 15 Jahre lang als Ingenieur gearbeitet, fand den Beruf aber bis auf einige Aspekte eher langweilig. Er wechselte in Informationstechnologie und Management und arbeitete für ein Telekommunikationsunternehmen. Fünf Jahre später wurde er entlassen. Er gab sich einen Sommer Zeit, um seine Wünsche herauszufinden. Zusammen mit seiner Frau engagierte er sich schon seit einigen Jahren ehrenamtlich, seine Frau hatte den gemeinnützigen Sektor bereits zu ihrem Beruf gemacht. In Absprache mit ihr entschloss sich Bill, verschiedene Organisationen auszuprobieren. Heute arbeitet er als freiwilliger Rettungssanitäter, ist bei der freiwilligen Feuerwehr und engagiert sich für eine Armenküche. Er sitzt im Vorstand eines Vereins, der Kleidungsstücke an Bedürftige vergibt, und leitet den Weihnachtsbaumverkauf der Kirchengemeinde. Außerdem singt er im Chor und hat eine A-Capella-Gruppe gegründet. Sein Einkommen bezieht er aus drei seiner Tätigkeiten. „Ich bin 65", sagt er, „offenbar tun viele Menschen Dinge, die ihnen keinen Spaß machen. Wir sind hingegen richtig glücklich."

## Ideenlosigkeit

Erwachsene erleben sich oft als wenig einfallsreich und unkreativ. Wir glauben, das sei etwas für Kinder. Aber je mehr routinemäßige Tätigkeiten der linken Gehirnhälfte maschinell erledigt werden können, desto mehr Kapazität hätten wir für die rechte, die bildliche Gehirnhälfte frei, wenn wir nicht im Alltagstrott so abstumpfen würden. Gehetzt von Terminen und Besorgungen haben wir einfach andere Prioritäten und verschieben musische Aktivitäten auf die Zeit im Ruhestand oder die Ferien.

Kreativität hat viele Gesichter. Es muss nicht immer eine Skulptur, ein Gemälde oder ein Roman sein. Julia Cameron hat ein wunderbares Buch geschrieben. *Der Weg des Künstlers im Beruf* ist ein 12-Wochen-Programm zur Steigerung der Kreativität. Es hilft Ihnen, Ihre verschüttete schöpferische Energie auszugraben, ohne sich lange mit negativen Aussagen wie „Der Zug ist längst abgefahren" aufzuhalten.

**Tipp:** Gleichgültig, was Nachbarn und Freunde denken – Kreativität ist kein Luxus, den man sich als Normalbürger versagen sollte. Auch wenn sich Cameron in ihrem Buch ausdrücklich an Kunstschaffende wendet, ist es doch für jedermann lesenswert und hilft, verborgene Potenziale freizulegen.

Kreativität heißt innovativ, originell und fantasievoll sein. Gibt es in Ihrem Beruf Bereiche, die nicht so eingefahren sind, in denen Sie mit neuen Aufgaben ausgetretene Pfade verlassen könnten? Geht Ihnen seit Jahren eine Idee durch den Kopf, ohne dass Sie den Mut gehabt hätten, sie umzusetzen?

**Beispiel:** Angie arbeitet im Personalwesen einer gemeinnützigen Organisation. Ihre Bedürfnisse nach Sinn, Mitgestalten, Werteleben und Helfen werden in dieser Arbeit voll erfüllt. Daneben erfindet sie laufend neue Produkte, die nichts mit ihrem Beruf zu tun haben. Sie hat mehrere patentfähige Ideen, wie sich Herstellungsprozesse verbessern lassen, aber ihr fehlt neben Beruf und Familie die Zeit, diesen Ansätzen nachzugehen. Trotz aller Zufriedenheit im Job wird Angie immer das Gefühl haben, etwas zu verpassen, solange sie sich nicht um diese Dinge kümmert. Sie sollte daher eine besonders aussichtsreiche Innovation auswählen, zum Patent anmelden, Finanzierung und Marketingplan aufstellen und einen Prototyp herstellen. Als US-Bürgerin kann sie sich beim Service Corps of Retired Executives (www.score.com) ein kostenloses Coaching holen, muss also für die Beratung nichts bezahlen.

**Tipp:** In Deutschland bietet das Deutsche Patent- und Markenamt (www.dpma) sowohl im Internet, schriftlich als auch persönlich umfangreiche Informationen und Beratungen über Vorgehensweise und Anforderungen an die Patentierung. Auch das Österreichische Patentamt (ÖPA, www.patent.bmwa.gv.at) hat eine ganze Reihe von Anlaufstellen, die Informationen unterschiedlichster Art bereithalten.

Die wenigsten Menschen haben den Ehrgeiz, ein zweiter Mozart, Rembrandt oder Shakespeare zu werden, und wollen doch kreativ sein. **Tipp:** Auch wenn Sie kein Genie sind – Begabungen hat jeder und wer sich schöpferisch oder künstlerisch verwirklichen will, sollte nicht auf mehr Geld oder Zeit warten. Ort und Form sind gleichgültig, es kommt allein auf Ihren Wunsch an. Den sollten Sie ernst nehmen.

## Dritter Schritt: Abhilfe schaffen

Damit kommen wir zur Umsetzung Ihrer Wünsche nach mehr Sinn in der Arbeit. Überlegen Sie sich, wie Sie in oder neben Ihrer Arbeit zum Beispiel kreativer werden können. Nehmen wir Angies Plan:

Mein Ziel: Innovativ sein/Erfinden; mein neues Produkt über Kataloge und Discounter verkaufen.

Kurzfristig werde ich folgende Schritte unternehmen:

1. Mich beim Patentamt nach den Konditionen erkundigen, wie man ein Patent erwirbt (Termin: 15. November)
2. Eine Beratung vereinbaren, um einen Plan zur Markteinführung aufzustellen (Termin: 30. November)
3. Die notwendigen Unterlagen beim Patentamt einreichen (Termin: 31. Januar)
4. Mit Unterstützung eines Beraters einen Business-Plan erstellen (Termin: 28. Februar)

Jetzt sind Sie dran.

**Tipp:** Selbst wenn sich anhand neuer Informationen Veränderungen ergeben sollten, sind konkret gesetzte Termine wichtig, denn sie erhöhen die Motivation, das selbst gesetzte Ziel auch wirklich zu erreichen.

### Ich will und werde ...

✍ ... Folgendes verwirklichen:

..........................................................................................................

..........................................................................................................

..........................................................................................................

Kurzfristig werde ich folgende Schritte unternehmen:

1. ........................................................................................................

   Termin: ..................................

2. ........................................................................................................

   Termin: ..................................

3. ........................................................................................................

   Termin: ..................................

4. ........................................................................................................

   Termin: ..................................

Jeder Mensch definiert Sinn anders. Wenn Sie in Ihrer Arbeit Sinn vermissen (ob er nun in die zehn weiter vorn vorgestellten Kategorien fällt oder aus etwas anderem besteht): Niemand anders als Sie selbst kann Sie davon abhalten, ihn für sich zu entdecken. Es mag eine Frage der Zeit, des Geldes, der Einstellung, des Talents, der Energie, des Geschicks, des Wissens oder des Interesses sein. Es gibt viele Hilfsmittel, solche Hindernisse zu überwinden, die ebenso vielfältig wie die Hinderungsgründe selbst sind.

Welche Art von Sinn vermissen Sie derzeit?

**Hinweis:** Nehmen Sie sich Zeit, denken Sie nach und fangen Sie klein an, probieren Sie, wie Sie Ihre Arbeit sinnvoller gestalten können. Möchten Sie sich künstlerisch ausdrücken, ein gutes Werk tun, wissenschaftlich arbeiten oder Probleme lösen, die Sie in Ihrer Arbeit schon immer geärgert haben? Wenn Sie sich aktiv dafür einsetzen, werden Sie unbeschreiblich viel Freude und Zufriedenheit erleben.

# 6. Das kann's doch nicht gewesen sein

**Beispiel:** Tom ist 53 Jahre alt und leitet die Personalabteilung einer Agentur, die ihren Kunden die jeweils günstigste Krankenkasse vermittelt. Seit dem Collegeabschluss hat er siebenmal die Stelle gewechselt, immer im Personalbereich. Obwohl er ein gerütteltes Maß an Unabhängigkeit und Zufriedenheit erreicht hat und seine anspruchsvolle Tätigkeit schätzt, würde er am liebsten ein achtes Mal wechseln. Er stellt sich gern neuen Herausforderungen. Aber realistisch, wie er ist, sagt er: „Ich habe eine Position und ein Vergütungsniveau erreicht, das man nur ungern freiwillig aufgibt. Und schon wegen der Studiengebühren für die Kinder werde ich in den nächsten zehn Jahren wahrscheinlich nicht mehr wechseln."

Wenn es Ihnen wie Tom geht, sollten Sie dieses Kapitel lesen. Sie haben viel erreicht und genießen Ihre Stellung, können sich aber nicht vorstellen, diese Tätigkeit für den Rest Ihres Lebens oder zumindest eine sehr lange Zeit weiter auszuüben. Aber – und dieser Einwand sollte nicht unterschätzt werden – Sie dürfen oder wollen finanziell keine Abstriche machen.

Nicht wenige Berufstätige denken und fühlen wie Tom. Nehmen Sie sich ein Herz und geben Sie dem Prinzip Hoffnung eine Chance. Der Wechsel kann gelingen, wenn Sie Ihre tatsächlichen Interessen ermitteln und die nächste Bewerbung sorgfältig planen. Auch Sie können sich verändern, vorausgesetzt, Sie glauben daran und sind bereit, alles Notwendige zu investieren. Die Alternative wäre das nagende Gefühl, in der Falle zu sitzen.

## Erster Schritt: der Test

**Hinweis:** Legen Sie zunächst eine neue Mappe an und schreiben Sie „Die nächsten Schritte" darauf. Legen Sie diese Mappe gut sichtbar auf Ihren Schreibtisch, nicht in die Schublade – Sie müssen direkten Zugriff darauf haben.

Blättern Sie zu Kapitel 3 zurück und vergegenwärtigen Sie sich zunächst die Werte auf Seite 43, die für Sie die wichtigsten sind.

Betrachten Sie auch das Ergebnis hinsichtlich Ihrer Einstellung auf Seite 45 ff. Gibt es hier Bereiche, an denen Sie arbeiten müssten? Gehen Sie die sechs Kategorien durch, die wir hier betrachtet haben. Notieren Sie im Folgenden zum jeweiligen Stichpunkt, was Sie an Ihrer Einstellung im Hinblick auf Ihre wichtigsten Werte verbessern könnten.

**Hinweis:** Meine Vorschläge sollen Sie lediglich darauf einstimmen. Wenn Sie aktiv an Ihrer Einstellung arbeiten, können Sie in eine neue Karriere durchstarten.

### Selbstvertrauen

Wie können Sie Ihr Selbstvertrauen stärken?

**Tipp:** Konzentrieren Sie sich auf eine Fähigkeit, zum Beispiel Kontaktpflege. Überlegen Sie sich drei Personen, die Sie gern kennen lernen möchten, rufen Sie diese an und vereinbaren Sie einen Termin, um Sie persönlich zu treffen.

..........................................................................................................

..........................................................................................................

..........................................................................................................

..........................................................................................................

## Selbsterkenntnis

Wie können Sie das Wissen um sich selbst erweitern?

**Tipp:** Fragen Sie drei Menschen, die Sie aus unterschiedlichen Zusammenhängen kennen, wie sie bestimmte Facetten Ihrer Persönlichkeit erleben, etwa Ihre Selbstdarstellung.

✍ ..............................................................................................

..............................................................................................

..............................................................................................

## Beziehungsmanagement

Wie können Sie Ihr Netzwerk ausbauen und Beziehungen vertiefen?

**Tipp:** Sprechen Sie mit einem Kunden, einem Freund, Ihren Kindern oder Ihrem Mann bzw. Ihrer Frau über das wechselseitige Verhältnis. Fragen Sie, was sich der oder die andere von Ihnen wünscht, was sie von Ihnen erwarten und derzeit vermissen.

✍ ..............................................................................................

..............................................................................................

..............................................................................................

## Motivation

Wie können Sie Ihre Motivation auf hohem Niveau stabilisieren?

**Tipp:** Setzen Sie sich ein vernünftiges Ziel in irgendeinem Punkt, den Sie verbessern möchten, zum Beispiel beim Zeitmanagement oder in der Arbeitsorganisation. Entwickeln Sie einen Plan mit konkreten Terminvorgaben. Dokumentieren Sie Ihre Fortschritte.

✍ ..............................................................................................

..............................................................................................

..............................................................................................

## Zielstrebigkeit

Wie lernen Sie, Ihre Ziele stärker in den Mittelpunkt zu stellen?

**Tipp:** Setzen Sie sich ein einfaches Ziel, wie etwa dieses Buch zu Ende zu lesen oder eine Woche lang bedeutsame Tagesereignisse in ein Heft zu notieren.

.................................................................................................... ✍

....................................................................................................

....................................................................................................

## Engagement

Wie können Sie Ihr berufliches Engagement vertiefen?

**Tipp:** Lesen Sie in den nächsten fünf Tagen zwei Fachzeitschriften (die in Ihrem Büro wahrscheinlich ohnehin irgendwo auf Halde liegen). Tauschen Sie sich darüber mit einem Kollegen aus.

.................................................................................................... ✍

....................................................................................................

....................................................................................................

**Hinweis:** Vergegenwärtigen Sie sich sämtliche bisherigen Testergebnisse einschließlich Ihrer persönlichen Neigungen, Ihrer Veränderungsbereitschaft, Ihrer Fähigkeiten und Interessen.

Schreiben Sie sich wahllos alle Tätigkeiten, Positionen, Unternehmen und Branchen auf, in denen Sie Ihre Werte, Interessen, persönlichen Vorzüge und bevorzugten Tätigkeiten realisieren könnten.

**Tipp:** Nutzen Sie die Brainstorming-Technik. Halten Sie alles fest, was Ihnen in den Sinn kommt, ob es nun realistisch erscheint oder nicht.

Versuchen Sie, alle Vorurteile, Vormeinungen, Gewissheiten und sogar alle objektiven Hindernisse über Bord zu werfen. Schalten Sie das kritische Hinterfragen für einen Moment einfach aus. Schreiben Sie, bis der Strom versiegt, eine Idee unter die nächste.

**Beispiel:** Leslie schrieb: „Disney, MTV, Christie's (das Auktionshaus), Amazon.com, Museen, Innenarchitekt, ein eigener Laden, Schriftsteller, Architekt, Kinder in Kunst unterweisen, Flora, Reiseschriftsteller, Chef."

Und nun Sie:

✍ ☐ ........................................................................................ ☐
☐ ........................................................................................ ☐
☐ ........................................................................................ ☐
☐ ........................................................................................ ☐
☐ ........................................................................................ ☐
☐ ........................................................................................ ☐
☐ ........................................................................................ ☐
☐ ........................................................................................ ☐
☐ ........................................................................................ ☐
☐ ........................................................................................ ☐

Im zweiten Schritt gewichten Sie diese Ideen. Maßgeblich ist, wie stark Sie sich dafür interessieren.

Schreiben Sie zunächst in das Kästchen links neben die einzelnen Worte oder Sätze eine Zahl, die umso kleiner ausfällt, je lieber Sie die betreffende Tätigkeit ausüben würden, also wie Schulnoten: Eine 1 geben Sie für reizvolle Tätigkeiten, eine 6 für absolut reizlose.

**Hinweis:** Schalten Sie noch einmal alle Bedenken und negativen Einschätzungen aus, lassen Sie Ihren Bauch entscheiden. Halten Sie sich nicht zu lange mit dieser Übung auf, bringen Sie Ihre Einfälle rasch und entschlossen in eine Rangfolge.

Schreiben Sie dann auf die rechte Seite, wie realistisch die Ideen sind. Bringen Sie Ihre Einfälle nach Realisierbarkeit in einer Rangfolge, wobei die Zahl 1 für leicht zu verwirklichen steht. Das muss allerdings nicht heißen: sofort realisierbar. Gehen Sie lieber von dem aus, was „eines Tages" möglich sein könnte. Nehmen Sie nicht Ihren derzeitigen Finanzbedarf als Maßstab, auch wenn Sie die finanzielle Seite natürlich nicht völlig aus dem Blick verlieren sollten. Nehmen wir an, Sie würden sich gern in die New Yorker Börse einkaufen. Im Februar 2001 kostete ein Sitz an der NYSE 2 Millionen Dollar und war bei nur 1366 Sitzen praktisch unerreichbar. So interessiert Sie also gewesen sein mögen, so unwahrscheinlich war die Verwirklichung, nach der sich das Ranking in Ihrer Liste richtet.

**Hinweis:** Gehen Sie die in eine Rangfolge gebrachte Liste sorgfältig durch. Gibt es Überraschungen, kehren bestimmte Themen immer wieder? Wenn ja, welche? Existiert eine Schnittmenge zwischen den fünf Einfällen, die Ihnen am besten gefallen, und den fünf Einfällen, die Sie für die realistischsten halten?

Betrachten Sie noch einmal die Liste der zehn für Sie bedeutsamsten Werte und Ihre Testergebnisse bei Interessen und Fähigkeiten und vergleichen Sie diese mit Ihren fünf Lieblingseinfällen hinsichtlich Ihrer beruflichen Zukunft. Passt beides zusammen? Wir werden später darauf zurückkommen.

## Zweiter Schritt: Hindernisse und Chancen ermitteln

Die Wahrscheinlichkeit, berufliche Ziele zu erreichen, steigt mit sorgfältiger Karriereplanung ganz erheblich, die Erreichbarkeit der Ziele einmal vorausgesetzt.

**Experten-Rat:** Betrachten wir die finanzielle Seite. Suze Orman hat in ihrem Bestseller *The Nine Steps to Financial Freedom* geschrieben: „Es ist nie zu früh für den Beginn und nie zu spät, um damit anzufangen.“ Hohe Ausgaben sind immer eine starke Belastung. Wenn Sie Ihre fortlaufenden Posten sichten und verzichtbare Ausgaben kündigen, nehmen Sie viel Druck von sich und der Familie.

**Tipp:** Ziehen Sie einen Finanzberater hinzu, der Ihnen aus Ihrem Bekannten- oder Freundeskreis empfohlen wurde und zu dem Sie absolutes Vertrauen haben können.

In Deutschland bieten die Verbraucherzentralen und andere Institutionen wie der Beratungsdienst der Sparkasse „Geld und Haushalt“ unabhängige und preiswerte Beratung in Sachen privaten Finanzmanagements, in der Schweiz kümmert sich u.a. die Fédération Romande des Consommateurs (FRC) um Verbraucherprobleme, in den Niederlanden ist es der Consumentenbond (CB). Ziel der Beratung sollte ein Plan in Ihrem Sinn sein, nicht die Provisionen aus dem Verkauf bestimmter Aktien oder Fonds. Nehmen Sie Unterlagen mit, aus denen sich Ihre Nettoeinnahmen und -ausgaben errechnen lassen.

**Tipp:** Am besten, Sie führen vorab ein Haushaltsbuch, das es mit detaillierten Anleitungen für derzeit 4,80 Euro in jeder deutschen Verbraucherzentrale gibt.

Eine gute Finanzberatung umfasst auch die steuerliche Seite. Gut möglich, dass Sie schon früher Finanz- oder Anlageberatung in Anspruch genommen haben, aber sicher noch nie in direktem Bezug zur Karriereplanung. Die meisten Menschen trennen diese ausgesprochen wichtigen Lebensbereiche, es sei denn, sie verlieren zum Beispiel plötzlich ihre Arbeit. Sie müssen wissen, worauf Sie im Fall eines Stellenwechsels zurückgreifen können, welche Ressourcen Ihnen zur Verfügung stehen oder ob Sie zum Beispiel genügend Mittel für eine Unternehmensgründung besitzen.

Fall Sie eine Branche oder ein Beruf reizt, zu denen Sie in Ihrer Tätigkeit keinen Bezug haben, zweifeln Sie wahrscheinlich daran, Ihr Einkommensniveau zu halten. Die meisten Menschen gehen davon aus, mit einem Branchenwechsel drastische Einschnitte im Verdienste hinnehmen zu müssen, obwohl das nicht unbedingt stimmt. Unabhängig davon müssen Sie sich einen Überblick über Einnahmen und Ausgaben verschaffen, wenn Sie sich beruflich verändern wollen. Wenn Sie den ganzen Plan verwerfen, ohne ihn je ausprobiert oder durchdacht zu haben, werden Sie von sich selbst enttäuscht sein.

Manche Ausgaben wie die Studiengebühren für die Kinder oder Alimente sind zeitlich befristet. Andere Ausgaben, etwa Behandlungskosten von behinderten Kindern oder die Kosten für die Pflege von bettlägerigen Eltern lassen sich nicht absehen. Trotz solcher Unwägbarkeiten sollten Sie mit dem Finanzberater durchsprechen, inwiefern ein Karrierewechsel möglich ist. Er wird Ihnen bei der Erarbeitung von Finanzzielen helfen, die die berufliche Veränderung abfedern.

**Beispiel:** Denken Sie an Tom, dem Personalverantwortlichen, der wegen der Ausbildung seiner Kinder seine eigenen beruflichen Wünsche für die nächsten zehn Jahre zurückstellen will. In zehn Jahren ist Tom 63. Wer weiß, ob er dann noch die Energie und das Bedürfnis hat, etwas Neues anzufangen, sich in neue Gebiete einzuarbeiten und sich auf sein berufliches Vorankommen zu konzentrieren.

Was würden Sie an Toms Stelle tun? Neben dem eigentlichen Kassensturz, der Übersicht über Vermögen und finanzielle Verpflichtungen, sollten Sie sich auch weniger offensichtliche Fragen stellen. Was für ein Verhältnis haben Sie zu Geld? Was bedeutet es Ihnen über die Versorgung von sich und Ihrer Familie hinaus? Der Umgang mit Geld ist oft familiär geprägt. Wie viel wir ausgeben oder sparen, übernehmen wir bewusst oder unbewusst von unseren Bezugspersonen in der Kindheit.

Überlegen Sie, ob Sie Ihrem alten Job etwas Neues abgewinnen können, wenn Sie es nicht schon getan haben. Beantworten Sie zu sämtlichen Arbeitsplätzen, die Sie seit Ihrem Abschluss hatten, folgende drei Fragen:

1. Sind Sie/Waren Sie mit Ihrer Rolle eins? Haben Sie sich wohl gefühlt? Wenn nein, warum nicht? Wenn ja, warum?
2. Welches waren Ihre größten Erfolge in diesen Stellen?
3. Welche Stärken und Fähigkeiten haben Sie erworben oder genutzt, um diese Erfolge zu erzielen?

Diese Überlegungen führen Sie auf Punkte, die sich durch alle Ihre Tätigkeiten ziehen und Ihnen zeigen, was Sie im Beruf mit Glück und Zufriedenheit erfüllt.

**Hinweis:** Schreiben Sie diese „Dauerbrenner“ auf, vergleichen Sie sie mit Ihrer aktuellen Position und denken Sie darüber nach, wie Sie an diesem Arbeitsplatz die positiven Faktoren verstärken können, ohne gleich die Stelle wechseln zu müssen.

Eine andere Möglichkeit wird von sehr vielen Menschen genutzt: Sie gehen Interessen außerhalb der Arbeitszeit nach. In nicht wenigen Fällen mündet die intensive Beschäftigung damit irgendwann in eine bezahlte Stelle.

**Beispiel:** Sue ist dafür typisch. Sieben Jahre lang koordinierte sie die PR-Maßnahmen einer gemeinnützigen Organisation. Nach drei Jahren Berufstätigkeit gründete sie nebenbei eine eigene PR-Agentur und gewann rund 50 Klienten, die ihr in mehr oder weniger großen Abständen Aufträge erteilten. Sue ist Witwe und will sich finanziell absichern, bevor sie ihr großes Ziel – die Selbstständigkeit – zum Hauptberuf macht. Sie gehört zwar nicht zu jenen, für die das bisher Erreichte noch nicht alles gewesen sein kann, aber sie plant ihre Karriere mit großer Voraussicht, weil sie keine Risiken eingehen darf. Außerdem will sie unbedingt selbstständig sein, und dieses Bedürfnis erfüllt sie sich durch die nebenberufliche Tätigkeit bereits zu einem relativ frühen Zeitpunkt.

Die meisten Menschen sollten professionelle Hilfe in Anspruch nehmen, wenn es um einschneidende, aber sinnvolle Änderungen ihres Lebens geht.

**Beispiel:** Alison ist 43 und hat ihr Leben lang im Verlagswesen gearbeitet. Nach so langer Zeit würde sie gern eine andere Branche kennen lernen, zumal ihr dieser Bereich noch nie so richtig zugesagt hat. „Ich bin geschäftstüchtig, aber kein Typ, der sich in Unternehmen wohl fühlt", sagt Alison. „Mich interessieren die Menschen, was sie antreibt, was ihnen wichtig ist. 15 Millionen Dollar Umsatzvorgabe lassen mich kalt. Ich investiere zu viel Kraft in eine große Abteilung, die mich weder als Person anerkennt noch meine Talente zu schätzen weiß – meine kommunikativen Fähigkeiten, meinen Humor und meine ganzheitliche Herangehensweise. Ich möchte meinen eigenen Laden hochziehen", erklärt sie, „aber ich bin so vielseitig, dass ich mich nicht recht entscheiden kann und außerdem habe ich nicht genug Geld. Aber ich gebe nicht auf!"

Alison sollte sich auf eine realistische Option konzentrieren und einen Finanzplan aufstellen, um die finanziellen Probleme zu überwinden.

## Dritter Schritt: Abhilfe schaffen

Die Zeit für einen Plan mit konkreten Schritten, die aus der Stagnation herausführen, ist reif. Beantworten Sie folgende Fragen:

1. Welche Aufstiegs- bzw. Veränderungsmöglichkeiten interessieren Sie, welche sind realistisch?

   **Hinweis:** Der Realismus liegt nicht unbedingt auf der Hand, manchmal sind Recherchen in bestimmten Bereichen notwendig. Bis dahin können Sie mit Vermutungen arbeiten. Später, wenn Sie die entsprechenden Informationen eingeholt haben, können Sie die Liste immer noch zusammenstreichen. Konzentrieren Sie sich für den Anfang ruhig auf die Berufs- und Branchenwunschliste, die Sie bereits erstellt haben.

2. Welche Nachforschungen sollten Sie anstellen, um mehr über für Sie interessante Optionen zu erfahren?

   **Hinweis:** Um hier voranzukommen, können Sie Verbandstreffen besuchen, Kontakte zu Menschen in der Branche knüpfen, im Internet und in Bibliotheken recherchieren oder zu Vorstellungsgesprächen gehen. Die konkreten Details erfahren Sie am zuverlässigsten von jenen, die bereits in dem angestrebten Beruf arbeiten. Überlegen Sie sich eine Reihe von Fragen, die Sie allen Gesprächspartnern stellen. So sind Sie vorbereitet und vergessen weniger. Außerdem erleichtert ein Fragenkatalog die Vergleichbarkeit der Antworten und Sie können Ihre eigenen Schlüsse ziehen.

3. Denkbare Fragen wären:
   - Wie kamen Sie auf diesen Beruf/diese Branche?
   - Welche Erfahrungen oder Eigenschaften fehlen mir Ihrer Einschätzung nach?
   - Welche Vorteile habe ich?
   - Wo erfahre ich von den besten Stellenangeboten?

4. Welchen Zeitraum müssen Sie realistischerweise für den angestrebten Wechsel veranschlagen?

   **Hinweis:** Viel hängt von dem Finanzplan ab, den Sie mit Ihrem Berater gemeinsam erstellen. Ohne einen solchen Plan können Sie den Zeitrahmen nicht genau abstecken. Rechnen Sie auf jeden Fall Verdienstausfälle während der Umorientierung ein. Je nach Ausgangslage benötigen Sie vielleicht weitere Qualifikationen, müssen geeignete Räumlichkeiten finden, sich bewerben oder Verträge abschließen, wenn Sie zum Beispiel eine Franchise-Filiale eröffnen oder ein eigenes Unternehmen gründen wollen. Das kann zwischen einem halben bis zu einem Jahr in Anspruch nehmen.

**Tipp:** Selbst wenn Sie zu dem Schluss kommen sollten, dass Sie sich innerhalb der nächsten vier bis fünf Jahre (sind Sie nicht doch zu pessimistisch?) keinen Stellenwechsel leisten können, ist ein „Aktionsplan" trotzdem sinnvoll, um dem Gefühl der Stagnation entgegenzuwirken. Sie können sich zum Beispiel neue Fähigkeiten aneignen, an Ihrer Persönlichkeit arbeiten, um anders aufzutreten, oder sich in einem Hobby perfektionieren.

Wenn Sie mehr tun wollen, hier einige zusätzliche Anregungen.

1. Legen Sie für sich Kriterien fest, wann und aus welchen Gründen Sie Veränderungswünsche ad acta legen.

   **Beispiel:** Angela hat seit ihrem Collegeabschluss Schuhe verkauft. Mit 38 fragte sie sich, ob sie wirklich weitere 22 Jahre Schuhgeschäfte zwischen Boston und Washington abklappern und die jeweiligen Frühjahrs- und Herbstkollektionen vertreiben wollte. „Aber was für Alternativen hatte ich denn?", fragte sie sich. „Ich muss 40 Prozent des Familieneinkommens stemmen, wenn wir am Lebensstandard keine Abstriche machen wollten." Sie wäre gern Lehrerin geworden, hätte aber zu lange studieren müssen und der Verdienst war auch zu gering. Dann überlegte sie, eine Franchise-Filiale zu übernehmen, aber an ihrem Wohnort gab es zu viel Konkurrenz in dem Bereich, für den sie sich entschieden hatte. Schließlich ermittelte Angela die Chancen, ein eigenes Unternehmen zu gründen, das weniger gewinnorientiert als vielmehr der Ausbildung von Kindern aus unterprivilegierten Familien gewidmet sein sollte. Doch da wäre sie für ihren Geschmack zu stark von staatlichen und privaten Stiftungen abhängig gewesen. Die Überlegungen waren für Angela also allesamt ernüchternd, aber sie wusste wenigstens, woran sie war. Sie hatte das „Hättest du doch damals …" für sich ausgeräumt.

2. Legen Sie für jedes Ziel einen realistischen Termin fest. Wenn Sie keine konkreten Pläne für einen Wechsel haben, sollten Sie sich nicht zu viel zumuten.

**Achtung:** Verzetteln Sie sich nicht. Wenn Ihnen die Projekte über den Kopf wachsen, geben Sie die Suche am Ende ganz auf.

3. Befristen Sie die Suche, planen Sie zum Beispiel alle zwei Wochen zwei Stunden dafür ein. Gerade wenn der Leidensdruck nicht allzu groß ist, neigt man gerne dazu, solche Dinge auf die lange Bank zu schieben. Insofern ist ein Zeitplan ein wirkungsvolles Instrument.
4. Suchen Sie sich Verbündete, die Sie auf Ihrer Suche begleiten und daran Anteil nehmen. Bitten Sie eine vertraute Person, als Ihr Privatcoach zu fungieren, der Sie regelmäßig nach Ihren Bemühungen und Fortschritten fragt. Richten Sie es so ein, dass Sie nicht nur sich selbst Rechenschaft schuldig sind.
5. Bleiben Sie offen für Möglichkeiten, an die Sie bisher gar nicht gedacht haben.

   **Beispiel:** Angela wurde eines Tages klar, wie zerbrechlich alle Lebensträume sind, vor allem, wenn man nicht für Notfälle vorsorgt: Einer ihrer Kunden war im Alter von 42 Jahren unvermittelt an Herzversagen gestorben. Für diesen frühen Tod hatte er nicht vorgesorgt, seine Frau verstand nichts vom Geschäft und wusste nicht ein noch aus. Der Sohn musste vom College abgehen, das Geschäft übernehmen und die Familie ernähren. Dieses Schicksal öffnete Angela die Augen: „Ich hatte mir nie klar gemacht, dass ein Unglück die Zukunft einer Familie so gründlich zerstören kann." Damals kam ihr die Idee, die sowohl ihrem Bedürfnis, zu helfen und zu unterrichten, entgegenkam als auch finanziell lohnend war – sie wurde Versicherungsvertreterin. Das wäre ihr vorher nicht im Traum eingefallen.
6. Gehen Sie regelmäßig zu Treffen mit Menschen, bei denen Sie nützliche Bekanntschaften schließen und interessante Informationen erhalten können.

   **Hinweis:** Kapitel 12 widmet sich speziell der Netzwerkarbeit, der effektivsten Methode, die Sie im beruflichen Umfeld überhaupt entwickeln können.

   **Tipp:** Üben Sie Ihre Fähigkeit für Netzwerkarbeit zunächst mit Menschen, die Sie mögen.

7. Wenn Sie niemand aus dem angestrebten Bereich kennen, müssen Sie solche Menschen zunächst kennen lernen. Am besten fragen Sie gute Bekannte, die einen großen, bunt zusammengewürfelten Bekanntenkreis haben. Hier kommt es weniger auf deren eigenen Beruf an als vielmehr auf die Menschen, die sie kennen. Bekannte hat jeder.
8. Wenn Sie Erkundigungen über eine Branche oder einen Beruf einholen, verlassen Sie sich niemals auf die Aussagen einer einzigen Person. Fragen Sie alle Gesprächspartner nach weiteren Ansprechpartnern, die Sie anrufen oder per E-Mail kontaktieren könnten. Verschaffen Sie sich umfassenden Einblick, indem Sie mit einem halben Dutzend Personen mit unterschiedlich großer Erfahrung und aus unterschiedlichen Positionen sprechen. Die Perspektive von Führungskräften zum Beispiel könnte viel zu einseitig sein.
9. Fragen Sie Dinge wie:
   - Was gefällt Ihnen an dem Beruf/der Branche?
   - Was stört Sie an dem Beruf/der Branche?
   - Haben Sie Tipps, wie der Einstieg gelingen könnte?
   - Welche Fähigkeiten sind in Ihrem Bereich am meisten gefragt?
   - Welche Namen muss man unbedingt kennen?

**Beispiel:** Nick war arbeitslos. Er hatte als Techniker in der Telekommunikationsbranche gearbeitet, interessierte sich aber seit langem für Immobilien und verwaltete den Familienbesitz. Er dachte daran, in diesen Sektor zu wechseln, und aktivierte sein Netzwerk, indem er sich unverbindlich mit einem Immobilienmakler traf. Während des Gesprächs ließ dieser eine Bemerkung fallen, Hausverwalter wären durch die Bank zwischen 25 und 35 Jahre jung. Nick schloss daraus, dass er mit seinen 49 Jahren ohnehin keine Chance hätte und unternahm nichts weiter in diese Richtung. Hätte er ein, zwei weitere Personen befragt, wäre ihm vermutlich schnell aufgefallen, dass die Behauptung einfach falsch war. Und selbst wenn sie richtig gewesen wäre, hätte sich vielleicht jemand gefunden, der Nicks Anliegen trotzdem unterstützt hätte.

**Tipp:** Sie dürfen sich also nicht auf Ihren unmittelbaren Bekanntenkreis verlassen. Netzwerken heißt, seine Fühler über dessen Grenzen hinaus auszustrecken und viele Menschen anzusprechen.

**Hinweis:** Legen Sie eine Datei oder ein Heft an, in das Sie alle relevanten Informationen eintragen, oder stellen Sie Listen von Ansprechpartnern einschließlich der zugehörigen Gesprächsnotizen zusammen.

Bitten Sie Ihre Informanten unbedingt um eine Einschätzung der Zukunftsaussichten der Branche und über Trends, die sich in ihr abzeichnen. Die World Future Society (www.wfs.org) veröffentlicht ein Magazin namens *The Futurist,* in dem Arbeits-, Geschäfts- und Branchentrends besprochen werden. In Deutschland bringt u.a. die Zentralstelle für Arbeitsvermittlung (ZAV) des Arbeitsamtes regelmäßig sehr umfangreiche und detaillierte Berichte zu einzelnen Branchen und Berufsgruppen heraus, in denen die Entwicklung des Arbeitsmarktes eine große Rolle spielt.

**Tipp:** Wer den Wechsel erst in einigen Jahren vollziehen möchte, sollte unbedingt über vorhersehbare Wendungen zum Guten oder Schlechten Bescheid wissen.

Haben Sie genügend Informationen gesammelt, um die Chancen Ihres Wunschberufs abschätzen zu können, dann gibt es ein paar Tricks, mit denen Sie Ihr Interesse an beruflichen Veränderungen wach halten und Ihren Erfolg bei begonnenen Veränderungen beschleunigen können:

### So kommt die Veränderung in Schwung

- Benötigen Sie für die angestrebte Laufbahn einen bestimmten Abschluss oder eine Zusatzqualifikation? Wenn ja, können Sie jetzt mit einer berufsbegleitenden Fortbildung oder einem Fernstudium beginnen?
- Wissen Sie von Fähigkeiten, die Sie dringend verbessern müssten oder die so lange brach lagen, dass sie völlig eingerostet sind? Können Sie jetzt mit entsprechenden Übungen beginnen? Wenn Sie sich zum Beispiel gern selbstständig machen würden, aber von Buchhaltung, Vertrieb oder Personalfragen keinen Schimmer haben, können Sie sich in nächster Zeit in diese Dinge einarbeiten?

- Können Sie stundenweise, am Wochenende oder abends in das gewünschte Berufsfeld hineinschnuppern? Gegen ein Honorar oder Sachleistungen, einfach zum Kennenlernen?
- Ist Ihnen beim Netzwerken jemand begegnet, den Sie gern als Coach oder Mentor hätten? Viele Menschen fühlen sich geschmeichelt, wenn man sie um Mentoring bittet, vor allem, wenn es sie nicht zu viel Zeit kostet. Es ist eine gute Methode, um sich in ein neues Gebiet einzuarbeiten.

Vielleicht sind Sie im Augenblick nicht in der Lage, Ihre finanziellen Belastungen zu senken, aber Sie können das für die Zukunft anstreben und Sie können etwas gegen den Langeweile-Blues tun.

# 7. Gebrannte Kinder

So viel ist klar: Das Berufsleben ist kein Zuckerschlecken. Ob Sie nun bei Großunternehmen oder in kleinen Firmen beschäftigt waren oder sind, Sie könnten vermutlich stundenlang Horrorgeschichten über Ihren Arbeitsplatz erzählen. Vielleicht wurden Sie entlassen oder gemobbt, vielleicht hatten Sie einen Psychopathen als Chef. Es fühlt sich nicht gut an, solange Sie in dieser Situation stecken, und es hat Folgen, wenn sie ausgestanden ist, egal ob Sie es wollen oder nicht. Sie werden wahrscheinlich nicht mehr völlig unbeschwert in die Zukunft schauen, Sie blockieren sich vielleicht selbst, obwohl Sie sich dringend um eine neue Stelle bemühen sollten.

**Experten-Rat:** Ruth Luban hat aus der Warte der Psychotherapeutin ein Survivalhandbuch für Stellenabbau-Geschädigte, Desillusionierte und Kündungskandidaten geschrieben. In *Are You a Corporate Refugee?* schildert sie zwölf Fälle, in denen Menschen unschuldige Opfer von Abläufen wurden, auf die sie keinerlei Einfluss hatten. Das Buch ist gespickt mit Tipps, Empfehlungen und Vorschlägen, wie man die Wunden ausheilt und durch verschiedene Stadien der Rekonvaleszenz zu seiner gewohnten Handlungsfähigkeit zurückfindet.

**Achtung:** Man sollte keinesfalls verdrängen, was einem da widerfahren ist, sondern sich damit auseinander setzen und es vor allem nicht isoliert sehen.

Es ist jedoch genauso wichtig, über eine Arbeitsumgebung nachzudenken, in der man sich wohl fühlen würde. Dieses Kapitel ist für alle, die am Arbeitsplatz Schlimmes erlebt haben – Sie müssen sich erholen und wieder Geld verdienen.

**Beispiel:** Melody hat in einer Versicherung gearbeitet und wählte den Vorruhestand, angeblich, um ihrem Mann Gesellschaft zu leisten, der aus

Altersgründen in Rente ging. Zwei Jahren später gestand sie sich endlich ein, dass der wahre Grund in dem Gefühl der totalen Niederlage bestand, die sie in die letzten 18 Monate an ihrem Arbeitsplatz hatte erleben müssen. „Ich fühlte mich wirklich persönlich angegriffen", sagt sie, „es war schrecklich, ich hätte viel früher gehen sollen. Mit 30 oder 40 hätte ich mir das nicht gefallen lassen, aber mit 48 oder 50 wehrte ich mich nicht mehr dagegen. Stattdessen verlor ich mein ganzes Selbstvertrauen." Mit 53 nahm sie einen neuen Anlauf zurück ins Berufsleben. Diesmal hat sie sich fest vorgenommen, zu kündigen, wenn man sie nicht anständig behandelt.

Niemand gibt gern zu, durchs Raster gefallen zu sein. Gebrannte Kinder scheuen nicht nur das Feuer, manche verinnerlichen auch das Gefühl, an ihrem Unglück selbst (mit)schuld zu sein. Es könnte unprofessionell wirken, von schlechten Erfahrungen zu erzählen, oder man fürchtet, als „beschädigte Ware" zu gelten. Aber gleichgültig, warum man mit negativen Geschichten hinterm Berg hält – fast alle Erwerbstätigen werden früher oder später damit konfrontiert.

**Achtung:** Wichtig ist, dass man seine Gefühle unter Kontrolle hält und sich von dem Geschehenen nicht beherrschen lässt.

Erst wenn das gelingt, kann man sich von dem Erlebten befreien und zu neuen Ufern aufbrechen.

**Beispiel:** Suzanne arbeitete als Verwaltungsangestellte im Nonprofit-Sektor. Sie fühlte sich zutiefst verletzt, als man ihr kündigte, weil ihr der Master-Abschluss fehlte. Laut Abteilungsleiter war dieser für die Tätigkeit unentbehrlich, was Suzanne schlicht für einen Vorwand hielt, um sie als ältere Mitarbeiterin auf die Straße werfen zu können. Dabei arbeitete sie nicht nur sehr gern, sondern auch hervorragend, wie sie fand. Es dauerte länger als ein Jahr, bis sie über die Schmach hinwegkam. Ihre Einschätzung der aktuellen Arbeitsmarktlage? „Schwierig, um es milde auszudrücken. Mittelmäßigkeit ist Trumpf, Loyalität faktisch tot. Jugend ist das Einzige, was zählt, auch wenn die Leute keinerlei Erfahrung haben. Mitarbeiter über 45 werden oft weder von Kollegen noch von Vorgesetzten respektiert, man will sie nicht haben. Da können die Medien schreiben, was sie wollen, das ist so und bleibt so. Nicht nur ich habe immer wieder erlebt, dass die Gruppendynamik als Ablehnungsgrund bemüht wurde – nicht, was du weißt und kannst. Wenn sich das Team aus 25- bis 34-Jährigen zusammensetzt, bringst du angeblich alles durcheinander. Ich bin 55, noch Fragen?“ Suzanne fühlt sich wegen ihres Alters diskriminiert.

Das Gefühl, ungerecht behandelt zu werden, kann jedoch zu jedem Zeitpunkt des Lebenslaufs aufkommen.

**Beispiel:** Jillian wurde aus ihrer ersten Stelle nach dem Collegeabschluss entlassen, weil der Chef in den Vorruhestand abgeschoben und ihre Assistentenstelle bei dem Fernsehsender gleich mit entsorgt wurde. Ihren nächsten Job bei einem Radiosender war sie auch bald wieder los, weil ihre Computerkenntnisse nicht ausreichten. Im zarten Alter von 23 Jahren hatte Jillian gründlich die Schnauze voll. Sie war von ihrer Ausbildung her für Berufe im Medienbereich prädestiniert, aber nach zwei Tiefschlägen verabschiedete sie sich aus ihrer Traumbranche und wählte einen Bereich, in dem sie sich nicht ausgegrenzt fühlen würde. Sie heuerte in einer Zeitagentur an – der Beginn einer langen, glücklichen Vertriebskarriere.

**Tipp:** Holen Sie sich professionelle Unterstützung bei der Bewältigung von schlimmen Erlebnissen am Arbeitsplatz.

Es wird Ihnen mit Hilfe einer Therapie oder einer Supervision viel schneller gelingen, die Dinge zu verstehen und Ihre Gefühle zu sortieren, als wenn Sie sich alleine durchbeißen.

Suzanne arbeitet inzwischen in einem kleinen Verlag und ist mit ihrer Lektorenstelle hoch zufrieden. Sie rät: „Seien Sie nicht allzu streng mit sich, geben Sie sich Zeit, ziehen Sie sich nicht jeden Schuh an. Tun Sie etwas! Verwöhnen Sie sich ein bisschen. Das Leben geht weiter, tagtäglich werden Leute gekündigt, aber gestorben ist daran noch keiner.“ Und sie sagt: „Nehmen Sie es bloß nicht persönlich! Vielleicht soll Ihre Entlassung in Wirklichkeit dem Vorgesetzten einen vor den Bug schießen oder hat aus anderen Gründen überhaupt nichts mit Ihrer Qualifikation oder Ihrem Verhalten zu tun. Und wenn Sie das Gefühl haben, dass gegen Gesetze verstoßen wurde, sollten Sie sich ans Arbeitsministerium wenden.“ Im amerikanischen Department of Labor existiert eine Abteilung, die sich mit Verstößen gegen das Arbeitsrecht befasst und Ratsuchenden Fragen gern beantwortet, aber auch zu den Erfolgsaussichten juristischer Schritte Auskunft geben kann und sogar in ihrem Namen Briefe schreibt. Auch der Betriebsrat oder die Gewerkschaften sind erste Anlaufstellen, wenn Sie ungerecht behandelt oder gemobbt werden. In schwer wiegenden Fällen hilft die Gewerkschaft – sofern Sie Mitglied sind – auch mit einem Anwalt, und das zu sehr fairen Preisen.

**Experten-Rat:** Weitere Empfehlungen für Menschen, die schwer an den Erlebnissen tragen, finden sich bei Ruth Luban. Sie betont, dass man folgende fünf Stadien der Bewältigung nicht abkürzen kann:

1. Am Abgrund: Man spürt, dass etwas nicht stimmt, kann es aber noch nicht richtig eingrenzen.
2. Loslassen: Man löst sich aus der unguten Situation und beginnt zu trauern.
3. Im Ungewissen: Man akzeptiert die Unentschiedenheit und lebt eine Zeit lang ohne rechte Vorstellung, wie es weitergehen soll.
4. Silberstreif am Horizont: Man entwickelt neue Ideen, probiert einiges aus und sieht Licht am Ende des Tunnels.
5. Neuer Aufbruch: Man hat wieder Tritt gefasst und lebt sich in einer neuen beruflichen Umgebung ein.

Wenn Sie diese fünf Stadien kennen und akzeptieren, werden Sie mit den Gefühlen infolge negativer Erfahrungen am Arbeitsplatz besser umgehen können.

## Erster Schritt: der Test

Wie ein roter Faden zieht sich in diesem Buch die Aufforderung durch, erst einmal in sich zu gehen und sich selbst kennen zu lernen, bevor man die äußeren Umstände verändern will. Wenn Sie Ihre Neigungen, Werte und Bedürfnisse kennen, können Sie sich leichter in die Bedingungen, die an einem Arbeitsplatz herrschen, hineindenken. Wenn Ihnen beispielsweise Stabilität, Sicherheit und ein regelmäßig gezahltes Gehalt wichtig sind, sollten Sie sich vielleicht nicht selbstständig machen oder freiberuflich arbeiten.

**Hinweis:** Sehen Sie sich also zunächst die Ergebnisse der Tests an, die Sie im Kapitel 3 zu Ihren Werten (Seite 43), Einstellungen (Seite 47) und zu Ihrer Veränderungsbereitschaft (Seite 51 f.) ausgefüllt haben. Auf diese Weise sind Sie besser gewappnet, um nicht wieder in eine unangenehme Situation am Arbeitsplatz zu geraten.

Sinnvollerweise sollten Sie zunächst Ihre frühere – oder die derzeitige – Arbeitsstelle analysieren. Vergegenwärtigen Sie sich, was Sie dort besonders gestört hat, was besonders schmerzhaft und unangenehm war. Beantworten Sie dann die folgenden Fragen.

## Werte

Entsprach die Position Ihren Wertvorstellungen?

..........................................................................................................

..........................................................................................................

..........................................................................................................

Welche Ihrer Werte wurden erfüllt?

..........................................................................................................

..........................................................................................................

..........................................................................................................

Welche wurden nicht erfüllt?

..........................................................................................................

..........................................................................................................

..........................................................................................................

## Einstellungen

Versetzen Sie sich noch einmal in die Situation, die Ihren Glauben an sich selbst oder an die Menschheit erschüttert hat. Was haben Sie damals über die eigene Einstellung gelernt?

✍ ..........................................................................................................

..........................................................................................................

..........................................................................................................

## Selbstvertrauen

Hat Ihr Selbstbewusstsein sehr gelitten? Wenn ja, konzentrieren Sie sich auf eine Ihrer Stärken, um es wiederherzustellen.

Wenn Sie derzeit einen Arbeitsplatz haben, gibt es ein Projekt, das Sie übernehmen könnten, oder gibt es erreichbare Ziele, die Sie mit Befriedigung erfüllen und Ihnen bei anderen Anerkennung verschaffen könnten? Wenn Sie derzeit arbeitslos sind, könnten Sie Ihre Fachkenntnisse in einer ehrenamtlichen Beratungstätigkeit einsetzen? Halten Sie Ihre Einfälle fest.

✍ ..........................................................................................................

..........................................................................................................

..........................................................................................................

## Selbsterkenntnis

Haben Sie sich während der schwierigen Phase am letzten Arbeitsplatz anders als bisher kennen gelernt? Haben Sie neue Seiten an sich entdeckt, die Ihnen zuvor nicht bewusst waren? Wurden Fähigkeiten oder Verhaltensweisen an Ihnen kritisiert? Lügen Sie sich nicht in die Tasche, schreiben Sie alles auf und überlegen Sie sich, mit welchen Mitteln Sie gegensteuern könnten. Käme ein Volkshochschul-Kurs in

Frage, sollten Sie sich einen Mentor suchen, würde ein Selbstlernprogramm reichen?

..............................................................................................

..............................................................................................

..............................................................................................

## Beziehungsmanagement

Sind Sie mit Kollegen oder Vorgesetzten aneinander geraten? Gab es Streit? War die Atmosphäre an Ihrem letzten Arbeitsplatz konfliktgeladen? Es gibt Menschen, mit denen man kaum auskommen kann, trotzdem gehören zu einer Beziehung immer zwei. Was können Sie über Ihr Verhalten aus abschreckenden Erfahrungen lernen? Was würden Sie anders machen, wenn Sie noch einmal in eine vergleichbare Situation geraten würden?

..............................................................................................

..............................................................................................

..............................................................................................

## Motivation

Gehen Sie in Ihrer Arbeit auf, interessiert Sie Ihr Job, reizt Sie Ihre Tätigkeit, wollen Sie in Ihrem Beruf unbedingt vorankommen? Falls das nicht der Fall sein sollte, schreiben Sie drei bis fünf Aktivitäten auf, die Ihre Motivation stärken könnten. Das können ganz unterschiedliche Dinge sein, etwa mehr Routine erwerben, Zeichenunterricht nehmen, seine Fühler nach einer neuen Branche ausstrecken oder sich für einen guten Zweck engagieren. Was würde Ihnen Spaß machen?

..............................................................................................

..............................................................................................

..............................................................................................

## Zielstrebigkeit

Wer Veränderungen will, muss sich Ziele setzen. So niedergeschlagen Sie auch sein mögen, Sie sollten unbedingt für sich selbst und Ihr berufliches Vorankommen Ziele setzen. Schreiben Sie zwei Ziele auf, die Sie aufheitern und Ihren Optimismus wecken. Nehmen Sie sich zum Beispiel vor, alle Tests in diesem Buch auszufüllen und zwei Stunden pro Woche für die Stellensuche zu reservieren.

✍ ..........................................................................................

..........................................................................................

..........................................................................................

## Engagement

Widmen Sie sich Ihrem Beruf und Ihrer Laufbahn mit ganzer Hingabe? Falls nicht, liegt das an den schlimmen Erfahrungen, die Sie in letzter Zeit erleben mussten, oder hat sich ein früher starkes Interesse inzwischen abgenutzt? Was könnte Ihre Leidenschaft für den Beruf wieder anfachen?

✍ ..........................................................................................

..........................................................................................

..........................................................................................

## Veränderungsbereitschaft

**Hinweis:** Blättern Sie zu Ihrer Selbsteinschätzung auf Seite 51 f.

Wenn Sie ein gebranntes Kind sind, scheuen Sie vermutlich Veränderungen. Schon der Begriff ist für Sie mit hoher Wahrscheinlichkeit negativ besetzt. Sie müssen Ihren Glauben an Veränderungen zum Guten wieder finden. Überlegen Sie sich zwei positive Neuerungen, die Sie heute oder morgen umsetzen und die Ihnen bei der Überwindung Ihrer Angst helfen können.

..........................................................................................

..........................................................................................

..........................................................................................

## Interessen

Wenn Sie an Ihre schlimmen Erfahrungen zurückdenken, interessierte Sie die Arbeit an sich? Welches Gefühl löste die eigentliche Tätigkeit in Ihnen aus? Gab es einzelne Aspekte, die Sie spannend fanden? Welche waren das?

..........................................................................................

..........................................................................................

..........................................................................................

Und umgekehrt, welche Aspekte fanden Sie langweilig? Warum?

..........................................................................................

..........................................................................................

..........................................................................................

# Zweiter Schritt: Hindernisse und Chancen ermitteln

Wenn Sie auf dem Weg der Genesung ein Stück vorangekommen und damit eher in der Lage sind, sich über berufliche Perspektiven Gedanken zu machen, sollten Sie sich unbedingt auf neuerliche schlechte Erfahrungen einstellen und innerlich dagegen wappnen. Das mag extrem pessimistisch klingen, aber die Wahrscheinlichkeit ist einfach sehr groß, nach kurzem Intermezzo wieder auf der Straße zu stehen, Fusionsopfer zu werden oder in einer Firma anzuheuern, deren Unternehmenskultur nicht zu Ihren Bedürfnissen passt. Und selbst wenn Sie Ihr eigenes Unternehmen gründen oder freiberuflich arbeiten wollen, ist der Erfolg alles andere als sicher. Sie sind schließlich auch nur ein Mensch und haben nicht alles unter Kontrolle.

**Beispiel:** Rupert arbeitet als Manager im Konsumgüterbereich. Er hat eine erfolgreiche Laufbahn hinter sich mit streckenweise sehr schwierigen Abschnitten. Es sei ihm ausgesprochen schwer gefallen, die Tiefs zu überwinden, aber er habe auch viel dabei gelernt, wie er sagt. Der nächste Einbruch käme bestimmt, aber er wüsste nun, wie er damit umzugehen habe. Beim letzten Einstellungsgespräch hatte sein künftiger Vorgesetzte Rupert stolz erzählt, sein Spitzname an der Uni sei Terminator gewesen. Unglücklicherweise überhörte Rupert die Anspielung auf den offenbar grausamen Charakter, zu sehr reizte ihn die internationale Ausrichtung der Position. Er kündigte schließlich, weil er sich physisch von seinem Chef bedroht fühlte. Ruperts Ratschlag? „Man muss zwischen dem eigenen Anteil und dem, was von anderen kommt, unterscheiden können. Und man weiß ja schließlich, dass es nicht für immer und ewig ist. Man darf es nicht überbewerten. Selbst wenn Versprechen gebrochen werden, hat es keinen Sinn, darauf zu beharren, dann muss man eben seine Erwartungen zurückschrauben. Mit den Jahren wird das schwieriger, und dann braucht man etwas, das einem Halt gibt. Mich fängt meine Familie auf, und das ist ganz wichtig."

Die meisten Menschen achten bei der Stellensuche vorrangig auf Berufsbezeichnung, Arbeitsort, Verantwortungsumfang und Gehalt.

**Achtung:** Man scheitert jedoch in aller Regel an anderen Dingen. Die drei häufigsten Gründe sind nämlich Vorgesetzte, die Unternehmenskultur und ein falsch verstandenes oder nachträglich verändertes Aufgabenfeld.

Diese Risiken lassen sich mindern. Es folgen drei Tipps, die Sie vor Ihrer Unterschrift unter den Arbeitsvertrag beherzigen sollten.

## Vorgesetzte

**Experten-Rat:** Bill DeLeno hat in einer Kleinstadt im Bundesstaat New York eine eigene Praxis; er ist Psychotherapeut und betreut Menschen mit beruflichen Problemen. Die meisten Schwierigkeiten, sagt er, verursachen die Vorgesetzten. Einer seiner Klienten hatte so große Angst vor seinem Boss, dass er nicht zu der Beerdigung der eigenen Mutter, sondern zur Arbeit ging.

Nicht jeder Chef brüstet sich wie in Ruperts Fall schon beim Vorstellungsgespräch mit seiner Grausamkeit. Wenn Sie in der Vergangenheit schlechte Erfahrungen mit Vorgesetzten sammeln mussten, werden Sie beim nächsten Anlauf natürlich möglichst viel über die Person herausfinden wollen, der Sie untergeben sind. Trotzdem haben viele Menschen große Scheu, ihren künftigen Chef „auszufragen“. Wir verhalten uns so, als gäbe es in der Beziehung zwischen Vorgesetzten und Untergebenen nur eine Richtung. Doch Vorgesetzte entscheiden über Ihr Wohl und Wehe im Beruf. Je genauer Sie sie vorab kennen, desto besser können Sie sich einstellen.

**Achtung:** Denken Sie daran, dass sich Vorgesetzte vor Ihrer Unterschrift unter den Arbeitsvertrag in der Regel von der besten Seite zeigen, vor allem, wenn sie in Ihnen den geeigneten Kandidaten sehen, um die betreffende Stelle auszufüllen.

Wenn Ihr künftiger Chef schon während der Einstellungsprozedur unhöflich, unsensibel oder hochmütig wirkt, kann das später nur schlimmer werden. Folgende Fragen können Sie auf die Spur unerwünschter Eigenschaften bringen:

### So erkennen Sie unangenehme Chefs

- Wie wünschen Sie sich das Verhältnis zu Personen, die Ihnen gegenüber berichtspflichtig sind?
- Was erwarten Sie von mir innerhalb der ersten drei Monate, der ersten sechs Monate, des ersten Jahres?
- Wie fügen sich Ihre Erwartungen in die Erwartungen des Unternehmens, wie passen sie zur Gesamtstrategie?

- Wie kann ich Ihnen helfen, falls Ihnen Ihre Aufgabe einmal schlaflose Nächte bereitet?
- In welchem Rhythmus wollen Sie informiert werden, und in welchen Abständen halten Sie ein persönliches Gespräch für sinnvoll?
- Wie würden Sie Ihren persönlichen Arbeitsstil beschreiben?
- Was kann ich von Ihnen realistischerweise erwarten?
- Welchen Ihrer Chefs mochten Sie besonders gern und warum? Oder anders gefragt, welchen Ihrer Chefs fanden Sie besonders gut?
- Welche drei Werte stehen für Sie ganz oben?
- Wie werden Sie von den Mitarbeitern hier gesehen?

Es ist nicht ganz leicht, solche Fragen zu stellen. Wenn man Ihnen die Antwort verweigert, sagt das auch sehr viel aus. Allerdings sollten Sie darauf achten, dass Sie nicht zu forsch werden und sich damit alle Einstellungschancen verderben.

**Tipp:** Die brauchbarsten Informationen über Vorgesetzte stammen in der Regel von denen, die derzeit für sie arbeiten oder früher für sie gearbeitet haben.

Es ist nicht fair, Ihnen das Gespräch mit solchen Menschen zu verweigern! Die Person, die das Bewerbungsgespräch für das Unternehmen führt, stellt Ihnen schließlich auch alle Fragen, die juristisch erlaubt sind. Die Zusammenarbeit muss zur beiderseitigen Zufriedenheit ausfallen. Sie können die Frage, warum Sie mit Mitarbeitern aus der Abteilung sprechen wollen, so kontern: „Ich möchte eine produktive Beziehung, die für alle Seiten das Beste bringt. Schließlich kostet die Suche und Einstellung eines Bewerbers viel Geld und Energie."

**Achtung:** Wenn man Ihnen ausweichend antwortet, dann hat der Betreffende vermutlich etwas zu verbergen. Lesen Sie zwischen den Zeilen und haken Sie nach.

Potenziellen Kollegen oder ehemaligen Mitarbeitern können Sie folgende Fragen zum Chef stellen:

### Fragen an potenzielle Kollegen über den neuen Chef

- Wie gestaltet sich der tägliche Umgang?
- Wo liegen die persönlichen Stärken, wo die Schwächen?
- Welchen Ruf genießt er? Warum?
- Wem steht er innerhalb des Unternehmens nahe?
- Ist er entscheidungsfreudig? Bezieht er seine Mitarbeiter in Entscheidungen ein?
- Welche Kommunikationsform bevorzugt er – Abteilungsbesprechungen, Begegnungen zwischen Tür und Angel, E-Mail, offizielle Berichte oder Telefonate?
- Wie würden Sie seinen Arbeitsstil beschreiben?
- Gibt er Rückmeldungen? In welchem Ton?
- Welche Eigenschaften bewundert er?
- Respektiert er die Freizeit seiner Mitarbeiter?
- Wie geht er mit Konflikten um?
- Wo setzt er beruflich seine Schwerpunkte?
- Wann sieht er rot? Was ärgert ihn?
- Wenn er mich einstellen sollte, was raten Sie mir, um einen guten Start zu haben?

**Hinweis:** Die Fragen wiederholen sich zum Teil, wie Sie sicher bemerkt haben. Achten Sie unbedingt darauf, welche Antworten übereinstimmen und wo Abweichungen auftreten.

**Tipp:** Sollte Ihr künftiger Chef ebenfalls erst vor kurzem zu dem Unternehmen gestoßen sein, bitten Sie ihn, mit früheren Untergebenen in seinen alten Firmen sprechen zu dürfen. Wenn er mauert, ist Vorsicht geboten.

Dank der permanenten Umstrukturierungen kann es natürlich sein, dass Sie nicht sehr lange für die Person arbeiten werden, für die oder von der Sie eingestellt wurden. Aber es ist in jedem Fall eine Qual, für jemanden zu arbeiten, mit dem man nicht klar kommt. Die Mühe in der Vorbereitung lohnt sich also trotzdem.

## Unternehmenskultur

In jedem Umfeld herrscht eine besondere Stimmung. Wenn Ihnen eine Unternehmenskultur entspricht, wenn Sie die dort herrschenden Werte teilen, die Umgangsformen gutheißen und mit Ihrem Verhalten nicht anecken, werden Sie sich wahrscheinlich wohl fühlen.

**Achtung:** Wenn das alles nicht zutrifft, können Sie noch so geeignet sein für den Job, Sie werden auf keinen grünen Zweig kommen. Sie gehen entweder freiwillig oder werden hinausgeekelt.

Man sollte die Unternehmenskultur auf keinen Fall unterschätzen. Sie lässt sich nicht von Einzelnen ändern, auch nicht von dem Mann oder der Frau an der Spitze, und schon gar nicht über Nacht. Eine Kultur besteht aus einem engmaschigen System von Vorstellungen, Werten, Geschichten, Mythen, Ritualen und Zeremonien. Kultur erzeugt Sinn und Bedeutung, die zwar schwer greifbar bleiben und sich schlecht nach außen vermitteln lassen, aber das Verhalten und die Art und Weise, wie in einem Unternehmen Geschäfte abgewickelt werden, zutiefst beeinflussen.

Deswegen ist es ungeheuer wichtig, die Unternehmenskultur schnell einschätzen zu können und zu überlegen, ob man sich in einem solchen Umfeld wohl fühlen wird. Schließlich verbringen Sie sehr viel Zeit bei der Arbeit. Warum sollten Sie sich in dieser Zeit unwohl fühlen? Warum sollten Sie sich mit einem Umfeld zufrieden geben, das nicht zu Ihnen passt? Wenn man es vermeiden kann, dann sollte man es vermeiden. Wenn Sie schon einmal in einem Unternehmen gearbeitet haben, dessen Kultur nicht Ihren Bedürfnissen entsprochen hat, wissen Sie, wie schmerzlich das sein kann. Es ist gar nicht so schwer, die Unternehmenskultur zu erkennen, wenn Sie die richtigen Fragen stellen und sich auf Ihre Intuition verlassen.

Eine Unternehmenskultur setzt sich aus mehreren Elementen mit unterschiedlichem Stellenwert zusammen. Sehr wichtig sind Werte und Überzeugungen. Werte und Überzeugungen kann man als Prinzipien, Standards oder Eigenschaften beschreiben, die um ihrer selbst willen für wertvoll gehalten werden. Sie eignen sich nicht für knackige Definitionen in Unternehmenshandbüchern. Werte lenken die Aufmerksamkeit und prägen das Verhalten. Oft verkörpert die Werte eines Unternehmens die Person des Gründers oder eine andere herausragende Führungspersönlichkeit.

**Tipp:** Da Sie Ihre eigenen Werte genau kennen, fällt es Ihnen leichter, im Vorstellungsgespräch die richtigen Fragen zu stellen und auf diesem Wege herauszufinden, inwiefern diese mit den Werten Ihres eventuellen Arbeitgebers übereinstimmen.

Sie haben noch nie eine Unternehmenskultur erlebt, in der Sie sich wirklich wohl gefühlt hätten? Tun Sie einfach so, als hätten Sie weder gute noch schlechte Erfahrungen gemacht, und überlegen Sie, was für Sie wichtig ist. Werfen Sie den Computer an oder nehmen Sie ein Blatt Papier und notieren Sie sich, welche Elemente Sie für wünschenswert und welche Sie für unverzichtbar halten. Verschwenden Sie keinen Gedanken daran, wie realistisch Ihre Vorstellungen sind. Das können Sie später noch nachholen.

Wie ermittelt man eine Unternehmenskultur? Indem man viele Fragen stellt, viele Menschen trifft, die Mitarbeiter beim Weg vom Parkplatz zum Firmeneingang beobachtet, sich im Empfangsbereich niederlässt und einfach nur schaut, den Internetauftritt begutachtet, Werbebroschüren und den Jahresbericht auf sich wirken lässt und – dies vor allem – dem eigenen Eindruck vertraut. Als potenzieller Mitarbeiter haben Sie alles Recht, mit so vielen Personen zu sprechen, wie Sie wollen. Auch mit Lieferanten, mit Kunden und mit Angestellten, mit denen Sie später nicht unmittelbar zu tun haben werden.

**Achtung:** Verweigert man Ihnen dies, seien Sie auf der Hut.

Wenn Sie ein schlechtes Gefühl dabei haben, lassen Sie besser die Finger von dem Job. Wenn man schon das Gefühl hat, dass etwas faul ist, dann ist es in aller Regel auch so. Sie dürfen ruhig von dem Potenzial der Stelle begeistert sein, Sie können eine Chance wittern, eigene Interessen umzusetzen oder einzubringen. Aber lassen Sie sich bitte nicht von einem Titel, finanziellen Anreizen, einem hübschen Büro, einem Firmenwagen, der Nutzung des Firmenjets oder sonstigen Dingen blenden. Ihr Erfolg steht und fällt – mit der Unternehmenskultur.

Allerdings sollten Sie den Kuschelfaktor nicht zu hoch bewerten. Zwar sollen Sie sich nicht verbiegen, aber hundertprozentige Übereinstimmung muss auch nicht sein. Nach einem solchen idealen Arbeitsplatz könnten Sie vermutlich lange suchen. Und nicht in jedem Unternehmen liegt die Unternehmenskultur offen zu Tage. Auch deshalb sollten Sie mit so vielen Menschen wie möglich sprechen.

Hier einige Anregungen, mit welchen Fragen Sie Einblick in die Unternehmenskultur gewinnen:

### So fragen Sie nach der Unternehmenskultur

- Wie würden Sie die Unternehmenskultur beschreiben?
- Was ist der Geschäftsleitung wichtig?
- Wie werden hier Entscheidungen gefällt? Nur vom Topmanagement, im Konsens, ergeben sie sich aus der Zusammenarbeit, muss es erst zu einer Krise kommen, werden Entscheidungen auf die lange Bank geschoben?
- Aus welchem Milieu kommen die meisten Mitarbeiter?
- Wie wichtig sind Kunden oder Klienten?
- Wie verläuft die Befehlskette im Unternehmen? Welche Hierarchie besteht?
- Wie wird am häufigsten kommuniziert? Über E-Mail, Memoranden, Besprechungen, Anrufe oder Zufallsbegegnungen im Flur?
- Werden Rückmeldungen geschätzt? Bekommt man Rückmeldungen? Wenn ja, in welcher Form?
- Werden neue Ideen oder Risikobereitschaft geschätzt und belohnt?
- Wie hoch ist die Fluktuation? Werden die meisten gefeuert oder gehen sie freiwillig? Warum?
- Wer gilt im Unternehmen als besonders erfolgreich und warum?

**Experten-Rat:** Psychotherapeut Bill DeLeno warnt, dass selbst die sorgfältigste Beurteilung eines Unternehmens nicht vor Überraschungen feit: „Man weiß nie, worauf man sich einlässt, bevor man drinsteckt.“

Und wenn man sich in einer schwer erträglichen, unguten Situation findet, sollte man – auch wenn dieser Rat zugegebenermaßen oft schwer umzusetzen ist – nicht bleiben. Heutzutage, so DeLeno, biete jede Erfahrung ein Sprungbrett.

## Arbeitsanforderungen

In einem Vorstellungsgespräch klärt man normalerweise die Aufgaben, die mit der angestrebten Stelle verbunden sind, und erkundigt sich nach den Geschäftszielen, die man erreichen soll. Ob Sie in eine neue Firma wechseln oder in Ihrer alten befördert werden, in beiden Fällen sollten Sie den neuen Vorgesetzten folgende Fragen stellen:

**Fragen zu Ihrer Arbeitsaufgabe**

- Woraus bezieht die Stelle ihre Existenzberechtigung?
- Was erwarten Sie innerhalb der nächsten drei Monate von mir?
- Wie und anhand welcher Kriterien wollen Sie in einem Jahr meinen Erfolg messen?
- Wie ist dieser Arbeitsplatz in die Abteilung oder den Unternehmensteil eingebunden?
- Wer hat diese Stelle vorher innegehabt und warum ist er oder sie gegangen?
- Welche Erfolge konnte mein Vorgänger oder meine Vorgängerin auf dieser Stelle für sich verbuchen?
- Mit welchen Problemen hat er oder sie gekämpft?
- Welche Herausforderungen sind Ihrer Meinung nach mit dieser Stelle verbunden?
- Worauf soll ich in diesem Job vor allem achten?

Wann immer Sie eine neue Stelle antreten oder befördert werden, sollten Sie mit den neuen Vorgesetzten und anderen Interessengruppen (dazu zählen Kollegen, Untergebene und das übergeordnete Management) einen Plan entwickeln, wer auf Ihre Arbeit Einfluss nimmt.

**Beispiel:** Jackie wurde an die Spitze der Vertriebsabteilung ihres Unternehmens gesetzt – ein riesiger Karrieresprung. Zuvor hatte sie im Controlling gearbeitet und hatte keinerlei Vertriebserfahrung. Als man sie nach ihren Plänen für die ersten 30, 60 und 90 Tage fragte, war sie noch nicht einmal auf den Gedanken gekommen, dass so etwas wie ein Plan notwendig oder sinnvoll sein könnte. Sie hatte sich weder darum gekümmert, was der neue Chef von ihr erwartet, noch hatte sie sich ausreichend Gedanken darum gemacht, dass sie eine große Abteilung führen musste. Als Erstes hätte sie mit ihrem zukünftigen Vorgesetzten einen Termin vereinbaren und eine Reihe von Fragen an ihn vorbereiten müssen. Dann hätte sie mit jedem einzelnen Mitarbeiter ihrer neuen Abteilung ein Vier-Augen-Gespräch vereinbaren sollen, um die Menschen persönlich kennen zu lernen und zu erfahren, was sie für das Unternehmen bisher geleistet hatten und welche Schritte sie für die Zukunft anraten würden. In all diesen Gesprächen hätte Jackie ihre Führungsstärke unter Beweis stellen müssen, denn als Quereinsteigerin traute man ihr nicht unbedingt die nötige Qualifikation zu.

Nach der Informations- und Kennenlern-Phase hätte Jackie überprüfbare, realistische Ziele setzen und mit allen Beteiligten, vor allem mit ihrem Chef, abstimmen müssen. Im weiteren Verlauf wären persönliche Treffen mit Vorgesetzten, Kollegen und Untergebenen im Abstand von 45 bis 60 Tagen sinnvoll gewesen. Wenn möglich, hätte Jackie ihre Vorgängerin zu einer Verbündeten machen sollen.

Nicht nur bevor Sie eine Stelle antreten, sondern auch während Sie darin arbeiten, sollten Sie die Lage ähnlich intensiv und kritisch abschätzen.

**Achtung:** Die meisten Menschen werden nicht wegen mangelnder Leistungen entlassen, sondern weil sich die Anforderungen verschoben haben und die Verantwortlichen automatisch von einem veränderten Anforderungsprofil ausgehen.

Die wenigsten Unternehmen haben verlässliche Methoden entwickelt, um die Fähigkeiten ihrer Mitarbeiter richtig zu beurteilen und sie gegebenenfalls an andere Stellen zu versetzen. Sie stellen lieber jemand Neuen ein, der auf eine bestimmte Stelle zu passen scheint, und wenn diese Stelle gestrichen wird, schneit auch diesem Mitarbeiter die Kündigung ins Haus. Manchmal ist es extrem schwierig, herauszufinden, wie sicher der eigene Job eigentlich noch ist. Wie können Sie vermeiden, dass folgenschwere Marktänderungen Sie auf dem falschen Fuß erwischen? Die meisten Mitarbeiter merken einfach zu spät, dass ihre Stelle gefährdet ist. So vergeben sie sich leider auch jede Chance, das Ruder noch einmal zu ihrem Vorteil herumzureißen, und die Zeit, um das Erlebte zu verarbeiten, verlängert sich entsprechend.

Was kann man tun, um den Stellenwert der eigenen Stelle im Unternehmen zu beurteilen?

**Experten-Rat:** Es gibt, wie Ruth Luban in *Are You a Corporate Refugee* anmerkt, Warnzeichen. Warnzeichen leiten die erste der fünf von ihr definierten Phasen ein – man spürt, dass etwas nicht stimmt, kann es aber nicht auf den Punkt bringen.

**Achtung:** Häufige Umstrukturierungen, Budgetkürzungen, freigewordene Stellen, die nicht wieder besetzt werden, das alles sind Hinweise auf eine drohende Schieflage des ganzen Unternehmens oder der Abteilung. Auf der persönlichen Ebene können es Besprechungen sein, zu denen Sie anders als sonst nicht mehr gebeten werden, ein Chef, der keine Zeit für ein Treffen mit Ihnen hat, eine Übernahme oder ein Buyout, also eine Geschäftsauslagerung, von denen Ihr Unternehmen bzw. Ihre Abteilung betroffen sind.

Statt den Kopf nun in den Sand zu stecken und sich lieber nicht auszumalen, was alles Schreckliches passieren könnte, können Sie einiges tun, um die Unsicherheitsfaktoren systematisch auszuschließen. Ruth Luban wenigstens findet, dass Sie lieber Ihrerseits aktiv werden und die Wahrscheinlichkeit des Arbeitsplatzverlustes einschätzen sollten. Wie? Hier einige Tipps:

### So beugen Sie den Folgen eines Jobverlustes vor

- Bauen Sie Ihr Netzwerk bei Arbeitsvermittlern, Wettbewerbern, früheren Kollegen und Berufsverbänden aus.
- Bringen Sie Ordnung in Ihre Unterlagen, räumen Sie Schubladen und den PC auf und aktualisieren Sie Ihr Adressbuch.

- Holen Sie Vorsorgeuntersuchungen nach, lassen Sie sich durchchecken: Jetzt ist es wichtiger denn je, dass Sie den Stress der nächsten Zeit gesund durchstehen.
- Vereinfachen Sie Ihr Leben, misten Sie gründlich aus, blasen Sie einen Teil der bereits vereinbarten Aktivitäten ab.
- Ordnen Sie Ihre Finanzen, überschlagen Sie Ersparnisse und fahnden Sie nach Einsparmöglichkeiten bei den laufenden Ausgaben, verzichten Sie möglichst auf den Einsatz von Kreditkarten.

Diese Maßnahmen geben Ihnen das Gefühl, etwas zu tun und nicht nur Opfer zu sein. Dadurch wird eine Kündigung weniger Stress verursachen.

## Dritter Schritt: Abhilfe schaffen

Sie wissen nun, was Sie aus früheren beruflichen Erlebnissen gelernt haben und was Sie von Ihrer nächsten Stelle erwarten. Jetzt sollten Sie einen Schlachtplan für die Zukunft entwerfen.

Beantworten Sie die folgenden Fragen:

✍ Welche Arbeit wünschen Sie sich in den nächsten drei, sechs und zwölf Monaten? Schreiben Sie es so genau wie möglich auf.

Drei Monate

............................................................................................................

............................................................................................................

............................................................................................................

Sechs Monate

............................................................................................................

............................................................................................................

............................................................................................................

Zwölf Monate

..........................................................................................................

..........................................................................................................

..........................................................................................................

Welche Schritte sind zur Verwirklichung notwendig? Welche Nachforschungen sollten Sie anstellen? Welche Hilfen benötigen Sie, um voranzukommen?

Notwendige Schritte (Lebenslauf auf Stand bringen, Netzwerk aktivieren, mit Vorgesetzten sprechen etc.):

..........................................................................................................

..........................................................................................................

..........................................................................................................

Notwendige Nachforschungen (sich Wissen über andere Branchen aneignen, Personen ansprechen, die in Ihrem Wunschberuf arbeiten etc.):

..........................................................................................................

..........................................................................................................

..........................................................................................................

Notwendige Hilfen (ein neuer Computer, Mentoring etc.):

..........................................................................................................

..........................................................................................................

..........................................................................................................

Wollen Sie sich selbstständig machen? Wenn Sie daran denken, müssen Sie das Gefühl, ein gebranntes Kind zu sein, umso eher ablegen, denn die Planung und Gründung einer eigenen Existenz verschlingt viel Kraft und Energie.

**Beispiel:** Pat leitete die Rechtsabteilung einer großen Handelsbank. Es war cinc wirklich gutc Stcllc, und sic saß scit 20 Jahren hier, weil ihr die Arbeit gefiel und sie mit Mann und zwei Kindern in der Nähe wohnte.

Doch dann verkaufte die Bank Geschäftsbereiche und Pat wurde zwei Wochen vor ihrem 50. Geburtstag auf die Straße gesetzt. „Es war ein Albtraum. Ich suchte nach einer anderen Stelle bei einem Kreditinstitut, obwohl alle sagten, ich solle mich selbstständig machen. Während ich mich bewarb, betreute ich nebenbei ein paar Klienten, und das machte mir richtig Spaß. Da beschloss ich, es tatsächlich mit der Selbstständigkeit zu versuchen, trotz der Risiken, die damit noch dazu in meinem Alter verbunden waren. Wenn wir unseren Lebensstandard halten wollten, musste ich ein bestimmtes Einkommensniveau erreichen, mein Mann verdient nicht so viel. Aber diese zweite Karriere hat sich als recht lukrativ herausgestellt."

Stellen Sie sich folgende Fragen:

✍

1. Wenn Sie selbstständig sein wollen, welche Tätigkeit können Sie sich vorstellen?

   ..........................................................................................

2. Wie packen Sie die notwendigen Vorbereitungen für eine Selbstständigkeit an? (Lesen Sie dazu erst Kapitel 9!)

   ..........................................................................................

   ..........................................................................................

   ..........................................................................................

3. Wie werden Sie mit dem Stress fertig, wie sorgen Sie für den notwendigen Ausgleich (Yogastunden, Tagebuchschreiben, mehr Zeit mit der Familie etc.)?

   ..........................................................................................

   ..........................................................................................

   ..........................................................................................

**Beispiel:** Vor ihrer Entlassung arbeitete Susie im Vertrieb. Ihr Arbeitgeber wurde von einem Konzern übernommen und Susie flog aus „politischen" Gründen raus. „Ich bin ein Jahr länger geblieben, als gut war", sagt sie, „weil ich keine halben Sachen machen wollte." Sie rät jedem: „Lass dich nicht fertig machen, denk an deine früheren Erfolge und daran, wer du bist. Bleib heil."

Nennen Sie drei Erfolge, auf die Sie besonders stolz sind:

..........................................................................................................

..........................................................................................................

..........................................................................................................

Gleichgültig, wofür Sie sich entscheiden – am derzeitigen Arbeitsplatz bleiben, die Stelle wechseln, die Selbstständigkeit wagen oder in den Ruhestand gehen: Denken Sie immer daran, dass Sie an beruflichen Konflikten wachsen.

**Tipp:** Nutzen Sie die Lektion, die Sie daraus gelernt haben, um beim nächsten Mal besser gewappnet zu sein gegen Kündigung, schwierige Vorgesetzte oder Umstrukturierungen.

Auch wenn vieles geschah, auf das Sie absolut keinen Einfluss hatten: Wenn Sie ganz genau wissen, was Sie wollen und was aushalten können, gewinnen Sie in Konfliktsituationen Ihre Handlungsfreiheit ein Stück weit zurück.

# 8. Die ewige Tretmühle

Wer hätte sich noch nie gelangweilt? Fast jeder hat schon Langeweile gefühlt, für ein paar Stunden, etliche Monate oder sogar Jahre. Wer längere Zeit in einem Bereich tätig ist, sammelt viel Erfahrung und Kompetenz und wird allmählich von Kollegen, Freunden und Familienmitgliedern als fachliche Autorität anerkannt. Das ist ein schönes Gefühl. Nette Nebensächlichkeiten wie ein Firmenwagen, ein bestimmter Rang und Prämien bewirken ein Übriges und tragen zu dem allgemeinen Eindruck bei, es geschafft zu haben.

**Achtung:** Doch das ist unter Umständen nur die halbe Wahrheit.

Vielleicht haben Sie sich in Ihrer Nische so bequem eingerichtet, dass es furchtbar langweilig wird. Ihnen fehlen Herausforderungen, Sie vermissen Abwechslung und ersticken fast an dem Einerlei. Sie fühlen sich nicht nur lustlos, unruhig, ziellos und desinteressiert an der Arbeit oder den lieben Kollegen. Sie zeigen diese Langeweile auch – telefonieren oft privat, verschicken Unmengen von E-Mails an Freunde, legen mindestens ein halbes Dutzend Kaffeepausen pro Tag ein und träumen von den sechs Richtigen und dem Vortrag, den Sie dann Ihrem Chef halten würden … Wenn Sie für alles nur noch ein Gähnen übrig haben, während Ihre Kollegen sich ganz wohl oder zumindest durchaus gefordert fühlen, sind Sie natürlich der Außenseiter und scheinen nicht richtig zu ticken.

Dieser Überdruss kann sich schleichend einstellen, sodass man ihn über längere Phasen einfach ignorieren kann. Er kann aber auch in einem plötzlichen, heftigen Anfall auftreten und chronisch werden. Dann lässt sich kaum mehr darüber hinwegsehen. Wer sich langweilt, muss sich nicht unbedingt gleichzeitig eingefahren fühlen. Aber wenn Sie sich mit einem der beiden Gefühle herumschlagen, ist das andere oft nicht weit.

Beide sagen auch nichts über Ihren Arbeitseinsatz aus oder die Arbeitsmenge. Ranklotzen und mit der Reizüberflutung an heutigen Arbeitsplätzen zurechtkommen einerseits und das Gefühl der Langeweile andererseits sind völlig unabhängig voneinander. Treffen beide Phänomene jedoch zusammen, droht der Burnout am Horizont.

**Experten-Rat:** Kurt Sandholtz führt seit Jahren für die Personalberatung BT Novations in ganz unterschiedlichen Unternehmen für deren Mitarbeiter Karriere-Workshops durch. Bei diesen Schulungen gewann er tiefen Einblick in die Gründe, warum sich Menschen in ihrem Beruf langweilen und die Routine zu hassen beginnen. Sie durchliefen typischerweise drei Phasen, erklärt er:

1. Wenig Ahnung, viel Engagement,
2. viel Ahnung, viel Engagement,
3. viel Ahnung, wenig Engagement.

Sandholtz' Phase 3 ist eine treffende Kurzbeschreibung für das Gefühl, sich im Job gelangweilt und eingefahren zu fühlen. Auch wenn eher ältere, seit längerem arbeitende Menschen betroffen sind, kann es doch fast jede Altersgruppe erwischen.

**Experten-Rat:** Die Psychologin Judith Bardwick hat schon 1986 in New York ein Buch unter dem Titel *The Plateauing Trap: How to Avoid It in Your Career and in Your Life* veröffentlicht. Darin unterscheidet sie strukturelle und inhaltliche Sackgassen (structural plateauing/content plateauing). Mit dem ersten Begriff bezeichnet sie das Ende der Aufstiegsmöglichkeiten, mit dem zweiten, dass sämtliche Lern- und Entwicklungsmöglichkeiten ausgeschöpft sind. Auch Kurt Sandholtz differenziert zwischen diesen beiden Arten, auch wenn er andere Begriffe verwendet (position plateauing/contribution plateauing). So oder so steht fest, dass Unternehmen heute nicht mehr dieselben Karrierechancen eröffnen wie noch vor 20 Jahren. Darin spiegeln sich sowohl die Stellenabbau-Wellen der Vergangenheit als auch die Tendenz zu flachen Hierarchien wider. Immer mehr Menschen stoßen auf diese Weise an die „Decke". Viele müssen jetzt schon damit leben, anderen steht es noch bevor, aber irgendwann ist für jeden das Ende der Fahnenstange erreicht.

Früher bedeutete eine Beförderung neue Erfahrungen, neue Kollegen und nicht zuletzt die Chance, neue Seiten und Fähigkeiten an sich selbst zu entdecken und zu entwickeln. Wer seit Jahren dieselbe Arbeit erledigt oder schon lange nichts Neues mehr gelernt hat, dem wird die Routine irgendwann jedes Interesse am Job rauben – unabhängig davon, wie komplex die Aufgaben sind. Routine und allzu große Vertrautheit tauchen alles in ein graues Einerlei, ein Gefühl, das sicher jeden Berufstätigen in mehr oder minder großen Abständen ereilt, ohne dass das Grund zur Besorgnis wäre.

**Achtung:** Wenn sich diese Tristesse aber auf Dauer einnistet, wird es schwierig.

Zunächst einmal kann man es immer schwerer nach außen verbergen und Vorgesetzte, Kollegen, Untergebene und Kunden spüren die Langeweile. **Beispiel:** Rachelle wurde einmal von ihrem Chef beiseite genommen und gefragt, ob sie nicht eine längere Auszeit brauche, sie sei in letzter Zeit so gar nicht mehr bei der Sache. Die Personalleiterin war ziemlich überrascht, wie schnell der Chef Wind von ihrem Überdruss bekommen hatte …

Wer seit längerem auf einer Stelle sitzt, ohne Fortbildungen genutzt oder genehmigt bekommen zu haben, verpasst unter Umständen neue Entwicklungen und ist irgendwann nicht mehr auf dem aktuellen Stand. **Achtung:** Immer wieder wurde nachgewiesen, dass gesunde, leistungsfähige Menschen lernen und sich weiterentwickeln wollen und dass Stagnation auf Dauer krank macht.

Langeweile und das Gefühl der Stagnation können emotionale, psychische und physische Schäden verursachen. Wenn man deprimiert, lustlos, ängstlich oder frustriert zur Arbeit geht, wirkt sich das nicht nur auf die Arbeit aus, sondern auf das gesamte Leben, auf persönliche Beziehungen und sogar auf die Gesundheit.

**Beispiel:** Barbara ist 40 Jahre alt, leitende Finanzanalystin und fühlt sich seit drei Jahren auf dem Abstellgleis. Sie langweilt sich dermaßen, dass sie jede Gelegenheit nutzt, um nicht arbeiten zu gehen. Das Elend im Job hat auch ihr Privatleben ruiniert: Als Single verspürt sie keine

Lust, im Urlaub mal wegzufahren, und auch sonst mag sie kaum noch Leute treffen. Sie isst viel zu viel, hat stark zugenommen und unternimmt nichts, um ihr altes Gewicht wieder zu erreichen. Barbara lässt sich treiben, um nicht zu sagen: sie lässt sich gehen, und wartet auf irgendjemand oder irgendetwas, von dem der Anstoß kommen soll, sich zu verändern und etwas in ihrem Leben zu ändern. Obwohl sie natürlich genau weiß, dass dieser Impuls von ihr selbst ausgehen müsste.

**Hinweis:** Wenn Sie Ihr Arbeitsgebiet mögen und gern in diesem Bereich arbeiten, aber förmlich danach gieren, etwas Neues zu lernen, dann ist dieses Kapitel für Sie geschrieben worden. Hier sollen Sie Anregungen erhalten, wie Sie Langeweile in Engagement verwandeln und sich aus Sackgassen mit Kreativität, Kompetenz und Energiegeladenheit befreien. Die Lähmung durch Stagnation kann verschiedene Gründe haben, also gilt es zunächst, die eigentlichen Ursachen zu isolieren. Dann erst sind Gegenmaßnahmen sinnvoll.

## Erster Schritt: der Test

Blättern Sie zurück zu den Seiten 60 ff. und 66 ff., auf denen Sie Ihre Interessen und besonderen Fähigkeiten analysiert haben. Betrachten Sie Ihre Antworten.

Betrachten Sie nun Ihre derzeitige Arbeitssituation. Beantworten Sie die folgenden Fragen mit dem Ziel, die derzeit befriedigten Interessen und die derzeit eingesetzten Fähigkeiten zu identifizieren und Wege zu finden, wie sich das Gefühl der Langeweile verscheuchen lässt.

1. Womit verdienen Sie Ihren Lebensunterhalt? Wie würden Sie es beschreiben? Vermeiden Sie alle Berufsbezeichnungen und Titel.

   ..........................................................................................

   ..........................................................................................

   ..........................................................................................

2. Welche der Fähigkeiten, die Ihnen besonders liegen, nutzen Sie in Ihrer derzeitigen Position am häufigsten? (Greifen Sie auf die Liste in Kapitel 4 zurück.)

   ..........................................................................................

   ..........................................................................................

   ..........................................................................................

3. Was gefällt Ihnen an Ihrem aktuellen Job am besten (materiell wie immateriell)?

   ..........................................................................................

   ..........................................................................................

   ..........................................................................................

4. Könnten Sie diesen positiven Aspekt verstärken? Wenn ja, wie? Beschreiben Sie das sehr konkret.

   ..........................................................................................

   ..........................................................................................

   ..........................................................................................

5. Was finden Sie an Ihrer Stelle schrecklich (materiell wie immateriell)?

   ..........................................................................................

   ..........................................................................................

   ..........................................................................................

6. Könnten Sie diesen negativen Aspekt zurückdrängen oder sogar eliminieren? Wenn ja, wie?

   ..........................................................................................

   ..........................................................................................

   ..........................................................................................

7. Beschreiben Sie das Gefühl der Langeweile.

   ..........................................................................................

   ..........................................................................................

   ..........................................................................................

8. Beschreiben Sie das Gefühl, eingefahren zu sein.

   ..........................................................................................

   ..........................................................................................

   ..........................................................................................

9. Haben Sie derzeit konkrete Karriereziele? Wenn ja, welche?

   ..........................................................................................

   ..........................................................................................

   ..........................................................................................

10. Wo liegen Ihrer Einschätzung nach derzeit die Hinderungsgründe, sich aus der Langeweile bzw. dem Gefühl übergroßer Routine herauszureißen?

    ..........................................................................................

    ..........................................................................................

    ..........................................................................................

11. Was würde Ihnen bei der Suche nach einer erfüllten, lohnenden Arbeitssituation helfen?

    ..........................................................................................

    ..........................................................................................

    ..........................................................................................

**Hinweis:** Nach der Beantwortung dieser grundlegenden Fragen sollten Sie mehr Einblick in Ihre derzeitige Situation gewonnen haben. Wir kommen später auf die Antworten zurück.

## Zweiter Schritt: Hindernisse und Chancen ermitteln

**Beispiel:** Wanda war mit 42 bereits seit etlichen Jahren stellvertretende Leiterin der Marketingabteilung eines Konsumgüterproduzenten, zu

Tode gelangweilt und von dem Eindruck geplagt, in einer Sackgasse gelandet zu sein. Ohne Herausforderungen, ohne ihre Stärken einbringen zu können und ohne Motivation, sich eine neue Stelle zu suchen – die Situation hielt einfach schon zu lange an. Wanda wäre für ihr Leben gern Innenarchitektin oder würde in die Modebranche wechseln.

Als sie endlich die Kurve bekam, begann sie mit einer Reihe von Assessments, die sie als extrovertiert, intuitiv, innerhalb ihres Wertekanons entscheidungsstark und spontan zeigten. Für sie standen die Werte Kreativität und Selbstständigkeit an erster Stelle, und als typische Vertreterin der geburtenstarken Jahrgänge wollte sie keinesfalls weniger verdienen als auf ihrer derzeitigen Stelle. Sie hatte nicht viel Geld auf die hohe Kante gelegt und konnte sich daher einschneidende Einbußen nicht leisten. Als Single arbeitet sie viel, wenn es sein muss, ist aber sehr an einem ausgewogenen Lebensstil interessiert. Da sie vermutlich noch 25 Jahre erwerbstätig sein muss, sucht sie eine Branche mit flexiblen Arbeitszeiten, in der sie auch als ältere Mitarbeiterin noch Chancen hat.

Für Wanda ergab sich aus den obigen Fragen, dass sie kaum die Energie aufbringen würde, um in ihrem derzeitigen Job die notwendigen Veränderungen anzustoßen, die ihre Langeweile kurieren konnten. Sie verstand sich auf das Geschäft und kam gut mit den Anforderungen zurecht, konnte sich aber nicht dazu aufraffen, noch einmal Interesse an der Arbeit zu entwickeln. Die Konsumgüterproduktion war ihr ein Gräuel, stattdessen interessierte sie sich stark für die Gestaltung von Räumen und für Mode. Außerdem kannte sie ihre Stärken genau: Diese lagen im Bereich Marketing, Operations und in der Arbeit mit Klienten. Aus dieser Kombination ergab sich folgerichtig, dass ihr nur ein Wechsel der Laufbahn berufliche Zufriedenheit zurückgeben konnte. Wanda schreckte hauptsächlich aus finanziellen Erwägungen vor einem solchen Schritt zurück. Sie glaubte nicht daran, dass ein Wechsel der Branche ohne erhebliche Einkommenseinbußen möglich wäre. Vor allem machte ihr die Aussicht auf eine Anfängerposition mit entsprechendem Vergütungsniveau zu schaffen. Das bremste ihren Mut zunächst aus. Wie so viele an einem Stellenwechsel interessierte Menschen hatte sie ihre eigenen Verdrängungsmechanismen entwickelt.

**Experten-Rat:** Nicholas Lore hat diese vorgeschobenen Gründe in seinem Selbstfindungsratgeber *The Pathfinder* Yeahbuts – Ja-aber-Gründe – getauft und führt insgesamt 25 Ausreden an, etwa: Ich bin zu jung, zu dumm, zu unbegabt, zu ungebildet, zu kraftlos, über- oder unterqualifiziert, zu unerfahren usw.

Nachdem sich Wanda endlich zu einem Entschluss durchgerungen hatte, änderte sich ihre Einstellung und die Mutlosigkeit wich der Vorfreude. Sie überlegte, wie sie Innenarchitekten und Modemacher kennen lernen könnte, um ihre Berufschancen in diesen Branchen herauszufinden. Wanda aktivierte ihr Netzwerk und streckte – zeitlich eng begrenzt, aber regelmäßig – ihre Fühler in beide Richtungen aus. Woche für Woche traf sie sich mit einer Person aus der Mode- oder der Einrichtungsszene. Je intensiver sie sich mit diesen Bereichen befasste, desto begeisterter stellte sie fest, dass ihre ursprüngliche Einschätzung zutraf und ihr beide Gebiete sehr zusagten. Eigenartigerweise sank in demselben Maß ihre Fixierung auf das Einkommen – dieser Aspekt trat in den Hintergrund.

Von Zeit zu Zeit verpuffte Wandas Energie und sie vereinbarte keine weiteren Treffen. Dann überlegte sie, was sie wieder motivieren, womit sie die Begeisterung wieder anfachen könnte. Nach drei Monaten traf sie zufällig Ursula, eine Freundin aus Highschool-Zeiten, der sie wie jedem anderen von ihren Absichten erzählte. Ursula erinnerte Wanda an eine gemeinsame Bekannte, Cynthia, die inzwischen eine Design-Agentur in New York City eröffnet hatte. Wanda, die Cynthia lange aus den Augen verloren hatte, stellte den Kontakt wieder her und erhielt eine ganze Latte von Namen aus der Möbelbranche, die sie nacheinander abtelefonierte. Aber noch bevor sie die Liste abgearbeitet hatte, rief Cynthia an und fragte sie, ob sie den Vertrieb für ihre Agentur übernehmen wolle. Die derzeitige Stelleninhaberin ging in Mutterschutz und wollte nicht zurückkommen. Wanda packte die Gelegenheit beim Schopf und ist jetzt schon zwei Jahre bei Cynthia. Der Job bereitet ihr einen Riesenspaß und – Sahnehäubchen auf dem Kuchen – sie verdient genauso viel wie vorher!

Wanda ist ein Beispiel für jemand, der der Langeweile und der übergroßen Routine durch einen Berufs- und Branchenwechsel entflieht.

Wenn Sie Ihren Job zum Gähnen finden, müssen Sie Ihre aktuelle Lage genau betrachten.

## Lieblingsfähigkeiten

Wie lautete Ihre Antwort auf die Frage, welche Ihrer Lieblingsfähigkeiten Sie in Ihrer derzeitigen Position nutzen? Unabhängig von der konkreten Antwort: Können Sie sich vorstellen, dass eine stärkere Nutzung dieser Talente Ihre Arbeitszufriedenheit erhöhen würde? Wenn Sie gern schreiben, im Beruf aber höchstens mal einen Bericht oder eine E-Mail schreiben dürfen, könnten Sie dann zum Beispiel Beiträge für die interne Mitarbeiterzeitung übernehmen oder sich dem hiesigen Lokalblatt andienen?

Betrachten Sie Ihre liebsten Fähigkeiten, wie Sie sie auf Seite 68 ermittelt haben, und überlegen Sie, wie Sie deren Einsatz ausweiten könnten. Schreiben Sie alles auf, was Ihnen einfällt, ohne Rücksicht auf Wahrscheinlichkeiten und realistische Umsetzung.

✍ ..........................................................................................................

..........................................................................................................

..........................................................................................................

## Aufgaben

Betrachten Sie Ihre Antwort auf die Frage, was Sie an Ihrer derzeitigen Stelle materiell wie immateriell schrecklich finden (Seite 136).

**Achtung:** Wenn Aufgaben überhand nehmen, die wir verabscheuen, kann uns das die Arbeit so vergällen, dass wir einfach abschalten, und schon ist die Langeweile unausweichlich.

Könnten Sie diese Tätigkeiten delegieren, an Assistenten, Mitarbeiter, jüngere Kollegen, Zulieferer oder externe Dienstleister? Andere müssen nicht denselben Horror davor empfinden wie Sie! Wenn Sie diesen

Teil Ihrer Arbeit abgeben und sich stärker mit anderen Dingen befassen könnten, würde Ihnen das den Spaß am Job zurückbringen? Schreiben Sie Ihre Ideen auf:

..................................................................................................... ✍

.....................................................................................................

.....................................................................................................

## Wann haben Sie sich nicht gelangweilt?

Erinnern Sie sich noch an Zeiten, in denen Sie sich in Ihrem Beruf nicht gelangweilt haben? Kam die Langeweile schleichend oder wurde sie von einem bestimmten Anlass ausgelöst? Schreiben Sie auf, wie es sich anfühlen würde, wenn Sie nicht mehr angeödet wären. Können Sie sich das überhaupt noch vorstellen? Nein? Denken Sie zurück an eine Epoche, in der Sie sich noch energiegeladen und mutig den Herausforderungen gestellt haben. Inwiefern unterschied sich die Situation damals von der Situation heute?

..................................................................................................... ✍

.....................................................................................................

.....................................................................................................

## Dem Arbeitgeber treu bleiben

Vielleicht entscheiden Sie sich trotz Routine und Langeweile, innerhalb der nächsten zwei, drei Jahre die Stelle nicht zu wechseln, vielleicht sind Sie auch wild entschlossen, sich etwas Neues zu suchen. So oder so sollten Sie zunächst immer überlegen, was Sie an der derzeitigen Situation verändern könnten, um sich wieder wohl zu fühlen.

**Tipp:** Sie sollten unbedingt wissen, was Ihnen missfällt, bevor Sie andere Menschen im Unternehmen einweihen. Finden Sie genau heraus, was geändert werden müsste. Überlegen Sie sich Ihre Worte, stellen Sie sicher, dass Sie Ihr Unbehagen formulieren können.

**Beispiel:** Nehmen wir Rachelle, die wir schon kennen gelernt haben. Ihr Chef fragte sie, ob sie eine Auszeit brauche, weil sie in letzter Zeit so gelangweilt wirke – und Rachelle ergriff die Gelegenheit beim Schopf. Nach drei Wochen, die sie mit einer Reise verbrachte, wurde ihr klar, dass das Personalwesen durchaus ihr Metier war und sie lediglich eine neue Herausforderung suchte. Sie durchforstete zwar die Stellenanzeigen, aber am Ende wurde eine neue Position bei ihrem alten Arbeitgeber daraus: Sie unterstützt heute die Südamerika-Abteilung und muss viel reisen, was ihr sehr entgegenkommt. Die neue Position bietet ihr mehr Selbstständigkeit in ihrem angestammten Tätigkeitsfeld. Das gibt ihr Auftrieb und Energie, ganz anders als noch vor sechs Monaten, als sie der Chef beiseite nahm …

Rachelle hat das Glück, für ein großes Unternehmen zu arbeiten, in dem solche Versetzungen eher gegeben sind. Ihr Arbeitgeber schätzt Rachelles Begabung im Personalsektor, sieht in ihr einen Gewinn für das Unternehmen und wollte sie halten.

**Tipp:** Aber auch wenn Sie für ein kleineres Unternehmen arbeiten sollten, lässt sich mit ein bisschen Fantasie und gutem Willen oft die Stellenanforderung so verändern, dass man seinen Posten wieder gern ausfüllt.

Die meisten Menschen, die sich unterfordert oder gelangweilt fühlen, neigen dazu, das Kind mit dem Bad auszuschütten, und denken überhaupt nicht darüber nach, wie sich innerhalb des Unternehmens die Bedingungen ändern lassen.

**Achtung:** Doch Flucht ist nicht immer die richtige Antwort.

Wenn Ihr Arbeitgeber Sie schätzt, ist es in seinem ureigensten Interesse, Ihnen neue Chancen zu eröffnen. Fast immer kommt dies dem Unternehmen selbst zugute. Und wenn er Sie nicht schätzt: Irgendwo da draußen gibt es bestimmt eine Firma, die zu Ihnen passt!

Vielleicht wäre das ja die für Sie angemessene Lösung: Innerhalb der vorhandenen Lage einiges so zu verändern, dass es für Sie wieder stimmig ist. Ein gutes Mittel gegen Langeweile ist, etwas Neues zu lernen, auch wenn dieses Gefühl zurückkehrt, sobald man auch das Neue beherrscht und meistert. Deswegen ist es ja so wichtig, die genaue Ursache herauszufinden. Sonst erschöpfen sich Ihre Bemühungen in Erste-Hilfe-Maßnahmen, die nicht lange tragen.

## Der Branche treu bleiben

Wenn Sie die Chancen auf einen Branchenwechsel hinterfragt haben und zu einem negativen Ergebnis gekommen sind bzw. massive Gründe gegen eine solche Veränderung sprechen, bleibt Ihnen eine Reihe anderer Möglichkeiten. Am nächsten liegt natürlich eine Veränderung innerhalb der Branche. Entweder in demselben oder einem anderen Beruf wie bisher, doch bei einem neuen Arbeitgeber.

**Achtung:** Hier ist jedoch äußerste Vorsicht geboten.

**Beispiel:** Das zeigt der Fall von Donna. Sie erledigte alle Personalaufgaben für einen Verlag und hatte nach sechs Jahren die Arbeit gründlich satt. Sie blieb aber, weil Übernahmegerüchte kursierten – der Verlag sollte ins Visier eines Wettbewerbers geraten sein. Das erwies sich als richtig, Donna strich eine hübsche Abfindung ein, genoss den Sommer und fing im Herbst mit der Stellensuche an. Tests und Gespräche mit Freunden ergaben, dass sie im Vertrieb gut aufgehoben wäre, aber trotzdem war ihr das Risiko zu groß und sie nahm das erstbeste Angebot an: Personalsachbearbeiterin bei einer Umzugsfirma. Es war eine schlechte Wahl. Donna kam mit dem Umgangston nicht zurecht und fand die Unternehmenskultur insgesamt eher abstoßend. Sie kündigte, ohne eine Anschlussstelle zu haben, und arbeitete ein halbes Jahr lang für eine Zeitagentur. Wieder studierte sie die Stellenanzeigen, ohne auf ihre innere Stimme und den Rat ihrer Freunde zu hören. Der nächste Job war praktisch derselbe wie einst im Verlag. Zwar lag ihr diesmal der Umgangston, aber sie trat auf der Stelle, saß nach wie vor an ihrem Schreibtisch und grübelte, wo sie den Mut hernehmen sollte, um doch noch in den Vertrieb zu wechseln. Ihre Zweifel – und ihre Erziehung – erwiesen sich als stärker. Sie hatte gelernt, dass man eine gute Stelle nicht „mutwillig" aufgibt, sondern auf Gedeih und Verderb behält.

**Beispiel:** Auch David hat sich in seinem Job fürchterlich gelangweilt, obwohl er in der Unterhaltungsindustrie arbeitete. Doch nach zehn Jahren hing es ihm zum Hals heraus, auch wenn ihn neue Stellen (er hatte insgesamt dreimal gewechselt) anfangs jedes Mal fesselten, bis er die jeweiligen Ansprechpartner, die Unternehmenskultur und die neuen Aufgaben in- und auswendig kannte. Als er den Ursachen seines Überdrusses auf den Grund ging, merkte er, dass er in der Unterhaltungsbranche viele Talente nutzte, die ihn innerlich nicht berührten, und umgekehrt Talente verkümmern ließ, die ihn wirklich begeisterten. Er wollte mehr schreiben, er wollte innovative Botschaften oder Werbekampagnen entwickeln oder zumindest in einer Position arbeiten, die ihm mehr Überzeugungskraft abverlangte. Außerdem interessierte er sich für Tagespolitik und Medien. David entwickelte eine Liste von Fähigkeiten, die er unbedingt nutzen wollte, und kam auf drei Bereiche, die ihm liegen würden: Journalismus, Öffentlichkeitsarbeit, Medienberatung. Damit hatte er gefunden, was ihn auf Dauer fesseln würde.

**Tipp:** Sich innerhalb einer Branche zu verändern ist dann sinnvoll, wenn man diese Branche schätzt und liebt und noch nicht alles erreicht hat, was man dort erreichen wollte.

Es ist sinnvoll, wenn man innerhalb des eigenen Unternehmens nicht wechseln oder aufsteigen kann. In diesen Fällen müssen Sie gegenüber potenziellen neuen Arbeitgebern, etwa bei Vorstellungsgesprächen, sehr klar zum Ausdruck bringen, dass Sie nur wechseln, wenn man Ihnen eine andere Aufgabe als in Ihrem bisherigen Unternehmen zuweist. Sonst würden Sie sich spätestens nach sechs bis zwölf Monaten wieder langweilen und müssten die ganze Prozedur von neuem durchlaufen.

## Der Rückzug ins Private

Die Lösung für die unerträgliche Langeweile am Arbeitsplatz kann auch darin bestehen, seine Energie auf Dinge außerhalb der Arbeit zu konzentrieren. Jeder Erwachsene hat Interessen oder Begabungen, die wegen vordringlicher beruflicher und familiärer Verpflichtungen brachliegen.

**Hinweis:** Betrachten Sie Ihre Interessen in dem entsprechenden Test weiter vorn und wählen Sie eine aus, die Sie förmlich anspringt.

**Tipp:** Belegen Sie einen Kurs, engagieren Sie einen Coach, besuchen Sie einen Workshop.

Das muss nicht bedeuten, dass Sie die Suche nach beruflicher Veränderung ganz aufgeben. Aber es kann helfen, erst einmal in einem anderen Gebiet zu sich zu kommen und daraus die nötige Energie ziehen zu können.

Wenn Sie sich für etwas einsetzen, das Ihnen Spaß macht, das Sie aufregend, anregend, interessant und befriedigend finden, finden Sie vielleicht gleichzeitig den Schlüssel zu der Langeweile im Beruf. Wenn Sie Glück haben, finden Sie einen Weg, Ihre außerberuflichen Interessen mit dem Beruf zu verbinden. Das lässt sich auf verschiedene Weise bewerkstelligen.

Eine Möglichkeit ist, aus dem außerberuflichen Engagement einerseits das Gefühl von Intensität und Sinnhaftigkeit zu ziehen und andererseits mit dem Brotberuf den Lebensunterhalt zu bestreiten.

**Beispiel:** Das ist bei Robert der Fall. Er liebt die Fuchsjagd, besitzt zwei Pferde und verbringt praktisch jeden wachen Moment auf der Jagd oder bei geselligen Treffen mit anderen Fuchsjagd-Fans. Während der Woche wirft er sich in Anzug und Schlips und arbeitet in Atlanta für eine Zeitagentur. Der Job gefällt ihm nicht sonderlich, aber er verdient gut und kann sich sein teures Hobby leisten. Und da seine Begeisterung für die Fuchsjagd die Langeweile im Job weit überwiegt, ist es für ihn ein guter Kompromiss.

**Beispiel:** Julia hat sich für eine andere Lösung desselben Problems entschieden. Sie hat aus ihrem Hobby einen Beruf gemacht. Seit über acht Jahren hält sie neben der Arbeit Vorträge über Vertrieb, Netzwerken und Karriereplanung, einfach weil es ihr Spaß macht. Sie verlangt kaum Honorar. Von Jahr zu Jahr kommen mehr Anfragen, und irgendwann stand Julia vor der Entscheidung, ob sie ihren eigentlichen Job aufgeben sollte. Einem Bekannten fiel auf, wie lebhaft sie wurde, sobald sie über ihre Vorträge berichtete, und diese Bemerkung veränderte Julias Leben. Kurz nach diesem gemeinsamen Mittagessen kümmerte sie sich ernsthaft um eine Karriere als Berufsrednerin, eine Idee, die ihr vorher nie gekommen wäre. Bis zu diesem Augenblick hatte sie es immer nur für ein nettes Hobby gehalten.

Selten genug wird man aus einer Berufung einen Beruf machen können. Und wer sich an ein solches Unterfangen wagt, sollte es sorgfältig planen und sich psychisch wie finanziell absichern. Nach dem schicksalhaften Lunch quälte sich Julia acht Monate lang mit einem ungeliebten Übergangsjob und bereitete sich parallel auf ihre neue Laufbahn vor. Der Stress hat sich gelohnt, denn auf diese Weise konnte sie den Wechsel sanft und angstfreier bewältigen.

Wenn für Sie das Gefühl übermächtig wird, in einer Sackgasse festzusitzen, wenn Sie in Phase 3 – viel Ahnung, kein Engagement – Endlosschleifen drehen, sollten Sie die Langeweile nicht länger verdrängen, sondern akzeptieren und an sich arbeiten. Fangen Sie klein an, indem Sie etwas Neues lernen, oder betrachten Sie Ihre Tätigkeit von außen, um neue Herangehensweisen zu entdecken. Und wenn alles nicht hilft, sehen Sie sich nach einer anderen Laufbahn um.

## Dritter Schritt: Abhilfe schaffen

Wenn Sie wissen, wie Sie Ihrer Langeweile entfliehen wollen, sollten Sie die folgenden Fragen eindeutig beantworten können.

✍ Warum langweilen Sie sich im Beruf?

..........................................................................................

..........................................................................................

..........................................................................................

Lässt sich Ihr Interesse wieder beleben oder die derzeitige Aufgabe so verändern, dass Ihnen die Arbeit wieder Freude bereitet? Wie?

..........................................................................................

..........................................................................................

..........................................................................................

Wollen Sie auf einen anderen Beruf innerhalb derselben Branche umsatteln? Wenn ja, wie wollen Sie das erreichen?

..........................................................................................

..........................................................................................

..........................................................................................

Nennen Sie alle Gründe, die für einen anderen Job innerhalb derselben Branche sprechen.

.......................................................................................................................

.......................................................................................................................

Haben Sie sich für einen Berufs- und Branchenwechsel entschieden? Wenn ja, notieren Sie die geplanten Schritte in folgenden Bereichen (mit Termin!):

Selbsteinschätzung

.......................................................................................................................

.......................................................................................................................

.......................................................................................................................

Nachforschungen, Erkundigungen

.......................................................................................................................

.......................................................................................................................

Lebenslauf

.......................................................................................................................

Netzwerk aktivieren, um alles Wichtige über die anvisierte Branche in Erfahrung zu bringen und von offenen Stellen zu erfahren

.......................................................................................................................

Haben Sie ein Hobby oder Interessen, die Sie gern intensiver betreiben würden? Wenn ja, was müssten Sie dafür unternehmen?

.......................................................................................................................

.......................................................................................................................

.......................................................................................................................

Wofür Sie sich im ersten Schritt auch immer entscheiden, Sie sollten etwas – alles – tun, um dem Gefühl der Langeweile zu entrinnen. Nutzen Sie das Gefühl der Stagnation und den Eindruck, sich nur noch in eingefahrenen Geleisen zu bewegen, als Sprungbrett zu einer neuen, interessanten Tätigkeit. Sie haben die Wahl.

# 9. Endlich selbstständig!

Sie möchten um alles auf der Welt selbstständig sein? Mit diesem Wunsch stehen Sie nicht allein da. Eine Umfrage der Wirtschaftsprüfungsgesellschaft Ernst & Young ergab, dass 78 Prozent der einflussreichen Amerikaner den bestimmenden Trend des 21. Jahrhunderts im Unternehmertum sehen. Warum ist das so? Nach derselben Umfrage sind es vor allem sechs Gründe, die eine wachsende Anzahl von Menschen über den Schritt in die Selbstständigkeit nachdenken lassen:

1. Technologie
2. das wirtschaftliche Umfeld
3. gesellschaftliche Umstände
4. die Entstehung der globalen Ökonomie
5. staatliche Deregulierung
6. die Unfähigkeit großer Unternehmen zu Innovationen

Die größten Chancen liegen in einer Geschäftsübernahme. Deutschland steht wie andere vom Mittelstand geprägte Volkswirtschaften vor einem globalen Wechsel an der Spitze von mindestens 370 000 mittelständischen Unternehmen. Die Gründergeneration der goldenen 50er und 60er Jahre geht in den verdienten Ruhestand und sucht verzweifelt nach geeigneten Nachfolgern. Alarmierend ist, dass mindestens 30 Prozent der Familienunternehmen nach Expertenmeinung die Übergabe an die nächste Generation nicht schaffen wird. Wirtschaftsverbände und Ministerien haben deshalb Initiativen ins Leben gerufen, die vielfältige Unterstützung bei der Unternehmensübernahme bieten.

In der Generation X (geboren zwischen 1965 und 1978) gibt es überdurchschnittlich viele unternehmerische Geister, die nicht zögern werden, eigene Firmen zu gründen. Sie betrachten diesen Schritt, anders als die Generation vor ihnen, tendenziell nicht als riskantes Unterfangen, und diese fehlende Skepsis gilt in noch stärkerem Maße für die Generation nach ihnen. 1999 veröffentlichte *Business Weekly* eine Umfrage, nach der 65 Prozent der 14- bis 19-Jährigen Interesse an einer Unternehmensgründung bekundeten.

Allein in den Vereinigten Staaten gab es 2001 über 8 Millionen Einzelfirmen. In Deutschland meldete das Statistische Bundesamt 2002 knapp 3 Millionen umsatzsteuerpflichtige Unternehmen. Allerdings, das muss der Wahrheit zuliebe gesagt werden, gab es 2002 auch fast 40 000 Insolvenzen, vor allem im Handel, im Bau- und im Grundstücksgewerbe. Im Besonderen waren Einzelunternehmen und GmbHs betroffen. Sowohl Übernahme als auch Neugründung von Unternehmen bleiben also mit Risiken verbunden, die allerdings durch eine umfangreiche Beratung und Vorbereitung gemindert werden können.

Wenn Sie an die Gründung eines Unternehmens denken, worin liegt für Sie der Reiz? Natürlich kennen Sie das Klischee, sein eigener Herr zu sein, niemandem Rechenschaft ablegen zu müssen und keine Anweisungen ausführen zu müssen. Das stimmt – ohne Chef ist man für Erfolg wie Misserfolg selbst verantwortlich.

Es gibt noch mehr Gründe.

**Beispiele:** Catherine übernimmt als externe Dienstleisterin das Marketing für Versandhäuser: „Ich mag die Freiheit, die mit meiner Selbstständigkeit verbunden ist."

Leonard, Schriftsteller, Journalist und Psychologe, hat mit 52 eine Fortbildung zum Berater abgeschlossen: „Ich stehe auf eigenen Füßen und bin mir sehr bewusst, dass es zu Rückschlägen kommen kann, dass einem die finanziellen Mittel ausgehen können oder dass man sich manchmal sehr einsam fühlt. Aber ich ziehe sehr viel mehr Bestätigung aus meiner Tätigkeit, seit ich auf eigene Rechnung arbeite."

Barri war Betriebsleiterin in einem Start-up mit 12 Millionen Dollar Umsatz. Sie wurde krank, setzte vier Jahre lang aus und wollte dann wieder in einem Großunternehmen einsteigen. „Ich wusste fast vom ersten Tag an, dass es ein Fehler war. Inzwischen biete ich eigene Beratungen an und genieße es sehr."

Auch Maria bietet freiberuflich Beratungen und Schulungen an: „Die eigene Praxis eröffnet mir die Chance, meine Talente und Erfahrungen quer Beet einzubringen. Ich kann mir meine Zeit frei einteilen, ich arbeite viel mit japanischen Unternehmen zusammen und beantworte bis spät in die Nacht E-Mails. Dann kann ich morgens zur Wassergymnastik gehen und an einem Privatinstitut Englisch für Ausländer unterrichten.“

**Experten-Rat:** Lori Rosenkopf unterrichtet an der Wharton School Management und hat in *Success* einen Artikel veröffentlicht, in dem sie schreibt: „Man muss nicht völlig schräge Prioritäten setzen, eine gestörte Persönlichkeit haben oder wie besessen schuften, um unternehmerisch erfolgreich zu sein. Jeder Persönlichkeitstyp kann die Essenz des Unternehmerdaseins – Wertschöpfung aus innovativen Produkten und Dienstleistungen – leisten. Sie können mit Erfolg Ihr eigenes Business betreiben, egal wer Sie sind.“

Selbstständigkeit kann viele Formen annehmen: ein bestehendes Unternehmen kaufen oder selbst einen Betrieb gründen, Franchisenehmer werden, mit Zeitverträgen arbeiten oder eine freiberufliche Tätigkeit. In allen Fällen sollten Sie unbedingt die eigenen Präferenzen, Fähigkeiten, Interessen und Ihren Entwicklungsbedarf kennen.

## Erster Schritt: der Test

Es ist wichtig, die inneren Beweggründe zu kennen, gerade wenn man sein eigener Herr sein will. Wenn Sie zu den Tests am Anfang zurückblättern, sehen Sie Ihre Stärken und Schwächen, Bedürfnisse und Wünsche und können Sie in Bezug setzen zu dem Wunsch, selbstständig zu sein.

Betrachten Sie die Werte, die Sie auf Seite 43 genannt haben. Welche könnten Sie in der Selbstständigkeit noch erfüllen? Welche würden vermutlich auf der Strecke bleiben?

## Veränderungsbereitschaft

Wie hoch haben Sie in dem Test auf Seite 51 f. Ihre Veränderungsbereitschaft eingeschätzt? Freiberufler und Selbstständige werden ständig mit Veränderungen von Kunden und Klienten, vom Markt und von der Wirtschaftslage konfrontiert.

Wenn der Test ergab, dass Sie mit Neuem eher schlecht zurechtkommen, überlegen Sie sich Strategien, wie Sie Ihr Unbehagen „austricksen" oder instrumentalisieren. Sie könnten zum Beispiel ab sofort Gewohnheiten hinterfragen und ganz bewusst Dinge anders machen. Wie können Sie sich mit Veränderungen aussöhnen?

........................................................................................................ ✍

........................................................................................................

........................................................................................................

## Interessen

Häufig liefern bestimmte Interessenschwerpunkte den Anlass für die Selbstständigkeit. Betrachten Sie Ihre Ergebnisse in dem Test auf Seite 60. Wie können Sie Ihre Interessen in die geplante Selbstständigkeit einbringen?

........................................................................................................ ✍

........................................................................................................

........................................................................................................

## Besondere Fähigkeiten

Nicht zuletzt der Überdruss an Tätigkeiten, die Ihren eigenen Wünschen nicht oder nicht mehr entsprechen, könnte die Sehnsucht nach Selbstständigkeit auslösen. Auch wenn Ihnen viele Selbstständige erzählen, dass Sie als Inhaber etwa eines Restaurants zum Tellerwäscher und Gemüseschnippler aufsteigen – selbst die unangenehmen Tätigkeiten verschaffen mehr Befriedigung, wenn man sie für sich selbst tut. Nichtsdestoweniger sollte man wissen, was einem Spaß macht und danach die Selbstständigkeit planen. Betrachten Sie Ihre zehn Lieblingstätigkeiten, die Sie auf Seite 68 ermittelt haben. Womit wollen Sie den größten Teil Ihrer Zeit verbringen?

✍ ..........................................................................................................

..........................................................................................................

..........................................................................................................

## Ist die Selbstständigkeit „Ihr Ding"?

Der starke Wunsch ist die eine Voraussetzung für die Selbstständigkeit. Untersuchungen beleuchten eine Reihe weiterer Eigenschaften – Motivation, Einstellung, Charakterzüge, Werte und Überzeugungen. Sind Sie der geborene Unternehmer? Machen Sie folgenden Test:

✍

1. Sicherheit ist mir nicht so wichtig. Ja ☐ Nein ☐
2. Ich langweile mich schnell. Ja ☐ Nein ☐
3. Ich bin bereit, meine ganzen Ersparnisse in das eigene Unternehmen zu stecken. Ja ☐ Nein ☐
4. Ich bin bereit, mir notfalls auch Geld zu leihen. Ja ☐ Nein ☐
5. Ich habe das tägliche Einerlei satt und hätte wirklich gern mehr Abwechslung. Ja ☐ Nein ☐
6. Ich bin bereit, in der Anfangsphase überdurchschnittlich viel zu arbeiten. Ja ☐ Nein ☐
7. Die Vorstellung, etwas verkaufen zu müssen, schreckt mich nicht. Ja ☐ Nein ☐
8. Ich finde Netzwerke nützlich und bin gern bereit, nonstop mit Kollegen, Kunden, Interessenten, Lieferanten, Verbandsmitgliedern, Konkurrenten usw. zu reden. Ja ☐ Nein ☐

9. Ich habe bereits verschiedene Projekte initiiert oder durchgeführt. Ja □ Nein □
10. Ich arbeite gern allein. Ja □ Nein □
11. Ich arbeite lieber für mich oder mit nur einem Partner. Ja □ Nein □
12. Meine berufliche Laufbahn zeigt, dass ich mich dauernd in Situationen bringe, in denen ich mich sehr anstrengen und Neues lernen muss. Ja □ Nein □
13. Ich bin Realist und gleichzeitig von meiner Grundstimmung her sehr optimistisch. Ja □ Nein □
14. Ehepartner oder andere wichtige Personen aus meinem Umfeld unterstützen mich. Ja □ Nein □
15. Ich kann sehr bestimmt auftreten und muss nicht immer alle einzelnen Informationen haben, um Entscheidungen zu fällen. Ja □ Nein □
16. Es fällt mir nicht schwer, andere um Hilfe und Tipps zu bitten, wenn ich mir unsicher bin oder über bestimmte Dinge nicht genug weiß. Ja □ Nein □
17. Was ich anfange, ziehe ich in der Regel auch durch. Ja □ Nein □
18. Ich kann mich sogar unter extremem Stress gut selbst motivieren. Ja □ Nein □
19 Was Rück- oder Fehlschläge betrifft, bin ich ein echtes Stehaufmännchen. Ja □ Nein □
20. Probleme können mich nicht entmutigen, eher steigern solche Widerstände meine Lust, die Nuss zu knacken. Ja □ Nein □

Wie oft haben Sie mit Ja geantwortet? ..................................................

## Auswertung

15- bis 20-mal: Sie haben eine unternehmerische Einstellung und erzielen wahrscheinlich große Erfolge in einer selbstständigen Tätigkeit. Auch wenn Ihre Instinkte stimmen – bitte formulieren Sie einen hieb- und stichfesten Geschäftsplan.

10- bis 14-mal: Wenn Sie mit großer Sorgfalt einen Geschäftsplan aufstellen, die Finanzierung abklären und sich die Unterstützung von Familie und Umfeld sichern, haben Sie gute Aussichten auf eine erfolgreiche Unternehmensgründung.

9- bis 13-mal: Sie haben in bestimmten Bereichen Nachholbedarf, wenn Sie sich selbstständig machen wollen, aber wenn Sie entsprechende Kurse belegen und sich auf diese Option auch emotional ganz und gar einlassen, können Sie damit Erfolg haben. Vielleicht sollten Sie sich einen Geschäftspartner suchen oder feste Vertragsbeziehungen zu Auftraggebern knüpfen. Allerdings sollten es wirklich mehrere Auftraggeber sein, damit Sie nicht in den Verdacht der Scheinselbstständigkeit geraten.

5- bis 8-mal: Ihre Einstellung prädestiniert Sie nicht eben zum Unternehmer. Wenn Sie trotzdem selbstständig sein wollen, sollten Sie Kurse belegen, ein Mentoring anstreben und an sich arbeiten, bevor Sie das Abenteuer wagen.

1- bis 4-mal: Ihnen ist von einer Selbstständigkeit eher abzuraten. Prüfen Sie noch einmal die Gründe, warum Sie davon träumen: Was fehlt Ihnen wirklich an Ihrem Arbeitsplatz, welche Alternative könnte Ihre Bedürfnisse ebenfalls erfüllen?

**Achtung:** Unabhängig von Ihrem Testergebnis gilt: Wer sich selbstständig macht, wird Höhen und Tiefen durchleben, vor großen Hürden stehen und große Befriedigung erfahren. Eine Karriere jenseits des Angestelltendaseins birgt erhebliche Risiken. Sie sollten sich Ihrer Sache daher wirklich ganz sicher sein.

Viele Menschen glauben, als Geschäftsinhaber würde man automatisch mehr verdienen als früher, aber das kann sich als Trugschluss erweisen. Insbesondere in der Anfangszeit muss man mit viel Arbeit für wenig

Geld rechnen. Natürlich sollte der Verdienst perspektivisch nicht nur für die Grundbedürfnisse reichen. Aber ein echter Unternehmertyp zieht seine Motivation weniger aus dem Geld, das er verdienen kann. Fast immer steht der Wunsch nach einer sinnvollen Tätigkeit an erster Stelle – denn solange man für andere arbeitet, muss man deren Vorstellungen folgen. 90 Prozent der für dieses Buch befragten Personen gaben an, dass die Sinnhaftigkeit des Tuns einen höheren Stellenwert habe als die Verdienstchancen. Diese Menschen, die eine Selbstständigkeit anstrebten, sahen ihre Sinnsuche in einer Tätigkeit erfüllt, die sie im eigenen Namen ausführten.

## Zweiter Schritt: Hindernisse und Chancen ermitteln

Sie sind wild entschlossen, sich selbstständig zu machen? Also gut. Ihnen steht eine ganze Reihe von Möglichkeiten offen.

- Sie können Zeitverträge abschließen oder als Springer in verschiedene Unternehmen gehen. In den USA sind bereits 28 Prozent der Erwerbstätigen „unabhängig" und bevorzugen eine Tätigkeit als „contract worker", Schätzungen zufolge soll ihr Anteil bis 2010 auf 41 Prozent steigen. In Deutschland und anderen europäischen Ländern gibt es Firmen und Agenturen, die solche Zeitarbeit vermitteln. In diesem Fall sind Sie Angestellter der Verleihfirma, arbeiten aber – wenn auch befristet – in der Firma, die Sie ausgeliehen hat.
- Sie können als Einzelkämpfer ein Produkt oder eine Dienstleistung anbieten. Für diesen Unternehmertyp wurde in den USA Ende der neunziger Jahre der Ausdruck „soloist" populär. Er bezeichnet Menschen, die sich weniger um den Aufbau und die Organisation eines Betriebs als vielmehr um die inhaltliche Seite kümmern, also vor allen Dingen Freiberufler. In Europa kommen die freiberuflich

tätigen Dienstleister, die auf der Grundlage von Honorarverträgen eine mehr oder weniger feste Bindung an Unternehmen haben, diesem Modell wahrscheinlich am nächsten.

- Sie können sich in die Riege der Franchisenehmer einreihen. Das Konzept hat den Vorzug einer bereits vorhandenen Marke mit den dazugehörigen Marketingmaßnahmen und speziell zugeschnittener Schulungsangebote. Andererseits muss man zunächst viel Geld investieren und hat trotzdem nicht die volle Kontrolle über seine Tätigkeit. Der Wettbewerb ist groß, der Franchisegeber profitiert, gleichgültig ob Sie scheitern oder Erfolg haben – all das sollten Sie sich gründlich überlegen.
- Sie können, das nötige Kleingeld vorausgesetzt, ein gesundes, etabliertes Unternehmen kaufen oder auch eines, das saniert werden müsste, um überleben zu können. Es stehen viele Unternehmen zum Verkauf, das kann Ihnen die schwierige Gründungsphase ersparen. Im vorigen Kapitel sind wir schon kurz darauf eingegangen. Für die USA schätzt *Success,* dass 1997 Unternehmen im Wert von 200 Milliarden Dollar den Besitzer gewechselt haben – mit steigender Tendenz. Auch in Deutschland steht derzeit der Generationenwechsel in den vielen Betrieben an, die nach Ende des Zweiten Weltkriegs gegründet wurden. Sie können sich mit einem oder mehreren Partnern zusammentun und z.B. eine GbR, eine Privat-AG oder eine GmbH gründen. Wenn Ihnen diese Aussicht behagt, ist es Ihnen wahrscheinlich mit einer Unternehmensgründung sehr ernst.
- Es besteht auch die Möglichkeit, zunächst nebenberuflich ein Gewerbe oder eine freiberufliche Tätigkeit aufzubauen. Wenn Sie ein tragfähiges Konzept nachweisen können, das sich später zu einem Vollerwerb ausbauen lässt, bekommen Sie dafür staatliche Förderung.

Wie finden Sie die für Sie optimale Lösung? In den folgenden Abschnitten wird das Für und Wider der einzelnen Optionen diskutiert einschließlich einiger Fragen, die Ihnen die Entscheidung erleichtern sollen, und einiger Vorschläge, wie Sie jeweils vorgehen könnten.

## Zeitverträge

Als freier Dienstleister oder Mitarbeiter mit Zeitvertrag konzentrieren Sie sich auf Unternehmen, die Ihre speziellen Fähigkeiten benötigen und mit denen Sie ein Honorar und sonstige Konditionen, nicht zuletzt den Abgabetermin, aushandeln. Das gemeinsame Ziel ist das Wohl des Unternehmens. Was sind die Vorteile? Sie haben flexible Arbeitszeiten, können Ihren Lebenslauf um eine interessante Komponente ergänzen oder ein Tätigkeitsfeld ausprobieren, bevor Sie sich eine unbefristete Anstellung suchen. Zeitarbeit oder befristete Stellen sind die typische Einstiegsmöglichkeit.

In Deutschland nimmt sowohl die Zahl der Verleihunternehmen als auch der Arbeitnehmer zu, die dort angestellt sind. Zwar waren es im Jahr 2000 mit knapp 350 000 nur rund 1,5 Prozent aller Erwerbstätigen, die auf Zeit arbeiteten. Aber die Tendenz, vor allem in größeren Unternehmen, ist eindeutig steigend. Und das Vorurteil, dass hier nur einfache Tätigkeiten vermittelt werden, ist falsch. Sogar Führungspositionen werden mit Zeitarbeitern besetzt.

Aber auch hier ist nicht alles eitel Sonnenschein.

**Beispiel:** Ann ist Personalsachbearbeiterin und hat dank einer sehr gefragten Fähigkeit nie lange nach einer neuen Stelle suchen müssen. Mit 62 wurde es jedoch auch für sie sehr schwer, eine Vollzeitstelle zu finden. Während der Boomphase um die Jahrtausendwende herum konnte sie mehrfach bei *Fortune500*-Unternehmen aushelfen und ist froh, diese großen Namen in ihrem Lebenslauf zu haben. Dabei hat Ann aber auch die Schattenseiten kennen gelernt. Zeitverträge beinhalten in den USA oft weder Nebenleistungen noch bezahlten Urlaub, Aufstiegschancen und Status sind sehr verschieden von denen eines fest angestellten Mitarbeiters. Das Unternehmen erwartet von befristeten Kräften herausragende, aktuelle Kenntnisse, ohne seinerseits in Schulungen investieren zu wollen. Die Fortbildung wird also zur Privatangelegenheit und muss aus eigener Tasche bezahlt werden. Läuft der Zeitvertrag aus, muss man sich selbst um etwas Neues kümmern. Ein einziges Mal übernahm der Arbeitgeber für Ann im Rahmen eines Zeitvertrags die Krankenversicherung, und gerade in ihrem Alter ist das natürlich problematisch.

Zeitarbeiter sind zudem besonders abhängig von der Konjunktur. In der Zeit des großen Dot.com-Sterbens und der Entlassungswellen 2000/2001 wurde der Markt für Menschen wie Ann ziemlich eng.

In Deutschland regelt das so genannte Arbeitnehmerüberlassungsgesetz die rechtlichen Details der Zeitarbeit. Die Neuregelungen der Hartz-Gesetze (Gesetze für moderne Dienstleistungen am Arbeitsmarkt) haben den Status von Zeitarbeitern weiter verbessert. Demnach sind Zeitarbeiter voll in das Unternehmen des Entleihers integriert und haben – entsprechend einer Richtlinie des Europäischen Parlaments und des Europäischen Rates über die Arbeitsbedingungen von Leiharbeitnehmern vom 28. November 2002 – Anspruch auf vollkommene Gleichbehandlung. Dazu gehören nicht nur die Dauer der Arbeitszeit und des Urlaubs oder die Nutzung sozialer Einrichtungen. Auch Zuschläge, Ansprüche auf Entgeltfortzahlung und Sozialleistungen sowie andere Lohnbestandteile stehen dem Leiharbeiter zu. Die großen Verbände der Zeitarbeitsbranche, wie der Interessenverband Deutscher Zeitarbeitsunternehmen e.V. (IGZ) und der Branchenverband Bundesverband Zeitarbeit Personal-Dienstleistungen e.V. (BZA), haben mit der Gewerkschaft entsprechende tarifvertragliche Vereinbarungen getroffen. Fazit: Man arbeitet hierzulande nicht im rechtsfreien Raum.

**Beispiel:** Wally ist Buchhalter und hat die Übernahme seines Arbeitgebers genutzt, um sich neu zu orientieren. Die Arbeit interessierte ihn nicht mehr, und nachdem er eine ordentliche Abfindung erhalten und bei der nächsten – zeitlich befristeten – Buchhalterstelle gemerkt hatte, dass es nicht am Unternehmen, sondern an der Tätigkeit lag, bewarb er sich bei einem Start-up, wieder mit Zeitvertrag. Zum ersten Mal seit langem fühlte er sich gefordert. Noch hat er nicht entschieden, ob er sich weiterhin mit Zeitverträgen durchschlagen oder eine Festanstellung suchen will. Aber in jedem Fall hat ihm die veränderte Sichtweise neue Freude an der Arbeit beschert.

## Die Freiberuflichkeit

Wer sich allein, ohne Partner oder Franchisegeber, selbstständig macht, kann das Tempo selbst bestimmen und sich flexibel dem Markt anpassen. Andererseits muss jedes Unternehmen professionell präsentiert werden, auch wenn es nur aus einer Person besteht.

**Tipp:** Als Einzelkämpfer müssen Sie zunächst entscheiden, welchen Mehrwert Sie für Ihren Kunden schöpfen können und sich dafür hundertprozentig einsetzen.

Sie haben sich, sagen wir, als gelernte Buchhalterin dafür entschieden, für kleine Firmen die Buchhaltung zu übernehmen? Gut, trotzdem bleibt eine Reihe von Fragen wie:

- Nehmen Sie auch Privatkunden an?
- Beschränken Sie sich auf eine Branche?
- Wollen Sie nur mit Unternehmen in Ihrer Nähe arbeiten oder können Sie Ihre Dienstleistung auch über größere Entfernungen anbieten?
- Gibt es Dinge, die Sie nicht ausführen können oder wollen?
- Sagt Ihnen eine bestimmte Nische besonders zu, wollen Sie sich darauf spezialisieren?

Die Antworten auf folgende Fragen werden Ihnen helfen, Ihren persönlichen Schwerpunkt zu finden.

1. Haben Sie bestimmte Fertigkeiten erworben oder besondere Vorlieben, die Sie gern in Ihre Selbstständigkeit einbringen würden? Welche? Wer käme als Kunde in Frage?

   ..................................................................................................

   ..................................................................................................

   ..................................................................................................

2. Sehen Sie eine Marktlücke in Ihrem Tätigkeitsfeld? Wenn ja, welche?

   ..................................................................................................

   ..................................................................................................

   ..................................................................................................

3. Lässt sich derzeit ein Trend erkennen, aus dem sich ein bestimmtes Bedürfnis oder ein veränderter Zugang zu bestehenden Dienstleistungen oder Produkten ergeben wird? Wie steht es mit künftigen Trends?

   ..........................................................................................

   ..........................................................................................

   ..........................................................................................

4. Gibt es eine Nische, in der Sie sich aufgrund Ihrer Fähigkeiten oder aufgrund der Marktlage einrichten könnten? Welche?

   ..........................................................................................

5. Gibt es ein Produkt oder eine Dienstleistung, die Sie entscheidend verbessern könnten?

   ..........................................................................................

6. Gibt es ein Produkt oder eine Dienstleistung, die Sie in einem neuen Markt einführen könnten? In welchem?

   ..........................................................................................

   ..........................................................................................

7. Konnten Sie bei Firmen- oder Endkunden ein typisches Kaufverhalten beobachten, aus denen sich eine Geschäftsidee ergibt? Welche?

   ..........................................................................................

   ..........................................................................................

   ..........................................................................................

8. Kennen Sie im Ausland eine Geschäftsidee, die sich übertragen oder global ausweiten ließe?

   ..........................................................................................

   ..........................................................................................

   ..........................................................................................

**Hinweis:** Die Antwort auf derlei Fragen erfordert viel Nachdenken und Recherche. Ohne entsprechende Marktforschung lässt sich wirklich nicht sagen, ob eine Idee Chancen hat. Sie sollten also Ihre Vermutungen mit Fakten untermauern.

Marktforschung betreiben ist der etwas hochgestochene Ausdruck für Verfahren, mit denen sich Bedürfnisse von Menschen und Unternehmen ermitteln lassen, für deren Erfüllung diese Gelder bereitstellen würden. **Tipp:** Bevor Sie als Unternehmer tätig werden können, müssen Sie sehr schnell eine tragfähige, allgemein verständliche Geschäftsidee entwickeln.

Sie selbst können Ihre Idee noch so toll finden – wenn niemand oder zu wenige bereit sind, dafür zu zahlen, bleibt der Erfolg aus. Das heißt nun nicht, dass Sie Unmengen von Leuten befragen und Tausende von Euro dafür berappen sollten. Hier sind einige leicht umsetzbare Vorschläge (die allerdings nicht für alle Branchen gelten).

### Was will und braucht der Markt?

- Wenn Sie Ihren künftigen Kundenkreis bestimmt haben, können Sie potenziellen Abnehmern bestimmte normierte Fragen stellen. Das kann im persönlichen Gespräch, telefonisch, per Fax, E-Mail oder Briefpost geschehen. Bieten Sie ein kleines Präsent, etwa ein Buch, zur Belohnung, ermöglichen Sie anonyme Antworten und ermuntern Sie zu Kritik und Ablehnung. Veranstalten Sie mehrere Brainstorming-Sitzungen, die Sie nicht persönlich leiten, um Geschäftsideen zu entwickeln.
- Präsentieren Sie sich auf Messen und Kongressen, die von Ihrer Zielgruppe besucht werden.
- Lesen Sie Fachpublikationen, um von Marktzahlen und Trends zu erfahren.

Wahrscheinlich werden sich sowohl Ihr Geschäft als auch Ihre Kunden in ein oder zwei Jahren stark verändert haben. Nicht nur die Markttrends und die Zeit, auch Ihre eigenen Bedürfnisse und Vorlieben bleiben in Bewegung.

**Beispiel:** Nehmen wir Joy. Als sie sich mit Anfang 30 selbstständig machte, übernahm sie die Suche und Einstellung von Berufsanfängern für Telefonausrüster und die Produzenten von Kopierern. Außerdem bot sie die eine oder andere Verkaufsschulung an. Die Personalsuche war ihr Standbein, weil sie zuvor lange bei einer Personalvermittlung gearbeitet hatte. Mit den Jahren sank aber der Anteil der Vermittlungstätigkeit und irgendwann bot Joy nur noch Schulungen für Vertriebsmitarbeiter aus dem Verlagsgewerbe an. In letzter Zeit orientiert sie sich hin zu einer Vortragstätigkeit.

Als Selbstständiger müssen Sie nicht so tun, als seien Sie ein großes Unternehmen, Sie müssen sich zum Beispiel nicht als Vorsitzender bezeichnen oder ein Büro mit nobler Adresse anmieten. Wichtig ist allein, dass Sie professionell und glaubwürdig auftreten. Wie?

### So treten Sie glaubwürdig als Unternehmer auf

- Achten Sie auf Einheitlichkeit, gestalten Sie Werbematerial, Internetauftritt, Visitenkarte, Briefbogen usw. wieder erkennbar.
- Lassen Sie nicht gleich zu Anfang teure Broschüren drucken, Ihr Angebot kann und wird sich schnell ändern. Auch Ihr Kundenstamm wird in Bewegung bleiben.
- Beauftragen Sie einen Grafiker mit dem Entwurf eines Logos. Das ist besonders dann wichtig, wenn Sie Ihre Firma unter Ihrem eigenen Namen führen.
- Legen Sie sich einige Sätze zurecht, mit denen Sie Ihre Tätigkeit und Ihr Angebot kurz und prägnant gegenüber Interessenten und allen, mit denen Sie sprechen, erklären können. Darin sollte auch der Nutzen oder der Vorteil des Kunden enthalten sein.

  Etwas so: „Ich berate kleine und mittlere Firmen bei den Energiekosten und zeige ihnen, wie sie diese Kosten senken können. Wenn sie durch mich nicht mindestens 10 Prozent ihrer Energiekosten einsparen, berechne ich kein Honorar. Aber das ist mir bisher trotz unterschiedlichster Kunden noch nie passiert."
- Sie sollten sich in allen Bereichen Ihres Geschäfts gut auskennen, bevor Sie für eine bestimmte Tätigkeit jemanden einstellen oder

sie nach außen vergeben. Sie sollten weder mit Ihrer Buchhaltung noch mit der Gestaltung der Webseite, mit dem Marketing oder dem Verfassen von Angeboten auf Kriegsfuß stehen. Erst wenn Sie diese Bereiche beherrschen, können Sie sich auf Ihr Kerngeschäft konzentrieren.

- Suchen Sie sich drei bis fünf andere Selbstständige, mit denen Sie Freud und Leid teilen können. Ohne Austausch werden Sie sich sehr schwer tun!

Als Einzelkämpfer werden Sie ständig mit Herangehensweisen experimentieren, und das betrifft alle Aspekte des Geschäfts.

**Tipp:** Ziel sollte sein, dass Sie am Ende das anbieten, was Sie am besten können, Ihnen persönlich die größte Befriedigung bringt und sich als besonders rentabel erweist.

Ihre Zeit ist begrenzt, der Tag hat nur 24 Stunden, und deswegen ist sinnvolles Zeitmanagement für Sie ganz besonders wichtig.

## Franchisenehmer

Franchising begründet eine dauerhafte Beziehung zwischen Franchisegeber und Franchisenehmer. Der Franchisenehmer kauft sich in ein Geschäftskonzept mit vorgegebenen Produkten und/oder Dienstleistungen, einem Markennamen und einem Marketing- und Vertriebssystem ein. Anders gesagt, als Franchisenehmer investieren Sie in ein Markenkonzept.

Was spricht dafür? Die Gründungsphase verkürzt sich erheblich, die Expansion lässt sich schneller finanzieren, auch Verdienst und Marketingstärke steigen schneller.

Was dagegen? Sie müssen viel Geld investieren, ohne in Ihr eigenes Geschäft zu investieren. Was Sie tun und lassen dürfen, bestimmt der Franchisegeber zumindest mit. Innovationen sind nicht immer zulässig.

**Beispiel:** Bill Anderson ist Inhaber von drei Mailboxes Etc. (MBE) in Philadelphia und im Süden von New Jersey. Von insgesamt 3.500-MBE-

Geschäften liegen seine Läden unter den 50 umsatzstärksten. Er vertritt die Franchisenehmer im Beratungsausschuss der International Franchise Organization und ist der Sprecher des US-Boards des Interessenverbandes. Als Bill sich selbstständig machen wollte, dachte er noch nicht an Franchising, sondern hatte die Idee, dass die Verbraucher irgendwo Fotokopien machen, Päckchen aufgeben und Post abholen wollen, kurz eine Alternative zum Postamt wünschen. Er war selbst begeisterter Kunde von MBE-Geschäften und fand das Konzept gut. Schließlich ergaben seine Nachforschungen, dass der vielversprechendste Weg zur Selbstständigkeit für ihn im Franchising lag.

Jedem, der mit demselben Gedanken spielt, gibt Bill zu bedenken, dass Franchising bedeutet, ein Geschäft, nicht einen Job zu kaufen. Wer glaubt, Marketing bestünde im Auf- und Zuschließen der Ladentür, sollte besser die Finger davon lassen, sagt er. Man müsse schon an das Produkt glauben, für das man künftig eintritt. Es reicht nicht, genug Geld für den Einstieg zu haben, man muss dahinter stehen. Wer schnelle Ölwechsel anbietet, ohne das Geringste von Autos zu verstehen und ölverschmierte Hände hasst, oder wer sich ohne ausgeprägtes Faible für die Gastronomie in eine Sandwich-Kette einkauft, wird schwerlich mit seinem Franchise Erfolg haben.

Nachdem sich Bill für Mailboxes Etc. entschieden hatte, lud er den anderen Franchisenehmer der Kette in seiner Heimatstadt zum Mittagessen ein und baute den Kontakt langsam aus. Zwischen beiden entstand ein Vertrauensverhältnis, und so erfuhr Bill wichtige finanzielle Details. Der Inhaber zeigte ihm seine monatlichen Abrechnungen, Bill analysierte die Zahlen, allen voran natürlich Einnahmen, Lohnkosten sowie die fixen und variablen Ausgaben.

So konnte er sich davon überzeugen, dass Mailboxes Etc. seine Einkommensansprüche erfüllen würde, und er erwarb das Ladenlokal, das am nächsten zu seinem Wohnort lag. Inzwischen führt er drei Niederlassungen und ist glücklich und zufrieden.

Wenn Sie ernsthaft über Franchising nachdenken, sollten Sie folgende Fragen beantworten können:

1. Können Sie von Ihrer Persönlichkeit her ein Geschäft führen, dessen Konzept nicht von Ihnen selbst stammt? Oder legen Sie doch eher auf Ihren individuellen Stil Wert?
2. Wie bekannt ist der Markenname der Ketten, für die Sie sich interessieren, genießen diese einen einwandfreien, hervorragenden Ruf?
3. Gefällt Ihnen das von der Kette aufgebaute Ambiente im Geschäft selbst, können Sie sich vorstellen, jahrelang von morgens bis abends in einer solchen Umgebung zu stehen?
4. Sind Sie bereit, viel Zeit zu investieren, um so viele Franchisenehmer der Kette wie möglich anzurufen (mindestens zehn!) und möglichst viele Niederlassungen zu besichtigen?
5. Wären Sie auf das Produkt oder die Dienstleistung stolz, die Sie für die Kette vertreiben?
6. Läuft das Produkt oder die Dienstleistung der Kette auch in rezessiven Phasen?
7. Ist der Franchisegeber strategisch ausgerichtet oder nur an Marktpräsenz interessiert? Sind die Verantwortlichen in der Lage, Ihnen diese Strategie verständlich darzulegen?
8. Haben Sie sich die zukünftigen Wettbewerber in Ihrer Region genau angesehen und trauen Sie dem Markt am anvisierten Standort genug Potenzial zu?
9. In welchem Ausmaß unterstützt Sie der Franchisegeber im Tagesgeschäft?
10. Haben Sie einen renommierten Rechtsanwalt gefunden, der mit Franchiseverträgen Erfahrung hat?

## Ein Unternehmen kaufen

Rund 370 000 vor allem mittelständische Unternehmen mit rund 4,5 Millionen Arbeitsplätzen stehen in Deutschland in den kommenden fünf Jahren zum Verkauf. Dabei geht es um ein Vermögen von rund einer Milliarde Euro. In Österreich spricht der Wirtschaftsbund als größte Interessengemeinschaft der Klein- und Mittelbetriebe von 52.000 Unternehmen mit rund 440 000 Angestellten, die in den nächsten acht Jahren zu übergeben sind. Das Angebot ist also groß und vielfältig. Aber man muss natürlich das für sich Passende finden, und das ist nicht so einfach.

**Experten-Rat:** Glen Cooper ist als ehemaliger Leiter des Maine Business Brokers Network mit Sitz in Portland Sachverständiger auf diesem Gebiet. Er nennt die wichtigsten Gründe, die für den Kauf eines bestehenden Unternehmens sprechen:

**Argumente, die für eine Unternehmensübernahme sprechen**

1. Man kann auf einem Kundenstamm aufbauen.
2. Man kann sich in den meisten Fällen auf vertrauenswürdige, erfahrene Mitarbeiter stützen.
3. Die finanziellen Konditionen sind besser: Sie können mit dem Verkäufer unterschiedlichste Zahlungsmodelle aushandeln, können Banken leichter überzeugen und sogar Lieferanten oder Wiederverkäufer um Kredite oder andere Beihilfen angehen.
4. Ein bestehendes Unternehmen produziert eine Ware, die nachweislich auf Kaufinteresse stößt, und hat einen definierten Marktanteil.
5. Die Betriebsabläufe und Abteilungen – Vertrieb und Marketing, Buchhaltung, Lagerhaltung, Personalwesen und Produktion – bestehen bereits.

Wenn Sie sich über sämtliche Aspekte eines zum Verkauf stehenden Unternehmens informiert haben und alles stimmt, verspricht ein Kauf im Vergleich zur Gründung wesentlich mehr Erfolg.

Allerdings gibt es auch hier Schattenseiten.

**Mit diesen Problemen müssen Sie rechnen**

1. Die Analyse und Bestandsaufnahme über ein Unternehmen ist ermüdend und für Menschen, die mit Finanzdaten wenig Erfahrung haben, sehr schwierig.
2. Das Unternehmen, das Ihren ganz speziellen Fähigkeiten, Erfahrungen und Mitteln entspricht, suchen Sie vielleicht wie die berühmte Stecknadel im Heuhaufen. Wenn Sie bisher nur in der Dienstleistungsbranche gearbeitet haben, wäre es wahrscheinlich hinsichtlich der Lernanforderungen zu anspruchsvoll, ein Produktionsunternehmen zu kaufen, um ein Beispiel zu nennen.
3. Selbst die Unterstützung von Experten wie Rechtsanwälten, Wirtschaftsprüfern, Versicherungsvertretern und Finanzfachleuten (die Sie unbedingt in Anspruch nehmen sollten) garantiert nicht, dass Sie Probleme im Unternehmen zuverlässig aufdecken. Manche Fallen – aufgeblähte Einnahmen, erhebliche Verpflichtungen oder verpfändete Aktiva – sind trotz ihres häufigen Vorkommens schwer zu erkennen.
4. Oft bewertet die Verkaufsseite die vorhandenen Anlagen zu hoch. Sie sollten unbedingt einen unabhängigen Sachverständigen um ein Gutachten bitten. Wenn der Verkäufer andere Interessenten erwähnt, die ein Angebot abgegeben hätten, lassen Sie sich nicht unter Druck setzen: Fällen Sie Ihr Urteil in aller Ruhe und mit aller Sorgfalt.
5. Außenstände sind gerade für kleine Betriebe oft ein großes Problem. Sehen Sie sich die Rechnungen an, gehen Sie dabei mindestens ein halbes Jahr zurück und schauen Sie, wie viele säumige Zahler es gibt, um wen es sich handelt und verschaffen Sie sich so ein Bild von Cashflow und Zahlungsfähigkeit des Unternehmens.

Im Folgenden finden Sie einige Fragen, mit der Sie Ihre Entscheidung pro oder contra den Kauf eines Unternehmens untermauern können. Sie erhalten darüber hinaus Anregungen, was Sie dabei alles beachten sollten.

✍ 1. Welche beruflichen Erfahrungen bringen Sie mit (Verkauf, Herstellung, Dienstleistung, Finanzen, Hightech usw.)?

........................................................................................................

........................................................................................................

........................................................................................................

2. Wie viel Zeit möchten Sie in die Suche nach dem passenden Unternehmen investieren? Wie viele Stunden pro Tag oder Woche wollen Sie dieser Suche widmen?

........................................................................................................

3. Würden Sie lange Fahrzeiten oder einen Umzug in Kauf nehmen?

........................................................................................................

4. Wie stark möchten Sie sich in der Unternehmensführung engagieren? Sehen Sie sich eher als Geldgeber, der anderen das Tagesgeschäft überlässt, oder wollen Sie das Ruder selbst in die Hand nehmen?

........................................................................................................

5. Können Sie sich auf zahlreiche informelle Kontakte zu Beratern, Lieferanten und potenziellen Kunden stützen? Wen können Sie namentlich nennen?

........................................................................................................

........................................................................................................

........................................................................................................

6. Wie groß soll das gewünschte Unternehmen sein?

........................................................................................................

7. Bevorzugen Sie ein Unternehmen mit stetem Wachstum und solidem Cash Flow (Zufluss an flüssigen Mitteln) oder eins mit hohem Wachstumspotenzial, aber unstetem Cash Flow?

........................................................................................................

........................................................................................................

........................................................................................................

8. Können Sie sich vorstellen, ein Unternehmen vor dem Untergang zu retten?

   ............................................................................................

9. Wie viel Geld steht Ihnen zur Verfügung, einschließlich liquider Vermögenswerte, Gewinnanteile, Aktien, Anleihen und Ersparnissen?

   ............................................................................................

   ............................................................................................

   ............................................................................................

10. Kennen Sie Bankiers, Risikokapitalgeber oder andere Investoren? Wen können Sie namentlich nennen?

    ............................................................................................

    ............................................................................................

    ............................................................................................

11. Wie schnell müssen die ersten Einnahmen fließen?

    ............................................................................................

Das sind Anhaltspunkte, über die sich intensives Nachdenken lohnt. **Achtung:** Schränken Sie Ihre Suche auf keinen Fall zu früh ein. Beziehen Sie ähnliche oder komplementäre Branchen ein, an die Sie anfangs vielleicht gar nicht gedacht hätten.

Wenn Sie beispielsweise als begeisterte Sportlerin ausschließlich nach Sportgeschäften Ausschau halten, vergeben Sie sich eventuell Chancen mit einer Sportzeitschrift oder einem auf Sportartikel spezialisierten Internetanbieter.

Wenn Sie nicht so recht wissen, wie Sie von Unternehmen erfahren, die zum Verkauf anstehen, folgen nun einige Tipps.

- Achten Sie auf Gerüchte, die bei Berufskollegen, Freunden und Bekannten im Umlauf sind.
- Fragen Sie vertrauenswürdige Ratgeber: Ihren Rechtsanwalt, Wirtschaftsprüfer, Bankbetreuer, Arzt oder Zahnarzt.

- Berufsverbände sind eine gute Informationsquelle, wenn Sie sich für eine bestimmte Branche entschieden haben. Es gibt immer Ortsgruppentreffen, Verbandsmitteilungen und Angebote auf (meist nur den Mitgliedern zugänglichen) Internetseiten.
- Informieren Sie sich im für Sie zuständigen Wirtschaftsministerium, bei der Handels- oder Handwerkskammer. Auch die Mittelstandsbank ist eine gute Adresse. In Deutschland gibt es zum Beispiel die „Initiative Unternehmensnachfolge NEXXT" (www.nexxt.de), eine Plattform mit allen Informationen rund um das Thema.
- Kaltkontake können den gewünschten Erfolg bringen. Rufen Sie auf Verdacht bei Unternehmen an, die Sie interessieren. Die Adresse finden Sie in den Gelben Seiten oder von der örtlichen IHK oder einfach, indem Sie auf die Werbung achten. So erfahren Sie von Verkaufsabsichten, noch bevor die Sache an einen Makler oder in die Zeitung kommt.
- Lesen Sie die Kleinanzeigen in Tageszeitung und Branchenblättern.
- Durchsuchen Sie das Internet nach Branchen oder auf Unternehmen spezialisierte Makler. Oder sehen Sie sich die Internetauftritte von Unternehmen an, für die Sie sich interessieren.
- Wenn Sie einen Makler in Anspruch nehmen, denken Sie daran, dass er für den Verkäufer arbeitet. Er vertritt nicht Ihre Interessen. Ein erfolgreicher Makler wird Ihnen in dem von Ihnen gewünschten Gebiet zahlreiche Angebote unterbreiten können.

Denken Sie daran: Wenn ein Geschäftsinhaber sein „Baby" verkauft, neigt er dazu, sowohl das Unternehmen als auch die emotionalen Aspekte des Verkaufs überzubewerten. Eine sorgfältige Analyse kostet Zeit und Geld, zahlt sich langfristig aber in jedem Fall aus. Wenn Sie die Suche strukturiert angehen, sind Sie trotzdem in absehbarer Zeit stolzer Besitzer eines etablierten, rentablen Betriebs.

## Ein Unternehmen gründen

Wer mit einem Partner ein Unternehmen gründen oder ein Geschäft eröffnen will, lässt sich auf ein eheähnliches Verhältnis ein. Um Erfolg zu haben, muss man dieselben Werte vertreten, im Alltag zusammenpassen und die Schwächen des anderen akzeptieren können. Am wichtigsten ist jedoch das gegenseitige Vertrauen.

Manche entwickeln erst die Geschäftidee und suchen dann einen Partner, andere sprechen zunächst mit potenziellen Partnern und überlegen dann gemeinsam, welches Unternehmen passen könnte. So oder so sollte man sich den- oder diejenige sehr genau betrachten, mit dem oder der man unter Umständen mehr Zeit als mit dem Ehepartner verbringen wird. Es folgen einige Punkte, nach dem Sie künftige Partner beurteilen können:

### So checken Sie potenzielle Geschäftspartner

- Arbeiten Sie zunächst in Projekten zusammen, bevor Sie eine GbR oder ein gemeinsames Unternehmen in anderer Rechtsform gründen. So kann man den jeweiligen Arbeitsstil und den Umgang mit Problemen kennen lernen.
- Diskutieren Sie gemeinsam sehr gründlich über die jeweilige Sicht des geplanten Unternehmens. Wie soll es aussehen, wohin soll die Reise gehen? Sind Sie sich einig oder liegen Welten zwischen beiden Auffassungen?
- Vorsicht ist geboten, wenn sich beide Partner zu ähnlich sind. Unterschiedliche Stärken und Schwächen ergänzen sich oft und sind prinzipiell ein Gewinn.
- Stellen Sie sicher, dass beide Partner finanziell und juristisch Verantwortung für das gemeinsame Unternehmen tragen.
- Diskutieren Sie die Zuständigkeiten genau aus.
- Wenn Sie sich im Grundsatz einig sind, halten Sie die Erwartungen hinsichtlich Verantwortlichkeit und Aufgaben schriftlich fest.
- Beauftragen Sie einen Rechtsanwalt mit der Ausarbeitung des Gesellschaftervertrags. Wichtig ist vor allem, wie die Zusammenarbeit gegebenenfalls beendet werden kann. Die Konditionen sollten vollkommen klar sein.
- Schauen Sie sich verschiedene Gesellschaftsformen an: Privatfirma, GmbH, GbR oder AG (die durchaus auch für kleine Unternehmen interessant sein kann), und wählen Sie die für Ihr Geschäft passende aus.

Ein gemeinsam betriebenes Unternehmen verlangt ununterbrochene Kommunikation und harte Arbeit, kann sich aber wirklich auszahlen, wenn man den richtigen Partner findet, mit dem man den Traum von der Selbstständigkeit teilt.

## Die häufigsten Hürden

Alle vorgestellten Formen der Selbstständigkeit haben ihre Tücken. Hindernisse sollte man so früh wie möglich angehen, bevor sie sich zu einer ernsthaften Bedrohung auswachsen können.

**Verkaufen.** Ob es Ihnen liegt oder nicht: Selbstständige müssen ständig verkaufen. Insofern sind Stehvermögen in Verkaufsgesprächen und die Fähigkeit, Dinge oder Dienstleistungen an den Mann zu bringen, die wichtigsten Eigenschaften, die Sie mitbringen müssen.

Wenn Sie nie im Vertrieb tätig waren, möglichst mit Leitungsverantwortung, ist Ihnen der gesamte Bereich vermutlich völlig fremd.

**Achtung:** Ihnen fehlen in diesem Fall wahrscheinlich einschlägige Erfahrungen, vielleicht haben Sie sogar einen Widerwillen gegen das Verkaufen oder sträuben sich gegen die Vorstellung, damit Ihre Zeit hinzubringen.

Aber wenn Sie unternehmerisch tätig sein wollen, müssen Sie derlei Ängste und Vorurteile abbauen und sich mit dem Gedanken anfreunden, als professionelle Verkaufskraft zu arbeiten. Emotionale oder mentale Vorbehalte sind definitiv fehl am Platz.

Wenn nötig, können Sie sich von einem Vertriebsprofi coachen lassen. **Tipp:** Manche Unternehmensberatungen haben sich auf Verkaufsschulungen für Existenzgründer und kleine Betriebe spezialisiert. Auch private Lehrinstitute oder Universitäten bieten Workshops oder Kurse in unterschiedlichster Form an. Darüber hinaus wurden unzählige Bücher zum Thema geschrieben, die sich auch an blutige Anfänger richten.

Wenn Sie sich für die Selbstständigkeit entschieden haben, sollten Sie Ihre Kenntnisse und Fähigkeiten im Vertrieb schulen. Warten Sie auf keinen Fall, bis Sie Ihr Unternehmen schon eröffnet haben. Die beste Schule ist der Verkauf selbst. Verkaufen Sie und bleiben Sie dabei. Fangen Sie jetzt damit an, anderen Ihre Geschäftsidee zu verkaufen.

Wenn Sie einen Marketingplan und Vertriebsziele entwickelt haben (den Grundpfeilern eines jeden Geschäftsplans, vgl. Schritt 4 auf Seite 179) und sich mit Ihrem geplanten Unternehmen identifizieren, wird das Verkaufen leichter sein, als Sie denken. Verkaufstechniken lassen sich wie alles auch lernen. Erfolg ist eher eine Frage gezielt eingesetzter Lernerfolge, als dass es darauf ankäme, besonders extrovertiert, dynamisch und smart zu sein. Die größte Herausforderung für jedes Unternehmen liegt in der Koordination von Auftragseingang und Produktion bzw. termingerechter Lieferung des Auftrags. Aufträge sollten möglichst kontinuierlich hereinkommen. Das lässt sich vor allem mit Konzentration und Disziplin erreichen.

**Cash Flow.** Zu den größten Unsicherheiten im Zuge einer Selbstständigkeit gehören regelmäßige Einnahmen und die Frage, ob man seine beruflichen und privaten Fixkosten bestreiten kann. Die Sorge ist nur allzu berechtigt. In einer vollkommeneren Welt würde nur derjenige ein Geschäft aufbauen, der zwölf bis 18 Monate vorfinanzieren kann, um den Höhen und Tiefen einer Existenzgründung (oder eigentlich jedes Geschäfts) vorzubeugen. Doch die wenigsten Menschen können so viel Geld ansparen und stürzen sich mit geringeren Sicherheiten in das Abenteuer. Wie reagiert man also richtig?

**Tipp:** Wenn Sie den Start in die Selbstständigkeit um sechs bis acht Monate hinauszögern können, um mehr Rücklagen zu bilden, sollten Sie es tun.

Wenn Sie jedoch auf die Geldfrage wie das Kaninchen auf die Schlange reagieren, sollten Sie sich einen Termin setzen und daran festhalten.

Die meisten Existenzgründer haben Ersparnisse, eine Kreditkarte mit hohem Verfügungsrahmen, Darlehen von Freunden und Familienmitgliedern und Abfindungen. Mehr als Ihnen zur Verfügung steht, können Sie nicht investieren, daran ist leider nicht zu rütteln.

**Beispiel:** Elisabeth ließ sich die Rentenversicherung auszahlen, die ihr letzter Arbeitgeber für sie abgeschlossen hatte. Davon konnte sie vier Monate lang sämtliche Ausgaben bestreiten. Die meisten Berater und Wirtschaftsprüfer würden von dieser Strategie abraten, aber für Elisabeth war es zu diesem Zeitpunkt die einzige Möglichkeit. Ob der enge Zeitrahmen von nur vier Monaten sie gestresst hat? Und ob! Allerdings konnte Elisabeth darüber hinaus auf Freunde rechnen, die ihr im Fall des Falles Geld leihen wollten. Die Angst motivierte sie zu Höchstleistungen. Sie hatte jede einzelne Ausgabe durchgeplant und war sich stärker als je zuvor in ihrem Leben bewusst, wie viel Geld sie benötigte.

So können Sie Ihren Einnahmen auf die Sprünge helfen, nachdem Sie Ihr Unternehmen gegründet haben:

### So sichern Sie Ihre Einnahmen

- Bieten Sie Skonto, wenn Zahlungen innerhalb einer bestimmten Frist eingehen. Die Zahlstellen sind meist angehalten, Skonto-Rechnungen vorzuziehen.
- Verlangen Sie bei großen Projekten oder umfangreichen Auftragsvolumina Vorschuss. Halten Sie die genauen Zahlungsbedingungen vertraglich fest.
- Verlangen Sie monatliche Abschlagszahlungen bei langfristigen Aufträgen. So signalisieren Sie dem Auftraggeber nebenbei, dass Sie Wert auf die Kundenbeziehung legen und für ihn da sind.
- Bieten Sie Service-Pakete oder Nachfolgeprodukte als Bestandteil Ihrer Leistung für den Kunden an. Damit helfen Sie Ihren Einnahmen auf die Sprünge und verstetigen diese vor allem.
- Verlangen Sie realistische Preise. Nur weil Sie neu sind, müssen Sie Ihre Arbeit oder Ihre Waren nicht unter Wert verkaufen. Erkundigen Sie sich bei Wettbewerbern nach deren Preisgestaltung und fragen Sie Klienten, was sie bei Konkurrenten zahlen müssten.
- Setzen Sie sich Termine für das Eintreiben von Forderungen und entwickeln Sie eine Strategie, wie Sie säumigen Zahlern beikommen. Nutzen Sie wenn nötig ohne Scheu die Hilfe Dritter.

**Mangelnde Unterstützung, fehlende Ressourcen, keine Rückmeldung.** Selbstständige leiden manchmal unter Einsamkeit. Gerade den Einzelkämpfern fehlen Kontakte und Mittel, meist dann, wenn man sie am dringendsten braucht. Selbst der, der Mitarbeiter hat, bekommt nicht immer die Unterstützung, die er sich wünscht. Deswegen sollten Sie Gelegenheiten schaffen, um diese oft unerfüllten Bedürfnisse zu befriedigen.

Kontakte und Gespräche – neudeutsch Networken – sind im Dienst guter Umsatzzahlen unentbehrlich. In professionellen Netzwerken kann man Menschen mit ähnlichen Problemen und Erfahrungen treffen und von ihnen lernen. Es gibt zahlreiche Verbände und Zirkel, die sich auf regionaler oder nationaler Ebene selbst organisieren. Fragen Sie alle Ihre Bekannten, welchen Gruppen sie angehören und welche davon ihrer Meinung nach besonders wertvoll sind.

**Tipp:** Verlegen Sie sich nicht erst auf Netzwerkarbeit, wenn der Auftragseingang stockt oder Sie ein schlechtes Gewissen ob Ihrer Untätigkeit bekommen. Planen Sie es fest in Ihren Wochenablauf ein.

Ein kleiner Beraterkreis aus Menschen mit unterschiedlichen Erfahrungen in punkto Selbstständigkeit bietet hervorragende Lernmöglichkeiten und die Chance auf Erfahrungsaustausch. Sie könnten regelrechte Meetings anberaumen oder sich eher informell und nach Bedarf treffen.

Ein professioneller Coach, der sich auf die Beratung von Existenzgründern spezialisiert hat, bietet fortlaufende Unterstützung, die Sie schon deswegen ernst nehmen werden, weil Sie dafür bezahlen.

Beziehen Sie Ihre Familie in die Existenzgründung ein. Sie werden mehr als je zuvor arbeiten müssen und deswegen weniger Zeit für Ihre Lieben haben. Wenn Sie alle um Rat fragen, werden Sie ganz unterschiedliche Blickwinkel kennen lernen und manchmal von tollen Ideen überrascht.

**Arbeit und Leben.** Wenn Sie Erfolg mit einem eigenen Unternehmen oder in der Selbstständigkeit haben wollen, müssen Sie fraglos härter und häufiger arbeiten als je in Ihrem Angestelltendasein. Außerdem verwischen sich Beruf und Freizeit, nicht zuletzt weil Sie dank neuer Technologien von zu Hause aus und rund um die Uhr arbeiten können, aber auch, weil es immer etwas zu tun gibt. Selbst wenn Sie eine Anwältin, einen Buchhalter und einen Assistenten beschäftigen oder die Lohnabrechnungen von einer Fremdfirma erledigen lassen, sind Sie für alles und jeden in Ihrem Unternehmen verantwortlich. Da gibt es Pläne auszuarbeiten, Ideen zu entwickeln, Verkaufsgespräche zu führen, die Webseite zu aktualisieren und Probleme zu lösen. Es reißt nie ab.

**Tipp:** Schreiben Sie sich noch vor dem Startschuss auf, wie viele Stunden Sie pro Woche oder Monat folgenden Bereichen widmen. Wenn Sie unsicher sind, denken Sie an typische Wochen und zählen Sie nach. Schreiben Sie außerdem auf, wie viel Zeit Sie für die jeweiligen Dinge in der Gründungsphase aufbringen würden.

✍ Arbeit ....................................................
Fahrtzeit ....................................................
Hobbys ....................................................
Sport ....................................................
Urlaub ....................................................
Familie und Verwandte ....................................................
Kirche oder spirituelle Besinnung ....................................................
Gemeinnützige Arbeit ....................................................
Private Erledigungen ....................................................
Andere (ergänzen Sie nach Bedarf) ....................................................

**Hinweis:** Betrachten Sie die Liste alle drei Monate und prüfen Sie, ob Sie in der Selbstständigkeit die gewünschte Balance erreicht haben. Zumindest die Anfangsphase ist für jeden Selbstständigen mit sehr viel Engagement verbunden – es kann dauern, bis sich in Ihrem Leben wieder Ausgewogenheit einstellt.

## Dritter Schritt: Abhilfe schaffen

### Die Vision

Es ist ein Klischee, dass jeder etwas anderes unter Erfolg versteht, und trotzdem sollte man das auf keinen Fall vergessen. Bevor Sie Ihr eigenes Unternehmen starten, sollten Sie darum Ihre Vision von Erfolg in Bezug auf dieses Unternehmen ausformulieren und sich selbst und Ihrer Familie vorlegen.

**Hinweis:** Im nächsten Abschnitt werden Sie erfahren, wie Sie einen Geschäftsplan ausarbeiten einschließlich der Kriterien, anhand welcher Kennziffern Sie Ihren Erfolg messen können. Aber das ist nur ein Teil dessen, wie Sie Erfolg definieren und messen. Erst ein kurzes Statement, welche Vision Sie mit Ihrem Unternehmen verfolgen, bringt Ihr Geschäftskonzept auf den Punkt. Die Vision beinhaltet, welche Gestalt Ihr Unternehmen annehmen soll. Meist gehört das so genannte einmalige Verkaufsargument dazu: Was unterscheidet Ihr Angebot von allen Wettbewerbern? Was ist das Besondere daran?

Hier ein Beispiel für eine Vision: National als führender Beratungsdienstleister mit innovativen Schulungsansätzen im Bereich Personalentwicklung anerkannt werden.

Welche Vision verfolgen Sie?

.................................................................................................... ✍

....................................................................................................

....................................................................................................

## Unternehmensplanung

Unabhängig von der Art des Unternehmens ist ein Geschäftsplan sehr wichtig. Sie müssen ihn ohnehin vorlegen, wenn Sie Finanzmittel aufnehmen wollen, ob nun der Bank, einem privaten Geldgeber oder einem Venture Capitalist. Auch wenn Sie den Start ausschließlich aus der eigenen Tasche finanzieren wollen: Die Planung selbst ist mindestens so wertvoll wie der fertige Entwurf.

**Tipp:** Es gibt verschiedene Computerprogramme, die Sie bei dieser Tätigkeit unterstützen, und unzählige Bücher zum Thema. Im Grundsatz muss jeder Business Plan folgende Elemente enthalten: Firmenüberblick, Executive Summary, Marketing-, Management- und Finanzplan.

Der **Firmenüberblick** enthält kurz- und langfristige Ziele hinsichtlich Umsatz, Gewinn, Marktanteil und anderer betriebswirtschaftlicher Kennziffern für den Unternehmenserfolg. Dazu kommen Typ des Unternehmens (Übernahme eines bestehenden Unternehmens, Franchise, Unternehmensgründung) sowie die geplante Rechtsform. Vielleicht hat Ihnen ein Rechtsanwalt oder Wirtschaftsprüfer zur GmbH oder zur GbR geraten, vielleicht wollen Sie als Einzelkaufmann auftreten oder mit anderen eine nicht-börsennotierte AG gründen. Die Rechtsform wirkt sich vor allem auf Haftungs- und Steuerfragen aus. Im Quellenteil am Schluss des Buches finden Sie einige Literaturangaben dazu. Wie in Deutschland ist auch in Österreich die GmbH die am häufigsten gewählte Gesellschaftsform, beide sind dank EU-Recht vergleichbar. In der Schweiz hingegen wird die GmbH kaum gewählt, hier spielt die AG die Hauptrolle, die von mindestens drei Aktionären gegründet werden muss (siehe auch: www.gruenderstadt.de).

Zusätzlich sollten die Steuern aufgezählt werden, die Sie als Unternehmer und Arbeitgeber zahlen müssen, außerdem die rechtlichen Voraussetzungen: Lizenzen, notwendige Qualifikationen sowie staatliche Vorschriften. Den Abschluss bilden die Versicherungen, die Sie abschließen werden, und die Beratungsinstanzen, an die Sie sich wenden wollen.

Das **Executive Summary** ist eine kurze, höchstens drei Seiten lange Kurzbeschreibung des Unternehmens, die Aufmerksamkeit wecken soll. Sie enthält die Marktlücke, in die Sie stoßen wollen, Zahlen und Fakten über die Zielgruppe, eine wettbewerbsfähige Strategie, die Führungscrew (falls Ihr Unternehmen so groß sein sollte) und eine Übersicht über die finanziellen Verhältnisse. Es ist der schwierigste Teil des Geschäftsplans, Sie sollten ihn ganz zum Schluss schreiben, da er den größten Eindruck beim Leser und potenziellen Geldgeber hinterlässt.

Der **Marketingplan** beschreibt, vereinfacht gesagt, wie das Geld hereinkommen soll. Trotz des Ausdrucks Marketing geht es vor allem um den Vertrieb. Dargestellt werden sollen die Grundzüge, wie sich Produkte oder Dienstleistungen auf dem Markt durchsetzen sollen, wie künftige Kunden darauf aufmerksam werden sollen und wie viel die Produkte oder Dienstleistungen kosten sollen. Um einen Marketingplan zu schreiben, können Sie sich folgende Fragen stellen:

### So kommen Sie zu einem Marketingplan

1. Was wollen Sie herstellen, oder welche Dienstleistung wollen Sie anbieten?
2. Wem wollen Sie dies anbieten (potenzielle Kunden), warum sollte ein Kunde sich für dieses Angebot entscheiden?
3. Wie viele potenzielle Kunden gibt es, wo sind sie zu finden?
4. Welche Wettbewerber sind am Markt, wie erobern Sie einen Teil dieses Marktes?
5. Welche Preise wollen Sie berechnen, wie kalkulieren Sie diese Preise?
6. Wie und wohin liefern Sie Ihr Produkt bzw. Ihre Dienstleistung?
7. Wie bewerben Sie Ihr Geschäft (Internet, Anzeigen, Direktverkauf, Netzwerken usw.)?
8. Wie halten Sie Kunden (Umgang mit Beschwerden, Kundendienst)?

Der **Managementplan** ist das Gegenstück zum Marketingplan und beschreibt, wie das eingenommene Geld wieder ausgegeben wird und wie das Unternehmen sowie die internen Abläufe organisiert sind. Folgende Fragen bieten Anhaltspunkte:

1. Wie nennen Sie Ihr Unternehmen? Sie sollten überprüfen, ob der geplante Name bereits vergeben ist. Prüfen Sie auch, ob der Name im Internet noch frei ist, fragen Sie bei der IHK nach, durchsuchen Sie Telefonbuch-CDs und Branchenpublikationen. Im Internet direkt ist die Adresse www.denic.de zu empfehlen. Dort kann getestet werden, ob Ihr gewünschter Name noch zu haben ist. Sie können Ihren Namen auch schützen lassen, in Deutschland ist dafür das Patent- und Markenamt zuständig. In der Schweiz kümmert sich das Eidgenössische Institut für Geistiges Eigentum mit Sitz in Bern um die Belange des geistigen Eigentums in der Schweiz (www.ige.ch). Vor einer Markenanmeldung muss der Interessent allerdings selbst eine Recherche im Han-

dels- und Markenregister durchführen und ermitteln, ob die Marke in identischer oder ähnlicher Form bereits existiert, bzw. das IGE mit einer solchen Marken- und Firmennamenrecherche beauftragen.

2. Wie wollen Sie Ihr Unternehmen im Tagesgeschäft führen?
3. Wo wollen Sie sich räumlich ansiedeln? Die Standortfrage ist für Restaurants und Handwerksbetriebe entscheidend, für einen freiberuflich arbeitenden Berater oder Journalisten hingegen irrelevant.
4. Welche Geräte und Möbel benötigen Sie? Was werden diese Gegenstände kosten?
5. Welche Telekommunikations- und Büroausstattung benötigen Sie und was wird das kosten?
6. Benötigen Sie ein Lager? Müssen Sie Vorratshaltung betreiben? Von wem wollen Sie sich zu welchem Preis beliefern lassen?
7. Wollen Sie Mitarbeiter einstellen? Welche Fähigkeiten, Kenntnisse und Qualifikationen müssen diese vorweisen? Welches Gehalt wollen Sie ihnen zahlen?
8. Wie umfangreich wird Ihre Buchhaltung? Wie behalten Sie den Überblick über Steuern, Versicherungsbeiträge, Miet- oder Leasingzahlungen, Gehaltsüberweisungen und Lohnnebenkosten usw.?
9. Wer erledigt die Buchhaltung und den Jahresabschluss?

Der **Finanzplan** übersetzt den Geschäftsplan in Euro und Cent. Sie beziffern hier, wie viel die Anfangsphase verschlingen wird, wie hoch die Betriebskosten mindestens für das erste Jahr zu Buche schlagen, wie viel Sie einnehmen und wie viel Sie ausleihen müssen, um Ihrer Vision zur Realität zu verhelfen.

Sie sollten Ihre Kosten für das erste Jahr oder bis zum Breakeven kennen. Dazu gehört jede einzelne Ausgabe: Miete, Strom und Wasser, Steuern, Gehälter und Lohnnebenkosten, Porto, Marketingkosten, Büromaterial und so weiter und so fort. Einfach alles! Diese Informationen ergeben Ihr Budget für das erste und jedes Folgejahr.

Sie sollten darstellen, wie viel Geld Sie im ersten Jahr einnehmen wollen, und den Gesamtbetrag beziffern, den Sie anfangs und im laufenden Betrieb benötigen.

Notieren Sie den Betrag, den Sie aus eigener Tasche zahlen wollen (Ersparnisse, Abfindungen oder das Beleihen einer Immobilie), und den Betrag, den Sie sich von Freunden oder Verwandten leihen wollen.

Wenn Sie einen Kredit aufnehmen müssen, werden Sie über alle Details Ihres Geschäftsplans, Ihre bisherigen Erfahrungen und Ihre Managementqualitäten Auskunft geben müssen. Auch Ihre persönlichen Finanzverhältnisse interessieren die Banken und andere Geldgeber.

Sie können zusätzlich Ihren Lebenslauf, Referenzen von potenziellen Kunden und Lieferanten, bereits abgeschlossene Verträge oder ein Organigramm des geplanten Unternehmens beifügen.

Selbst wenn Sie in der Anfangsphase auf einen Geschäftsplan verzichten, kann es sehr nützlich sein, die Übung bei einer geplanten Ausweitung nachzuholen. Auch wenn die ersten Probleme auftreten, kann ein Geschäftsplan aufzeigen, wo es hakt. Vielleicht kommen Sie auch irgendwann an den Punkt, an dem Sie die Geschäfte strukturierter angehen wollen: Hier empfiehlt sich ebenfalls die Aufstellung eines Geschäftsplans. Natürlich ist es am günstigsten, ihn noch vor dem Schritt in die Selbstständigkeit zu entwickeln, aber das macht nicht jeder.

## 26 Dinge, die Sie vorher erledigen können

In der Gründungsphase gibt es einige Dinge, die Sie erledigen sollten. Bedenken Sie, dass sich die folgenden Vorschläge nicht für jede Form der Selbstständigkeit eignen. Kreuzen Sie jene an, die Sie abgearbeitet haben.

1. Sprechen Sie mit drei Unternehmern und bitten Sie um Tipps. ☐
2. Benennen Sie Ihre Nische und formulieren Sie einen Satz, was das Besondere Ihres Unternehmens ist. Das ist nicht dasselbe wie die Vision. ☐
3. Lassen Sie sich zwei, drei Wirtschaftsprüfer empfehlen und sprechen Sie mit diesen. ☐

4. Sprechen Sie mit einem Rechtsanwalt und einem Finanzberater, die Ihnen empfohlen wurden. ☐
5. Schließen Sie eine Berufsunfähigkeitsversicherung ab, bevor Sie Ihre Stelle kündigen. ☐
6. Überprüfen Sie Ihre Optionen hinsichtlich der Krankenversicherung. ☐
7. Geben Sie Ihrem Unternehmen einen Namen. ☐
8. Entscheiden Sie sich für eine Rechtsform: GmbH, GbR, AG, Einzelfirma … ☐
9. Holen Sie sich eine Betriebsnummer, um die Sozialversicherungen Ihrer Angestellten abzuwickeln. ☐
10. Erwerben Sie Lizenzen, besorgen Sie alle Genehmigungen. Je nach Geschäftsart müssen Sie sich an die Kommune, das Land oder an staatliche Stellen, an das Gesundheitsamt, die Gewerbeaufsicht oder andere Behörden wenden. ☐
11. Richten Sie eine Webseite ein. ☐
12. Erfassen Sie Ihr Privatvermögen. ☐
13. Ermitteln Sie Ihre Privatausgaben. ☐
14. Wenn Sie Kredite benötigen, sollten Sie dies aus der ungekündigten Stellung heraus regeln. ☐
15. Suchen Sie einen geeigneten Standort. Wenn Sie (zunächst) von zu Hause aus arbeiten wollen, klären Sie die steuerliche Seite. Wenn Sie ein Einzelhandelsgeschäft eröffnen wollen, sollten Sie die Erreichbarkeit, Nähe zu Konkurrenzgeschäften, Steuer- und Versicherungsfragen, die Versorgung mit Strom, Gas und Wasser sowie die Wartung bedenken. ☐
16. Eröffnen Sie ein Geschäftskonto. ☐
17. Kümmern Sie sich um die notwendigen Geräte. Sie werden wahrscheinlich nicht ohne Computer, Drucker, Scanner, Modem, DSL- oder ISDN-Anschluss, Fotokopierer, Festnetz- und Mobiltelefon, Frankiermaschine und anderes mehr auskommen. ☐

18. Vergewissern Sie sich, dass Ihnen im Fall der Fälle Service gewährt wird. ☐
19. Lassen Sie sich von einem Grafiker ein Logo, eine Visitenkarte und einen Briefbogen sowie weitere Hilfsmittel für den Schriftverkehr entwerfen und in einer Druckerei herstellen. ☐
20. Suchen Sie in den Gelben Seiten, auf Messen, in Einkaufsführern, Branchenblättern und über Empfehlungen nach zuverlässigen Lieferanten. ☐
21. Geschäftsleute können bei Kreditkartengesellschaften einen Sonderstatus erhalten. Fragen Sie bei American Express, Visa oder Master Card nach. ☐
22. Entwerfen Sie einen Kredit- oder Teilzahlungsantrag für Ihre Kunden. ☐
23. Schalten Sie im Internet und der lokalen Tagespresse Eröffnungsanzeigen. ☐
24. Bereiten Sie ein Bewerbungsverfahren vor, das den gesetzlichen Anforderungen genügt. ☐
25. Schließen Sie Geschäftsinhalts- und Haftpflichtversicherung ab, versichern Sie sich unter Umständen auch gegen Betriebsunterbrechung, Schäden am Fuhrpark usw. ☐
26. Pflegen Sie bestehende Beziehungen, knüpfen Sie neue Kontakte und tätigen Sie Abschlüsse. ☐

In Ihrem eigenen Unternehmen bestimmen Sie selbst jedes Detail. Sie geben die Richtung vor und entscheiden, Sie drücken dem Unternehmen Ihren Stempel auf. Wie schön das sein kann, zeigen die folgenden Beispiele.

**Beispiel:** Harry arbeitete 28 Jahre lang in der IT-Branche und sehnte sich nach einem erfüllten, ausgewogenen Leben. Ihm fehlte der Sinn in seiner Tätigkeit. Deswegen gründete er seine eigene Beratungsfirma und nannte sie All About Enterprises. Gefragt, ob er mit seinem neuen Geschäft zufrieden sei, antwortete er: „Mehr als zufrieden! Es ist mir ganz bewusst auf den Leib geschneidert, mir gefallen die Flexibilität und die freie Zeiteinteilung, ich kann mir aussuchen, worauf ich mich konzentriere. Ich kann die 15 Jahre Erfahrung im Beratungsgeschäft sinnvoll nutzen, um meine eigene Existenz aufzubauen."

**Beispiel:** Sheri gab nach elf Jahren ihren Posten als Vizepräsidentin bei der Citibank auf und gründete ein Geschäft für Kindermoden, Cotton Candy Kids. Sie entwirft und produziert hauptsächlich Accessoires und drückt genau aus, was viele Unternehmer empfinden: „Cotton Candy Kids passt genau zu meiner aktuellen Lebenssituation. Ich kann zu Hause bei meinen Kindern bleiben, meine Kreativität ausleben, habe das Gefühl, etwas zu erreichen, ich komme unter Menschen und roste geistig nicht ein. Nähen und Entwerfen hat mir schon immer Spaß gemacht. Mir hat jemand mal gesagt, wenn man sein Brot mit einer Arbeit verdient, die man liebt, dann geht es wie von selbst. Und tatsächlich läuft das Geschäft glänzend und der Weg dahin erscheint mir so natürlich wie das Atmen. Es verjüngt mich an Geist und Seele."

Die Gründung eines eigenen Unternehmens kann überwältigend sein, und Sie werden schnell merken, dass Ihnen bestimmte Aspekte liegen und andere nicht. Sobald Sie für sich herausgefunden haben, was Sie vertiefen möchten, sollten Sie den ersten von den 26 Vorschlägen beherzigen. Unterhalten Sie sich mit Menschen, die jetzt schon tun, was Sie tun möchten, über deren Erfahrungen. So erhalten Sie die besten Ratschläge für Ihr weiteres Vorgehen.

# 10. Wirklich schon aufs Altenteil?

Heutzutage ist das Alter allein kein Grund zum Aufhören. Viele Menschen haben mit 65 noch 20 oder 25 Jahre vor sich. Bis 2050 wird sich nach Informationen des Bundesministeriums für Familie, Senioren, Frauen und Jugend (BMFSJ) der Anteil der unter 20jährigen von derzeit 21 auf 16 Prozent verringern, während sich der Anteil der 60-jährigen und älteren Menschen von 22 auf 37 Prozent spürbar erhöhen wird. Nach Auffassung des aktuellen „Berichts zur Lage der älteren Generation" des BMFSJ werden die Zahl und der Stellenwert älterer Arbeitnehmer in den Unternehmen wieder zunehmen, nachdem lange Jahre eine Politik der Ausgliederung und des vorzeitigen Ausscheidens betrieben wurde. Flexible Arbeitsmodelle kommen den Bedürfnissen älterer Arbeitnehmer entgegen. Auch vor dem Hintergrund unsicherer und sinkender Altersbezüge werden nicht wenige weiterarbeiten wollen oder müssen, entweder in ihrem angestammten Beruf oder in einem ganz anderen Gebiet, aber sie werden weiterhin arbeiten.

Wenn Sie in den nächsten Jahren in Rente gehen werden oder bereits Rentner sind, sich aber noch nicht völlig aus dem Berufsleben zurückziehen wollen, sollten Sie sich als Erstes genau überlegen, warum Sie die Rente beantragen.

1. Es ist eben Zeit. Sie wissen zwar noch nicht genau, wie Sie Ihren Lebensabend gestalten wollen, aber Sie haben die Altersgrenze erreicht. Vielleicht sind Sie auch den Alltagstrott leid und mussten im Beruf viele unschöne Erfahrungen sammeln, vielleicht haben Sie den ewigen Kampf und die Intrigen am Arbeitsplatz satt.

   **Beispiel:** John ist 56 und Marketingverantwortlicher in einem auf klinische Diagnostik spezialisierten Unternehmen. Er arbeitet seit seinem 16. Lebensjahr und hat genug. Es interessiert ihn einfach nicht mehr. Er sehnt sich nach dem Ruhestand und nimmt an, dass es seinen Altersgenossen nicht anders ergeht.

2. Ihr Mann oder Ihre Frau ist bereits im Ruhestand oder beantragt demnächst die Rente. Natürlich müssen Paare nicht unbedingt gleichzeitig aus dem Beruf ausscheiden. Aber die Umstellung ist einfacher, wenn man sie gemeinsam angeht. Wer auf Freunde, frühere Kollegen, Verwandte und Mitstreiter zählen kann, hat viel mehr Freude im neuen Lebensabschnitt. Wer viele Menschen kennt, die ebenfalls in Ruhestand gehen, tut sich mit der Entscheidung leichter.
3. Sie möchten aufhören, solange Sie noch gesund und fit sind und Ihren Ruhestand genießen können. Selbst wenn Sie derzeit in bester Verfassung sind, könnten infolge der natürlichen Alterung unvorhersehbare gesundheitliche Probleme auf Sie zukommen. Wenn Sie bereits unter gesundheitlichen Einschränkungen leiden, ist ein Vollzeitjob sehr anstrengend und die Rente attraktiv. Gesundheit ist das Wichtigste, sagt der Volksmund völlig zu Recht.
4. Sie müssten sich als Rentner finanziell einschränken, und Sie wissen nicht so recht, wie das gehen soll. Die meisten Menschen denken zunächst ans Geld, wenn sie über die Pensionierung nachdenken. Das liegt in der Natur der Sache, denn der Punkt ist heikel. Nicht jeder kann auf eine ausreichende Altersabsicherung bauen, so mancher hat im Leben Rückschläge erlitten, bei denen er Ersparnisse aufbrauchen musste. Andere haben durch die Wechselfälle der Börse oder andere Ereignisse viel Geld verloren. Bei den meisten Menschen wird die Rente auf jeden Fall niedriger ausfallen als ihr letztes Einkommen.

   **Beispiel:** John würde liebend gern aufhören, weiß aber, dass er dann seinen Lebensstandard nicht halten könnte. Dafür muss er mindestens bis 62 arbeiten. „Unsere größte Sorge ist, ob wir mit dem, was wir zur Seite gelegt haben, lange genug hinkommen." Um auf Nummer sicher zu gehen, will er noch sechs Jahre im Beruf durchhalten.

   Familiäre Umstände spielen eine Rolle. Vielleicht müssen Sie sich um gebrechliche Eltern kümmern, vielleicht wollen Sie mehr Zeit für Ihre Enkelkinder haben.
5. Sie haben zahlreiche Hobbys und Interessen, denen Sie sich endlich gern ganz widmen möchten. Vielleicht reizt es Sie, Dinge zu tun und zu lernen, zu denen Ihnen Ihr Beruf nie die Zeit ließ.

Mehrere oder all diese Gründe haben großen Einfluss auf die Entscheidung pro und contra Ruhestand. Überlegen Sie, wie wichtig welche Aspekte für Sie persönlich sind.

## Erster Schritt: der Test

Der Abschied von einer Vollzeitstelle öffnet Gestaltungsräume für andere Tätigkeiten. Sie können Hobbys und anderen Interessen nachgehen oder eine andere Arbeit annehmen.

**Hinweis:** Betrachten Sie die zehn Werte, die Sie für sich auf Seite 43 ermittelt haben, und sehen Sie die Interessen und Fähigkeiten an, die Sie auf den Seiten 60 und 68 notiert haben. Daraus ergibt sich die Tätigkeit, der Sie sich nun zuwenden können. Womit würden Sie sich gern befassen, wenn Sie mehr Zeit haben? Schreiben Sie es auf:

.......................................................................................................

.......................................................................................................

.......................................................................................................

Schreiben Sie nun auf, welche Fähigkeiten Sie gern weiterhin einbringen möchten und welche Sie gern endlich einmal einsetzen würden:

.......................................................................................................

.......................................................................................................

.......................................................................................................

Mit diesem Wissen sollten Sie sich nun fragen, welche Art von Arbeit Ihnen im Ruhestand liegen würde. Was wollen Sie tun? Wo wollen Sie es tun? Mit wem möchten Sie zusammenarbeiten?

.......................................................................................................

.......................................................................................................

.......................................................................................................

Nachdem Sie sich Ihre Selbsteinschätzung in Erinnerung gerufen haben, wenden Sie sich dem Ruhestand selbst zu. Denken Sie darüber nach, gehen Sie in sich. Folgende Fragen wollen Ihnen dabei helfen:

✍ 1. Haben Sie schon lange ein bestimmtes Alter im Sinn, in dem Sie aus dem Beruf ausscheiden wollen? Wenn ja, welches?

   ..........................................................................................

2. Warum haben Sie sich gerade für dieses Alter entschieden?

   ..........................................................................................

3. Haben Sie mit einem Finanzberater Ihre Ansprüche und Ressourcen durchgesprochen?

   ..........................................................................................

4. Wenn nicht, warum haben Sie das unterlassen?

   ..........................................................................................

   ..........................................................................................

5. Haben Sie ein Testament verfasst, ein Treuhandkonto eingerichtet und sich und Ihre Familie ausreichend finanziell abgesichert?

   ..........................................................................................

   ..........................................................................................

6. Welche Gefühle verbinden Sie mit dem Ruhestand? Haben Sie sich offen mit den positiven und negativen Aspekten auseinander gesetzt?

   ..........................................................................................

   ..........................................................................................

   ..........................................................................................

7. Können Sie sich Ihren Ruhestand konkret vorstellen? Wie und wo werden Sie leben, wie gestaltet sich das Verhältnis zu Familienmitgliedern usw.?

   ..........................................................................................

   ..........................................................................................

   ..........................................................................................

8. Haben Sie mit Ihren nächsten Angehörigen ausführlich über diesen Schritt gesprochen?

   ..................................................................................................

9. Wenn ja, welche Befürchtungen haben diese geäußert?

   ..................................................................................................

   ..................................................................................................

   ..................................................................................................

10. Wenn nicht, wann wollen Sie ein solches Gespräch führen?

    ..................................................................................................

11. Kennen Sie Menschen, die in den letzten Jahren pensioniert wurden? Haben Sie sich mit diesen Bekannten ernsthaft über deren Erfahrungen unterhalten?

    ..................................................................................................

    ..................................................................................................

    ..................................................................................................

Der Lebensabend verändert sich und auch die Zeit in der Rente ist anders als früher. Sie sollten sich emotional, psychisch und finanziell auf den neuen Abschnitt vorbereiten, unabhängig davon, ob Sie weiterhin arbeiten wollen oder nicht. Dazu müssen Sie mit Menschen reden, zuhören, lesen und über sich selbst nachdenken. Sie müssen Ihre Lebensziele kennen und wissen, was Sie glücklich macht. Denn wer heute in Rente geht, hat wahrscheinlich noch viele Jahre vor sich.

## Zweiter Schritt: Hindernisse und Chancen ermitteln

### Die Finanzen

80 Prozent aller US-Bürger zwischen 25 und 55 Jahren befürchten einer Umfrage von SunAmerica zufolge, aus finanziellen Gründen weiterar-

beiten zu müssen. Die meisten Befragten gab an, sich nie genau ausgerechnet zu haben, wie viel sie ansparen müssten, um im Alter sorgenfrei leben zu können. Auch in Deutschland sinkt das Rentenniveau tendenziell ab. Bekommen heutige Rentner noch abhängig von den persönlichen Voraussetzungen 50 bis maximal 70 Prozent ihres Durchschnittseinkommens als Rente, sollen es nach der derzeitigen Rentenreform nur noch maximal 63 Prozent sein. Wie das Deutsche Institut für Altersvorsorge (DIA) in einer Studie aus dem Jahr 2003 feststellt, ist gegenwärtig nur noch von einer auskömmlichen Alterssicherung die Rede, in einigen Jahren wird es nur noch existenzsicherndes Ruhegeld geben. Der Lebensstandard, wie man es aus dem aktiven Berufsleben gewöhnt war, ist mit der gesetzlichen Rente definitiv nicht zu halten.

**Tipp:** Der Ruhestand finanziert sich aus allen Ressourcen, die Sie aufgebaut haben – Ersparnisse, staatliche und betriebliche Rentenversicherung, Immobilien und Nebenjobs. Und da Sie wahrscheinlich nicht auf alle diese Quellen zurückgreifen können, sollten Sie in der Tat Ihre Finanzmittel sorgfältig planen.

In Deutschland haben sich Altersteilzeitmodelle immer stärker durchgesetzt. Sie erlauben älteren Arbeitnehmern, ab einem Alter von 55 Jahren allmählich Abschied vom Erwerbsleben zu nehmen. Wer in den letzten fünf Jahren vor dem Antrag auf Altersteilzeit mindestens drei Jahre lang versicherungspflichtig gearbeitet bzw. Arbeitslosengeld bezogen hat, kann diese Regelung für sich in Anspruch nehmen. Sie sieht vor, dass die Arbeitszeit im Prinzip halbiert wird. Allerdings ist es gleichgültig, wie die verbleibende Arbeitszeit liegt. Es ist also nicht zwingend Halbtagsarbeit erforderlich. Ob Sie in den Genuss von Altersteilzeit kommen, müssen Sie mit Ihrem Arbeitgeber aushandeln – es gibt keinen gesetzlichen Rechtsanspruch. Sieht der Tarifvertrag oder die Betriebsvereinbarung Ihrer Branche bzw. Ihres Unternehmens diese Möglichkeit allerdings vor, haben Sie gute Karten.

Zu allem Überfluss steckt das gesetzliche, durch Umlage finanzierte Rentensystem seit langem in der Krise und verspricht nichts Gutes für die Zukunft. Grundlegende Reformen sind nötig, stehen aber noch immer aus. Aufgrund der erhöhten Lebenserwartung älterer Menschen und anhaltend niedriger Geburtenrate gerät der Generationenvertrag völlig aus den Fugen: 100 Personen im Erwerbsalter müssten 2030 die Altersversorgung von 71 Rentnern finanzieren. Aktuell liegt dieser so genannte Altersquotient bei 44. Bis zum Jahr 2050 würde er nach heutigen Berechnungen weiter auf 78 steigen. Die Abstriche, die künftige Rentnergenerationen in Kauf nehmen müssen, lassen sich erst erahnen. Auch die Riester-Förderung, die das unvermeidliche Absinken des Rentenniveaus abfedern soll, ist keine Garantie, dass der Standard gehalten werden kann: Sie soll und kann nur die Lücke zwischen den bisherigen 70 Prozent Durchschnittsgehalt und den zu erwartenden 63 oder weniger Prozent einigermaßen schließen. Mehr als 30 Prozent „Rentenlücke" durchschnittlich bleiben bestehen.

Sie können Ihren Finanzsorgen nicht zuletzt mit einem Finanzberater begegnen. Wählen Sie den geeigneten Berater nach folgenden Kriterien aus:

1. Interessiert er sich für Ihre Werte, Bedürfnisse und Lebensverhältnisse ebenso sehr wie für Ihre finanzielle Lage?
2. Zeigt er sich aufgeschlossen und mitfühlend und kann er gut zuhören?
3. Hat er eine genaue Vorstellung vom Vermögensaufbau?
4. Ist er bereit, über die eigene Vorsorge Auskunft zu geben? Mit anderen Worten, hält er sich an seine eigenen Ratschläge?
5. Hat er Erfahrungen in der Altersvorsorgeberatung? Wie sieht seine Erfolgsbilanz aus? Können Sie mit früheren Klienten sprechen?

Ob Sie eine Beratung in Anspruch nehmen oder sich allein durch die Finanzplanung beißen: Es könnte durchaus sein, Sie finden heraus, dass Sie aufgrund Ihrer persönlichen oder der gesamtwirtschaftlichen Lage oder wegen gesellschaftlicher Veränderungen länger arbeiten müssen als erhofft.

**Beispiel:** Der oben erwähnte John ist so ein Fall. Er hat noch sechs Jahre bis zur Rente und empfindet die Vorbereitung als regelrechtes Schachspiel: „Man muss seine Figuren geschickt anordnen und staatliche und betriebliche Renten, Lebensversicherung, Geldanlagen und Krankenversicherung strategisch planen. Und man muss sich rechtzeitig überlegen, wo man leben will."

## Die Ortsfrage

In den USA gibt es Ratgeber, wo es sich im Alter bequem leben lässt, zum Beispiel das Buch von John Howell *Retirement on a Shoestring.* Von Mexiko über Costa Rica bis zu den US-Bundesstaaten Mississippi und Oklahoma reicht seine Auswahl für Menschen, die allein auf die staatliche Rente angewiesen sind. Deswegen konzentrieren sich seine Tipps auf die Lebenshaltungskosten, während er kulturelle Aspekte oder kommunale Leistungen vernachlässigt.

Natürlich spielen für viele Rentner die Lebenshaltungskosten eine wichtige Rolle bei der Ortswahl, aber auch die klimatischen Bedingungen oder das Ausmaß, in dem sich eine Kommune auf ihre älteren Mitbürger einstellt, die medizinische Versorgung, das Lebensgefühl und nicht zuletzt die Kosten für Grund und Boden. Aus diesen Gründen werden Bundesstaaten wie Nevada, Arizona, Colorado, Utah, Washington, Georgia, Alaska und Kalifornien bis 2020 doppelt so viel alte Menschen haben wie heute. Das schätzt das US Census Bureau.

Wenn Sie nach der Pensionierung umziehen und die Region oder sogar das Land wechseln wollen, sollten Sie sich Ihr künftiges Zuhause gründlich ansehen und dort mindestens eine Woche verbringen, mit den Einheimischen reden und am besten andere Ruheständler befragen, die dort schon länger wohnen. Prüfen Sie folgende Aspekte in der neuen Wahlheimat:

### So wählen Sie Ihren Altersruhesitz

- Klima: Ein Winter ohne Schnee und Eis ist sicher schön, aber können Sie die sommerliche Hitze aushalten?
- Steuern: Wie hoch sind Vermögens-, Einkommens- und Umsatzsteuer?
- Wohnungsangebot: Gefallen Ihnen die lokalen Baugewohnheiten? Gibt es Angebote im Betreuten Wohnen, können Sie sich in Altenwohnanlagen einmieten?
- Medizinische Versorgung: Wie gut sind die Krankenhäuser? Gibt es genügend Ärzte? Falls Sie mit bestimmten gesundheitlichen Problemen kämpfen, fühlen Sie sich damit dort sicher aufgehoben?

- Transport: Wie sieht der öffentliche Nahverkehr aus, wie schnell sind Sie beim nächsten Flughafen?
- Nähe zu Freunden und Familie: Kann man Sie leicht besuchen? Wird man Sie dort gern besuchen?
- Kultur: Wie sieht es mit Museen, Theatern, Konzerten aus? Gibt es öffentliche Bibliotheken?
- Sozialleben: Wohnen Menschen mit ähnlichen Interessen am Ort, mit denen Sie sich gern treffen werden?
- Dienstleistungen für Senioren: Was bietet die Gemeinde ihren älteren Mitbürgern an?
- Unterricht: Gibt es Universitäten oder andere Schulen, an denen Sie Kurse belegen dürfen?
- Ihre Interessen: Können Sie in der Region Ihre Interessen ausleben, etwa Wandern oder Angeln, Golfspielen oder Konzerte besuchen, Skifahren oder Jagen oder Töpfern oder …?
- Gewerbe: Welche Unternehmen gibt es vor Ort? Könnten Sie dort arbeiten, eventuell als Teilzeitkraft?
- Sicherheit: Wie steht es mit der Kriminalitätsrate? Würden Sie sich nachts oder auch tagsüber auf die Straße trauen? Und wenn Sie sich verfahren haben?
- Lebenshaltungskosten: Können Sie sich die Preise leisten? Was kostet das Kino, ein Restaurantbesuch, die Lebensmittel im Supermarkt, die Straßenbahn?

## Arbeiten?

Das Magazin *The Futurist* wagte eine Prognose: Im Lauf der Zeit werden immer mehr Menschen vorübergehend aus dem Berufsleben aussteigen, wieder die Schulbank drücken, sich in einem anderen Beruf betätigen, sich wieder fortbilden und so weiter in endlosen Varianten. Ein Ruhestand im Vollsinn des Wortes – vollständiges Ende der Erwerbstätigkeit – wird sich immer weiter ans Lebensende verschieben.

Tatsächlich zeichnet sich dieser Trend ab. Ältere Arbeitnehmer bleiben im Beruf und nicht wenige haben mit den Problemkreisen zu kämpfen, die in den früheren Kapiteln dieses Buches beschrieben wurden. Sie fühlen sich gelangweilt und allzu vertraut mit den Abläufen, sie vermissen den Sinn in ihrer Arbeit usw. In jedem Fall gilt es als Erstes, sich auf sich selbst zu besinnen, auf die eigenen Wünsche, Stärken und Schwächen, und sich dann auf seine Ziele zu konzentrieren.

**Beispiel:** Michael ging mit 65 in Rente und zog von New York nach Cape Cod. Dort hatte er schon vor längerem ein Haus gekauft. Als Rentner begann er stundenweise für einen Floristen zu arbeiten und fährt inzwischen drei bis vier Stunden täglich Blumen aus. Wenn er mit einem Strauß vor der Tür steht, strahlen ihn die Empfänger oft an. Darüber könnte er stundenlang Geschichten erzählen. Gerade den älteren Empfängern hilft er, die richtige Vase zu finden, und leistet ihnen für ein paar Minuten Gesellschaft. Dass ihm Blumenausliefern so viel Spaß machen würde, hätte der Ex-Outplacement-Berater nie erwartet. Aber dass ihm ohne Arbeit der Lebensinhalt fehlt, ist für ihn selbstverständlich.

Wollten Sie vielleicht schon immer gern Ihren eigenen Laden führen? Vielleicht haben Sie sich auf dem Höhepunkt Ihrer Arbeitskraft nicht getraut oder waren nicht zu Opfern bereit.

**Beispiel:** Lee wurde nach 25 Jahren im Beruf im Zuge einer Restrukturierungsmaßnahme entlassen. Mit seinen 57 Jahren war er nicht mehr weit von der Rente entfernt – und machte sich selbstständig. Er berät jetzt Firmen hinsichtlich angemessener Leistungsanreize und vermittelt ganze Belohnungspakete. Die Freiheit und Unabhängigkeit gefällt ihm sehr und er will noch lange arbeiten, auch wenn er vielleicht seine Stundenzahl reduzieren wird.

**Beispiel:** Ernie war in der Chemieindustrie ein erfolgreicher Vertriebschef. Kurz nach seinem 60. Geburtstag ging er offiziell in Rente und versuchte sich sofort als Redner mit Schwerpunkt Verkauf. Für die ersten Vorträge engagierte er einen Coach, der ihm half, seinen Auftritt und die Rhetorik zu verbessern. Außerdem besuchte er Kurse des US-Berufsverbandes der Redner, Toastmasters, sowie verschiedener anderer Standesorganisationen. Er aktivierte seine Kontakte innerhalb der Chemiebranche, um an Aufträge zu kommen. Ernie ist von seiner

Teilzeitkarriere hellauf begeistert, gibt allerdings zu, dass die Entlohnung für ihn sekundär ist und es ihm in erster Linie darum geht, nicht zu Hause zu versauern.

Arbeit kann soziale Bedürfnisse erfüllen, einem das Gefühl geben, gebraucht zu werden, und ist nicht zuletzt eine willkommene Aufbesserung des Einkommens. Die Zeitschrift *Parade* brachte es im Juni 2000 auf den Punkt: „Rückzug aus dem Leben? Niemals!“ In dem Artikel geht es um Neal Cole, der am internationalen Flughafen in Oregon Fluggäste beim Sicherheitscheck überprüft und gehbehinderte Menschen im Rollstuhl von einem Punkt zum anderen fährt. Er verdient 6 Dollar und 50 Cent pro Stunde und weitere 15 bis 20 Dollar pro Tag an Trinkgeldern, kommt mit vielen Menschen ins Gespräch und hat, sagt er, 40 Pfund abgenommen.

In Deutschland wurde vor einiger Zeit ein bundesweites Modellprogramm unter dem etwas schwerfälligen Namen „Erfahrungswissen für Initiativen“ ins Leben gerufen, durch das ältere Menschen ermuntert werden sollen, ihr Lebenswissen in den Dienst von gemeinnützigen Organisationen zu stellen. Dabei können sie sich zum so genannten Senior-Trainer ausbilden lassen und jüngere Leute beraten.

**Beispiel:** Zetta steht mit 83 in einem Souvenirshop bei den Niagarafällen, allerdings nur von April bis Oktober, der Hauptsaison. Sie hat einen ziemlich zerrissenen Lebenslauf, denn sie hat drei Kinder großgezogen und war lange Zeit zu Hause. Zeitweise hat sie für einen Graveur gearbeitet, war als Vertreterin unterwegs, bei einer Bank als Kassiererin tätig und hat als Büroassistentin gejobbt. Nach 30 Jahren Hausfrauendasein wurde sie 14 Jahre lang Verkäuferin in einem Geschenkladen. Zu Hause würde sie sich nicht langweilen, sagt sie, aber vereinsamen. Deswegen genießt sie den Kontakt zu den Touristen. Ohne die festen Arbeitszeiten würde sie kaum noch aus dem Haus gehen. „Ich treffe gern Menschen“, sagt sie, „manchmal hat man spontan einen Draht zu jemand, und selbst wenn ich die Person nie wieder treffen werde, gibt es mir das Gefühl, ich hätte einen Freund fürs Leben gewonnen.“ Das ist für sie der eigentliche Grund, hier zu arbeiten. Sie lernt mit Video- und Audiokassetten Deutsch und probiert ihre Kenntnisse an den vielen deutschen Reisenden aus. Zwar verdient sie nur 7 Dollar die Stunde, nicht mehr als ein kleines Zubrot zur Rente, aber die anderen Vorteile sind ihr viel wichtiger.

Im Arbeitgeberlager spricht sich herum, dass es nur klug ist, ältere Arbeitnehmer zu halten, zu schulen oder auch neu einzustellen. Es ist nicht leicht, Mitarbeiter mit der passenden Qualifikation zu finden, und oft sind die Senioren die Lösung des Problems. In der *New York Times* erschien im Januar 2001 ein Artikel über Menschen zwischen 80 und 100, die in verantwortlichen Positionen Vollzeit berufstätig sind: „Die Zahl der sehr alten Mitarbeiter wächst vor allem wegen der gestiegenen Nachfrage nach Arbeitskräfte in den letzten Jahren und dem enorm gewachsenen Anteil der Älteren an der Gesamtbevölkerung. Als die Vereinigten Staaten gegründet wurden, war einer von 40 Menschen älter als 65, heute ist es einer von sieben und bis zum Jahr 2030 wird es nach Berechnungen des Census Bureau einer von vier sein. Außerdem sind die älteren Mitbürger gesünder als früher und bewältigen die Anforderungen im Berufsleben gut."

Neben dem Fachkräftemangel und der wachsenden Zahl älterer Menschen gibt es weitere Gründe, die für die Einstellung älterer Mitarbeiter sprechen:

- Die Wiedereinstellung von früheren Angestellten hält das Unternehmensgedächtnis fit und leistet damit einen wichtigen Beitrag zur Unternehmenskultur.
- Die raschen Veränderungen am Arbeitsmarkt und in der Technik erzwingen die Schulung aller Mitarbeiter. Selbst kleine Unternehmen sehen darin offenbar zunehmend eher eine notwendige Investition denn eine lästige Ausgabe. Die Neigung, nur frisch eingestellte Kräfte und leitende Mitarbeiter zu schulen, scheint zu schwinden und gibt Raum für die Einstellung und Schulung älterer Menschen.
- Der erwähnte Artikel in der *New York Times* zitiert eine Harris-Umfrage, nach der 80 Prozent von 774 befragten Personalverantwortlichen bestätigten, dass Menschen über 55 seltener die Firma wechseln, 71 Prozent waren der Auffassung, dass sich die Lernfähigkeit der Älteren nicht von der der Jüngeren unterscheidet. Laut AARP sind Arbeitsmoral, Loyalität und Erfahrung das Plus der älteren Arbeitnehmer, während mangelnde Beweglichkeit und fehlende technische Fertigkeiten in den Augen der Arbeitgeber gegen diese Gruppe sprächen.

**Beispiel:** Melanie kann auf ihre Karriere in einer Versicherung stolz sein. An die fachliche Seite der Arbeit denkt sie gern zurück, aber wie so vielen von uns vergällen ihr zahlreiche Vorfälle, die mehr als unangenehm waren, die Erinnerung an diese Zeit. Ungefähr ein Jahr nach der Pensionierung ihres Mannes war an Melanies Arbeitsplatz einmal mehr die Hölle los und sie beschloss, ebenfalls in Rente zu gehen, um psychisch wieder auf die Beine zu kommen. Sie reiste viel, las und tat all die Dinge, die neben dem Beruf Wunschtraum geblieben waren. Das ging ungefähr ein Jahr lang prächtig, aber Melanie war erst Anfang 50 und wurde irgendwann kribbelig. Sie fühlte sich zu jung, um zu Hause zu sitzen, und bereute nun, sich nicht besser auf die Situation vorbereitet zu haben. Also suchte sie sich wieder einen Job, aber auf wesentlich niedrigerem Niveau. Doch büßte sie damit nur Ansehen und Anspruch an die Arbeit ein, während sie menschlich wie zeitlich wieder genauso eingespannt war. Zu allem Überfluss verdiente sie auch noch wesentlich weniger als in der Versicherung. Mit 55 wechselte sie wieder in eine vergleichbare Position wie vor ihrem Ausflug ins Ruheständler-Dasein. Kurz vor ihrem 60. Geburtstag will sie erneut in Rente gehen, sich aber diesmal psychisch wie mental gut vorbereiten. Ihr Rat? „Lassen Sie sich Zeit bei der Planung des Ruhestands. Man sollte es nicht anders als die Stellensuche angehen, sonst erlebt man unliebsame Überraschungen, wenn man dann zu Hause sitzt."

## Dritter Schritt: Abhilfe schaffen

Das Schöne an der Vorbereitung auf den dritten Lebensabschnitt ist die Gewissheit, dass einem viele Möglichkeiten offen stehen. Ob man es kaum erwarten kann, die Brocken endlich hinzuschmeißen und nie wieder arbeiten zu müssen, oder ob man sich auf eine zweite Teilzeitkarriere freut – es gibt viel zu bedenken und zu erledigen, bevor man sich auf das Abenteuer einlässt. Untersuchen Sie Ihr Leben, als würden Sie ein Unternehmen, das Sie kaufen wollen, auf Herz und Nieren prüfen:

- Die unzähligen finanziellen Aspekte sind so wichtig, dass Sie sich persönlich und mit Hilfe von Fachleuten sehr eingehend damit befassen sollten. Mike Robbins sagt in seinem bereits erwähnten Ratgeber völlig zu Recht, dass die Altersvorsorge für die Mehrzahl der Bevölkerung die größte Herausforderung an Geldanlagefähigkeiten überhaupt ist.
- Greifen Sie so spät wie möglich auf Ihre Rücklagen zu. Je länger Sie die Substanz unangetastet lassen, desto höher der Ertrag.
- Je später Sie Ihre staatliche Rente beantragen, desto höher wird der Betrag sein, der Ihnen ausgezahlt wird.
- Träumen Sie ruhig von verschiedenen beruflichen Optionen. Ob Sie ein Geschäft oder eine Praxis eröffnen wollen, ob Sie Interesse an einer Teilzeittätigkeit in einem Unternehmen haben, verbauen Sie sich nicht von vornherein alle Chancen, indem Sie es für unmöglich halten. Werden ältere Arbeitnehmer diskriminiert? Allerdings. Aber Sie können nach der Nische fahnden, in der Ihnen die allgemeine Diskriminierung nichts anhaben kann.
- Erledigen Sie den größten Teil der Laufereien und Erkundigungen für Ihre neuen Projekte, *bevor* Sie die Rente einreichen. Räumen Sie sich genug Zeit ein, um herauszufinden, was Sie wissen und tun müssen.
- Informieren Sie sich im Bundesministerium für Familie, Senioren, Frauen und Jugend (www.bmfsfj.de) im Politikbereich „Ältere Menschen“ über Ihre Möglichkeiten. So können Sie sich dort eine Schrift mit dem Titel „Nachberufliche Tätigkeitsfelder“ bestellen oder über ein Europäisches Volontariat älterer Menschen informieren. Viele Anregungen bieten auch die Seniorenbüros (www.seniorenbueros.org), die es sich zur Aufgabe gemacht haben, das Engagement älterer Menschen in verschiedenen Bereichen zu fördern.
- Lassen Sie sich gründlich durchchecken, nehmen Sie alle Vorsorgeuntersuchungen wahr, suchen Sie Internist, Zahnarzt, Hautarzt, Gynäkologe und andere Fachärzte auf.

Folgende Fragen helfen Ihnen bei der Vorbereitung auf den Ruhestand:

1. Haben Sie eine Finanzberatung in Anspruch genommen, bei der Sie sich gut aufgehoben fühlen?

   ..........................................................................................

2. Wenn nicht, wann holen Sie Empfehlungen ein und vereinbaren Termine mit Finanzberatern, zum Beispiel der Verbraucherzentrale?

   ..........................................................................................

3. Wollen Sie Ihren Lebensabend an einem anderen Ort verbringen und umziehen? Wohin?

   ..........................................................................................

4. Haben Sie sich dort genau umgeschaut und die neue Wahlheimat auf alle Eventualitäten hin abgeklopft? Wenn nein, wann fangen Sie damit an?

   ..........................................................................................

5. Wenn Sie noch arbeiten, wie lange wollen Sie noch berufstätig bleiben?

   ..........................................................................................

6. Haben Sie sich genau überlegt, was Sie im Ruhestand mit Ihrer Zeit anfangen wollen? Was wollen Sie tun?

   ..........................................................................................

   ..........................................................................................

   ..........................................................................................

7. Welche Schritte wollen Sie unternehmen, falls Sie eine neue Stelle suchen?

   ..........................................................................................

   ..........................................................................................

   ..........................................................................................

Auch diese nächste Lebensphase soll interessant, anregend, erfüllend, erhellend und aufregend sein.

**Experten-Rat:** Die Gerontologin Lydia Bronte, die am Hunter College Brookdale Center on Aging arbeitet, hat 2000 einen Aufsatz geschrieben, in dem sich folgende Aussage findet: „Manche Menschen erleben die Zeit über 50 als die beruflich erfolgreichste Phase, manche sogar erst die Zeit über 65. Man sollte daran denken, dass das Beste noch vor einem liegen könnte, auch und gerade im Beruf."

**Beispiel:** Jerry ist der beste Beleg für diese These. Er war bei der Navy, hat im Vertrieb von Konsumgütern, als Headhunter für Führungskräfte und in der Outplacement-Beratung gearbeitet und zog sich mit 68 aus dem Angestelltendasein zurück, doch keinesfalls aus dem Beruf: Er gründete seine eigene Beratungsfirma und bietet unter anderem am Naval War College in Newport auf Rhode Island Seminare für Admiräle und Generäle an, die in eine neue Laufbahn wechseln wollen, sowie andere Beratungsleistungen für Marineoffiziere. Jerry ist dankbar, dass er sich nach zahlreichen beruflichen Erfolgen nun eine Nische schaffen konnte, in der er hervorragende Arbeit leisten kann und sich wohl fühlt. Er sagt: „Meine Erfahrungen im Management und mein Drang, Gutes zu tun, haben mich auf meine jetzige Tätigkeit vorbereitet. Es ist eine ausgesprochen sinnvolle Tätigkeit, und ich vermisse zwar die Kollegialität innerhalb eines Unternehmens, bin aber andererseits auch nicht mehr den ganzen Intrigen ausgesetzt. Solange Gott mir Gesundheit schenkt und ich als Trainer akzeptiert werde, will ich weiter arbeiten, auch wenn ich die Stundenzahl mit der Zeit reduziere. Dieses Jahr arbeite ich 10 Prozent weniger als letztes, aber dafür werde ich wirklich gut bezahlt. Außerdem habe ich eine kleine Rente von der Navy und beziehe jetzt auch die staatliche Rente."

**Beispiel:** Len verkaufte mit 62 sein Unternehmen, das Supermärkte mit Brot aus einer Großbäckerei belieferte. Als begeisterter Angler und Jäger wollte er sich seine Zeit freier einteilen können, zog nach Florida und arbeitet jetzt bei einem Fahrservice, der Fluggäste vom Flughafen abholt und zur Abflughalle bringt. Er fand es schön, täglich mit neuen Menschen zusammenzukommen, aber sein Arbeitgeber stützte sich zu sehr auf ihn und deswegen sucht er nun mit 65 nach einer anderen Teilzeitstelle. Len genießt es, verschiedene Dinge ausprobieren zu können. Solange er als Selbstständiger seine Familie ernähren musste, konnte er sich solche Risiken nicht leisten.

Der Ruhestand kann und sollte ein interessanter, erfüllter Lebensabschnitt sein. Hier können Sie sich ohne Druck und Stress in verschiedenen Rollen und Tätigkeiten erproben.

# Teil 4

# In der Zielgeraden

# 11. Die zehn Schlüssel zum Erfolg

**Experten-Rat:** In seinem Bestseller *Emotionale Intelligenz* schreibt Daniel Goleman: „Die Ausnahmen von der Regel, dass der IQ den Erfolg vorhersagt, sind zahlreicher als die Fälle, die der Regel entsprechen. Der IQ trägt höchstens 20 Prozent zu den Faktoren bei, die den Lebenserfolg ausmachen, sodass über 80 Prozent auf andere Kräfte zurückzuführen sind", und erläutert einige Absätze weiter: „Dazu gehören Fähigkeiten wie die, sich selbst zu motivieren und auch bei Enttäuschungen weiterzumachen; Impulse zu unterdrücken und Gratifikationen hinauszuschieben; die eigenen Stimmungen zu regulieren und zu verhindern, dass Trübsal einem die Denkfähigkeit raubt, sich in andere hineinzuversetzen und zu hoffen."

Golemans Ratgeber enthält zahlreiche Anregungen, Hinweise und Tipps, die Ihnen die Suche nach einer neuen, zufrieden stellenden Arbeit erleichtern. Allerdings sind einige gar nicht berufsspezifische Fähigkeiten und Eigenschaften für die Zufriedenheit im Beruf unbedingt erforderlich und wichtig.

Die zehn Schlüssel zum Erfolg ergeben sich aus intuitiven Beobachtungen in Betrieben und Büros. Immer wieder zeigt sich, dass Menschen mit bestimmten Eigenschaften privat wie beruflich Anerkennung finden und erfolgreicher sind. Zum Glück werden die meisten von uns mit zumindest einigen dieser Eigenschaften geboren oder lernen sie bereits in der frühen Kindheit, und alle zehn lassen sich auch im späteren Leben noch entwickeln.

Dies sind die zehn Schlüssel zum Erfolg:

1. **Neugier:** Wissen und Neues begierig aufsaugen, immer Interesse bekunden und dem Ungewöhnlichen, nicht Offensichtlichen Aufmerksamkeit widmen, immer die Person sein, die mehr zu einem Thema wissen will.
2. **Entscheidungsfreude:** Entscheidungen bewusst fällen, auch wenn man nicht alle Informationen einholen konnte, eine Wahl treffen und dauerhaft danach handeln.
3. **Ausdauer:** Leidenschaftlich, energisch, konzentriert und aus eigenem Antrieb Ergebnisse anstreben. Schwung ergibt sich aus Motivation, Dranbleiben und Arbeit, Arbeit, Arbeit.
4. **Empathie:** Sich verständnisvoll und hilfsbereit in die Situation anderer Menschen hineinversetzen, in fremde Gefühle, Motive und Ansichten.
5. **Flexibilität:** Veränderungen akzeptieren, ja begrüßen, offen und anpassungsfähig bleiben, sich nicht versteifen und mit unklaren Situationen fertig werden.
6. **Konsequenz:** Den Kreis immer schließen, immer auch B sagen, Versprechen halten, im Einklang mit den eigenen Worten handeln, professionell kommunizieren und auftreten.
7. **Humor:** Sich auch mal selbst auf die Schippe nehmen, die Welt fröhlich betrachten, das Leben nicht zu ernst nehmen und manchmal richtig witzig sein.
8. **Intelligenz:** Klug denken und arbeiten, gewitzt an die Dinge herangehen, das Rad nicht neu erfinden, erst denken, dann handeln, effizient arbeiten und sich lieber auf Klasse statt Masse konzentrieren. (Nota bene: Bitte nicht mit dem IQ oder Intelligenzquotienten gleichsetzen!)
9. **Optimismus:** Auf einen glücklichen Ausgang hoffen, an die positiven Seiten denken, das Glas lieber als halb voll denn als halb leer beschreiben.
10. **Respekt:** Daran denken, dass nett sein genauso leicht ist, die Selbstachtung der Mitmenschen nicht mit Füßen treten, andere höflich und zuvorkommend behandeln.

Welche dieser Eigenschaften gehören zu Ihren Stärken? Welche zählen zu Ihren Schwächen? Selbstbeobachtung, die Fähigkeit, Gefühle im Moment des Entstehens wahrzunehmen, ist die eigentliche Grundlage der Selbsterkenntnis.

**Tipp:** Wenn Sie nicht genügend in der Kunst der Reflexion geübt sind, fragen Sie verschiedene Menschen, die Ihnen nahe stehen, nach deren Einschätzung Ihrer Stärken und Schwächen in Bezug auf die eben genannten zehn Erfolgsschlüssel.

Niemand ist in allen zehn Punkten gleich gut, aber jeder einzelne Punkt lässt sich ausbauen und entwickeln.

## Neugier

Sind Sie neugierig? Sind Sie an neuen Ideen und Informationen interessiert, gleichgültig, um welches Thema es sich handelt? Oder wollen Sie nur in Ihren Interessengebieten Neues erfahren? Wenn Sie neue Menschen kennen lernen, versuchen Sie diese dann wirklich kennen zu lernen oder bleiben Sie an der Oberfläche?

Menschen lernen lebenslänglich, können sich aber auch selbst daran hindern, etwa weil sie Versagensängsten zu großen Raum gewähren. **Achtung:** Manchmal hemmen uns fehlende Erfahrung oder Ausbildung, um uns für neue Bereiche zu interessieren.

Doch wenn wir uns nicht mehr auf neue Menschen, Berufe und Themen einlassen, wird es sehr schwer, eine neue, bessere Arbeitsstelle zu finden. Wir neigen zu der Ansicht, dass erst das Interesse vorhanden sein muss, bevor man sich näher mit etwas beschäftigt. Aber das Umgekehrte gilt ebenso: Wenn man sich intensiv mit etwas beschäftigt, entwickelt man Interesse dafür.

**Beispiel:** Jonathan hatte nach der Geburt seiner Tochter den Mut, den sicheren Job in einem Großunternehmen aufzugeben und eine interessantere Stelle zu suchen, die ihn mehr befriedigte und sich besser mit dem Familienleben vereinbaren ließ. Mit Hilfe eines Beraters ermittelte er seine ganz persönlichen Stärken, seine Fähigkeiten, Leidenschaften und versteckten Talente, stachelte seine Neugier über Gespräche mit Menschen in anderen Branchen an, besuchte Messen und beschäftigte sich mit Bereichen, mit denen er noch nie etwas zu tun gehabt hatte. Er las Bücher, lauschte Hörbüchern und besuchte Veranstaltungen zum Thema Berufswechsel. Die intensive Erkundungsphase öffnete ihm die Augen für Chancen, an die er bisher nie gedacht hatte. Schließlich gründete Jonathan eine Unternehmensberatung für Strategiefragen. Seither hat er Zeit für seine Tochter und sein Hobby – Segeln –, was in einem festen Angestelltenverhältnis undenkbar gewesen wäre.

Neugier und Interesse an anderen Menschen zeigen Wirkung.

**Tipp:** Wer bei der Suche nach neuen beruflichen Möglichkeiten immer neue Fragen stellt und sich auf die Antworten vorbehaltlos einlässt, schult nicht zuletzt seine Wissbegier und erweitert seinen Horizont. Das gilt für jeden zwischenmenschlichen Kontakt. Gut zuhören heißt Interesse entwickeln. Ganz bewusst aufnehmen, was jemand erzählt, ohne voreilige Schlussfolgerungen zu ziehen, steigert die eigene Lernfähigkeit und das Verständnis. Das betrifft nicht nur das Faktenwissen, sondern auch die Beweggründe und Gefühle unserer Mitmenschen.

## Entscheidungsfreude

Wer sich beruflich verändern möchte, muss sich entscheiden.

**Achtung:** Viele Menschen sind nicht zuletzt deshalb mit ihrer Situation so unglücklich, weil sie genau das nicht können. Aber ohne Entscheidung kommt man nie zum Schluss.

Vor einer Entscheidung sollte man natürlich so viele Informationen wie möglich einholen und diese strukturieren. Die Gefahr liegt darin, irgendwann den Wald vor lauter Bäumen nicht mehr zu sehen. Außerdem sollten Sie Menschen, die von Ihren Entscheidungen betroffen sind, unbedingt in die Entscheidungsfindung einbeziehen.

**Tipp:** Auch Ihr Bauch – Ihre innere Stimme, Ihr siebter Sinn – hat ein Wörtchen mitzureden.

Es ist nicht immer leicht, diese drei Hauptanforderungen unter einen Hut zu bekommen. Sich möglichst richtig zu entscheiden, ist oft alles andere als einfach.

Deswegen sollte man nie vergessen, dass es keine vollkommene Entscheidung gibt. Und gerade die Entscheidung, sich beruflich zu verändern, weil man mit der derzeitigen Arbeitssituation nicht zufrieden ist, gehört zu den schwierigsten Entscheidungen im Leben überhaupt. Doch wenn Sie den ersten großen Schritt getan haben, werden Ihnen die zahlreichen kleineren Entscheidungen auf dem Weg zur tatsächlichen Veränderung mit der Zeit immer leichter fallen.

Wenn Ihnen Entscheidungen schwer fallen, fragen Sie sich, was im schlimmsten Fall passieren könnte. Der größte anzunehmende Unfall tritt selten einen, aber selbst dann können Sie eine Strategie entwickeln, was Sie in diesem Fall tun würden.

Wie wird man entscheidungsfreudiger? Wenn Sie bei jeder Entscheidung die folgenden Schritte abarbeiten, wird es Ihnen viel leichter fallen.

1. Kreisen Sie ein, was Ihnen an Ihrer Arbeit Unbehagen bereitet. Versuchen Sie, das Problem konkret zu benennen und sich nicht mit den Symptomen zu begnügen.
2. Bestimmen Sie, was Sie erreichen wollen. Welche konkreten Folgen soll Ihre Entscheidung haben? Was erhoffen Sie sich langfristig davon?
3. Überlegen Sie, welche Möglichkeiten Sie haben.
4. Haben Sie alle notwendigen Informationen für eine Entscheidung? Sie sollten alle zugänglichen Fakten kennen, das wird die Entscheidung erheblich erleichtern. Bei der Suche nach Informationen sind die sechs Ws, nach denen Journalisten eine Nachricht schreiben, recht hilfreich: wer, was, wo, wann, warum und wie? Wenn Sie alle diese Fragen beantworten können, gibt es keinen Grund, sich nicht zu entscheiden.
5. Müssen Sie die Entscheidung ganz allein treffen? Natürlich tragen Sie die Hauptlast bei der Suche nach den besten Möglichkeiten für eine berufliche Veränderung, aber Sie müssen nicht

alles schultern. Ziehen Sie Experten zu Rate, beraten Sie sich mit Menschen, die Ihnen wohl gesonnen sind und Sie und Ihre Situation kennen.

6. Wie sind Sie mit ähnlichen Situationen in der Vergangenheit umgegangen? Wenn Sie zum ersten Mal vor dieser Situation stehen sollten, schauen Sie, wie andere Menschen das Problem gelöst haben. Vielleicht entdecken Sie so einen Weg, sich die Dinge leichter zu machen.
7. Haben Sie sich in der Vergangenheit des Öfteren falsch entschieden? Wenn ja, warum? Wie können Sie Ihre Art, Entscheidungen zu fällen, verbessern?
8. Machen Sie sich von der Meinung anderer Menschen abhängig? Jeder hat eine Meinung, ob Sie darum bitten oder nicht. Sieben Sie kräftig aus und nutzen Sie nur jene Informationen, die Ihnen wirklich helfen.
9. Gibt es in Ihrem Bekanntenkreis eine Person, die Sie für ihre Entscheidungen bewundern? Unterhalten Sie sich mit ihr über ihre Art, Entscheidungen zu fällen, vielleicht können Sie davon lernen.
10. Wenn Sie eine halbe Stunde Zeit hätten, was würden Sie für Ihren weiteren beruflichen Werdegang als Nächstes tun?

Entscheidungen setzen den Mut zum Risiko voraus. Und gehen Sie nicht allzu hart mit sich ins Gericht, wenn sich eine Entscheidung als falsch herausgestellt hat. Sie können nicht alles wissen.

**Beispiel:** Darleen eröffnete zusammen mit ihrem Mann einen Süßwarenladen. Nach fünf Jahren, von denen eins schlechter lief als das andere, musste sie sich eingestehen, dass die Entscheidung ein Fehler war. Nachdem sie sich darüber im Klaren war, verkaufte sie das Geschäft und begrenzte so ihre Verluste. Anschließend bot sie technische Lehrgänge an. Darleen hat leider recht lange gebraucht, bis sie die Unsinnigkeit des Süßwarengeschäfts eingesehen hat, aber dann hat sie die nötigen Entscheidungen getroffen und ist seither mit ihrer Tätigkeit sehr glücklich.

**Beispiel:** Gene kündigte eine gute Stelle in der Bauindustrie, um Jura zu studieren. Er hatte eine Frau und drei Kinder und wusste nicht so recht, wie das Ganze funktionieren sollte. Aber irgendwann kam der Zeitpunkt, als nur noch seine Entscheidung zwischen ihm und seinem Jura-Abschluss stand, wie er sagt. „Ich treffe gern Entscheidungen mit Erfolgsgarantie. Das heißt nicht, dass ich jedes Risiko scheue. Im Gegenteil, wenn man sich der Risiken bewusst ist, kann man alles daransetzen, die Hindernisse auszuräumen. In meinem Entscheidungsprozess habe ich ein Problem nach dem anderen aufgespürt und überwunden."

## Ausdauer

„Ich trage keine Uhr, denn jetzt ist jetzt, und jetzt ist Einsatz gefragt." Der Spruch stammt von Football-Trainer Steve Mariucci, der die 49ers von San Francisco coacht.

Ohne Ausdauer kommt niemand bis ganz obenhin. Ausdauer ist für das Setzen von Zielen und für das Lernen, für die Entwicklung und für das Wachsen von Beziehungen notwendig. Ausdauer erhält den Schwung. Berufliche Veränderungen verlangen außergewöhnlich viel Energie und Motivation, und Ausdauer gewährleistet beides. Darüber hinaus gibt sie auch die nötige Konzentration und den Willen, etwas zu erreichen. Die Motivation müssen Sie schon in sich selbst tragen, es kommt auf Ihre Gedanken, Ihr Verhalten und Ihre Einstellung an.

**Beispiel:** Maria hat mit 54 Jahren ein Lehrerdiplom für Englisch als Fremdsprache abgelegt. Sie hat sich schon immer von Arbeitsplätzen angezogen gefühlt, an denen sie mit neuen, ungewöhnlichen Dingen konfrontiert war, und auch hier entschied sie sich für eine nicht alltägliche Aufgabe. Sie entwickelte ein Programm für Japaner, die in den amerikanischen Niederlassungen ihrer Unternehmen arbeiten sollten und eine Einführung in den *american way of life* sowie eine Auffrischung ihrer Sprachkenntnisse benötigten. Ohne Ausdauer hätte Maria diese Schulung niemals auf die Beine gestellt. So aber ermittelte sie hoch motiviert, konzentriert und ausgesprochen engagiert, welche Stolpersteine die amerikanische Umgangsweise für Menschen aus dem Fernen Osten bereithielt und überlegte entsprechende Lerneinheiten.

Wie entwickelt man Ausdauer?

**Tipp:** Der erste Schritt ist stets der leidenschaftliche Einsatz für die eigenen Ziele, sei es in der beruflichen Laufbahn, die man bereits eingeschlagen hat, oder in einem neuen Feld, das man für sich erobern will.

Leidenschaft ist etwas sehr Persönliches und setzt innere Beteiligung voraus. Nur wenn Ihnen eine Tätigkeit entspricht, werden Sie sich leidenschaftlich dafür engagieren können. Für fremde Vorstellungen und Ideen gelingt das praktisch nie.

Unbedingt erforderlich ist es, während der Suche nach der richtigen Arbeit für jede einzelne Phase Ziele zu setzen. Das gilt sogar für die Selbsterforschung, für die Nabelschau. Denn Ziele bieten eine Richtschnur, halten Ihnen Sinn und Zweck Ihrer Bemühungen vor Augen.

**Achtung:** Man kann noch so motiviert sein, ohne Etappenziele hält man den eigenen Zeitplan nicht ein.

Achten Sie darauf, dass Ihre Ziele einfach, messbar und realistisch sind.

Suchen Sie Verbündete, Menschen in vergleichbarer Situation, mit denen Sie in einen freundschaftlichen Wettbewerb und Austausch treten können. Zu zweit kann man sich gegenseitig motivieren, aussprechen und notfalls auch ausheulen. Außerdem sehen vier Augen mehr als zwei. Und man erfüllt selbst gesetzte Termine eher, wenn ein anderer nachfragt, ob man denn schon … Zu solchen gegenseitig gesetzten Zielen könnte zum Beispiel gehören, bis zum Soundsovielten die Nachforschungen in Branche XY abgeschlossen und eine bestimmte Anzahl informeller Gespräche geführt zu haben.

Sie werden sich nur dann Ihre Ausdauer erhalten, wenn Sie gesund und fit bleiben.

**Tipp:** Achten Sie auf ausreichend Bewegung, eine ausgewogene, vitaminreiche Ernährung und nehmen Sie sich immer mal wieder eine kleine Auszeit, damit Sie geistig und seelisch nicht aus dem Gleichgewicht geraten.

Gestalten Sie, wenn möglich, mit Unterstützung etwa von einem Feng Shui-Experten oder einem Organisationsberater Ihren Arbeitsplatz um. Legen Sie sich einzelne Sätze zurecht, die Sie in weniger guten Phasen aufmuntern, etwa: „Ich kann das“, oder: „Ich muss nur am Ball bleiben.“

**Beispiel:** Stefanie betreibt gemeinsam mit ihrem Mann eine psychologische Praxis, nachdem sie zuvor eine Outplacement-Beratung geleitet hat. „Ich habe hohen Respekt vor Menschen mit großer Ausdauer", sagt sie. „Ohne Durchhaltevermögen kann man noch so viel Talent haben, man wird es nicht weit bringen. Ich selbst hatte genug Ausdauer, um meinen Doktortitel und die Zulassung als Psychologin zu bekommen, um zur Leiterin einer Niederlassung befördert zu werden, diese für meinen Arbeitgeber erfolgreich und rentabel zu führen und später den eigenen Betrieb gut zu managen."

## Empathie

**Experten-Rat:** Die Voraussetzung für Empathie bzw. Verständnis ist Daniel Goleman zufolge, dass wir uns selbst wahrnehmen. Je stärker wir im Einklang mit uns selbst und unseren Gefühlen sind, desto leichter erkennen wir die Gefühle unserer Mitmenschen. Die Fähigkeit, bewusst oder unbewusst zu erfassen, wie es um unser Gegenüber steht, ist eine der wichtigsten Fähigkeiten bei der Suche nach einer neuen Laufbahn. Goleman schreibt: „Um die Gefühle eines anderen zu erfassen, muss man nonverbale Zeichen zu deuten wissen: den Klang der Stimme, eine Geste, den Gesichtsausdruck und dergleichen." Wenig später führt er aus, „dass die Fähigkeit, Gefühle aus nonverbalen Hinweisen abzulesen, verschiedene Vorteile mit sich bringt: Diejenigen, die sie besitzen, sind emotional besser angepasst, beliebt, extrovertiert und, was wohl nicht überrascht, sensibel."

**Tipp:** Wenn Sie andere Menschen verstehen, wird es Ihnen viel leichter fallen, die für Sie richtige Stelle zu finden. Einfühlungsvermögen öffnet Ihnen Einsichten in die inneren Beweggründe von Menschen und damit auch die Gründe für persönliche Erfüllung in der Arbeit. Diese Einsichten können Sie dann leichter auf Ihre eigenen Bedürfnisse und Wünsche hinsichtlich einer neuen Stelle übertragen.

Es sind ganz einfache Dinge, die das Einfühlungsvermögen steigern.

**So werden Sie einfühlsamer**

- Stellen Sie Fragen und hören Sie sich die Antwort genau an.
- Reagieren Sie auf die Antworten mit neuen, gut durchdachten Fragen.
- Reagieren Sie auf Körpersprache, Mimik und Blickkontakt.
- Versuchen Sie, die Gefühle und Gedanken, aber auch die Beweggründe anderer Menschen zu verstehen.
- Konzentrieren Sie sich bewusst auf Gesprächspartner, sobald Sie merken, dass Sie wieder an sich selbst denken.

**Beispiel:** Jonathan fragte nach seinem Ausscheiden aus einem Großunternehmen nicht lange nach seinen eigenen Bedürfnissen. Als er merkte, wie belastend sich die Arbeitssuche gestalten kann, kümmerte er sich um andere Opfer von Entlassungswellen. Er traf sich mit Arbeitslosen und versuchte sie aufzumuntern. Eines Tages wurde ihm plötzlich bewusst, wie sehr ihm sein Engagement bei seiner eigenen Suche half. Je mehr er sich für andere Menschen interessierte und je weniger er sich selbst in den Vordergrund stellte, desto mehr profitierte er von der Begegnung mit anderen Menschen.

## Flexibilität

Wer völlig unbeweglich ist, wird sich in der Regel nicht auf die Suche nach einer neuen Stelle begeben. Vielleicht fühlen Sie sich in Strukturen gut aufgehoben, bevorzugen deswegen feste Regeln, schätzen einen geregelten Tagesablauf und möchten wissen, woran Sie sind.

**Achtung:** Doch diese Form von Kontinuität lässt sich während der Suche nach einer neuen Stelle schwer durchhalten.

**Tipp:** Sie sollten das Gespräch mit Menschen suchen, die Sie noch nie getroffen haben und überhaupt nicht kennen.

Sie werden ständig unterschiedliche Anregungen und Ideen erhalten, widersprüchliche Informationen sortieren und auf Nützlichkeit prüfen müssen. Das wird nur gelingen, wenn Sie offen sind. Wenn Sie von vorneherein sagen oder auch nur denken: „Kommt nicht in Frage!“, blockieren Sie das Gespräch. Es ist zu Ende, bevor es richtig begonnen hat, und Ihnen fehlen im Ergebnis wichtige Informationen.

Bei der Stellensuche sind Sie gefordert, immer neue Unsicherheiten und Zweifel abzuwehren. Es wird in jedem Fall eine schwierige Zeit.

**Achtung:** Wenn Sie schon mit einer negativen Grundeinstellung anfangen zu suchen, werden andere Sie danach beurteilen. Es fällt auf Sie selbst zurück.

**Beispiel:** Maria – sie bereitet Japaner auf das Leben in den USA vor – sagt von sich selbst, gefühlsmäßig sei sie nicht sonderlich flexibel. Sie sucht zwar ständig nach Herausforderungen und liebt das Neue und Unerwartete, gleichzeitig aber schätzt sie die Sicherheit des Bekannten. Das ist ein echter Konflikt. Maria hat das Problem für sich so gelöst, dass sie sich immer wieder fragt, ob sie jetzt gerade flexibel genug an die Dinge herangeht.

## Konsequenz

Konsequenz beweist, wer handelt und sich nicht vom Ziel abbringen lässt. Auch bei Ihrer Stellensuche ist es vorteilhaft, eine gewissen Konsequenz und Kontinuität an den Tag zu legen. Wer nach einer besseren Arbeit sucht, ist in hohem Maße abhängig von Menschen, mit denen er sich trifft und die ihm Tipps und Informationen geben können. Es ist wichtig, sich bei diesen Menschen in Erinnerung zu halten.

**Tipp:** Insofern zahlt es sich aus, sich für ein Gespräch mit einem Kärtchen, einem kurzen Anruf, einer Gegeneinladung oder einer E-Mail zu bedanken.

Das Lebenselixier von Netzwerken ist Gegenseitigkeit. Wenn Sie sich gegenüber Ihren Gesprächspartnern revanchieren können, ist die Beziehung ausgeglichen und für beide Partner interessant. Wenn Sie anderen etwas versprechen, sollten Sie Ihr Wort auch halten. Konsequenz sollte Ihnen zur zweiten Natur werden!

## Humor

Lachen löst Anspannung. Humor nimmt viel Stress aus einer beängstigenden Situation. Die Stellensuche ist unabsehbar, ihr Ausgang offen. Das Gefühl, sich für nichts und wieder nichts aufzureiben, kann sich da durchaus einstellen. Und oft rettet der eigene Humor aus einer solchen Lage. Ein herzhaftes Lachen ist der Zauberstab, der eine negative in eine positive Stimmung umschlagen lassen kann.

**Experten-Rat:** Daniel Goleman erklärt, welche physischen Veränderungen Glück im menschlichen Gehirn verursacht. Es trägt insgesamt zu unserem physischen und psychischen Wohlbefinden bei. Glück, so sagt er, „ist eine Aktivierung in einem zerebralen Zentrum, das negative Gefühle hemmt und eine Steigerung der verfügbaren Energie fördert" und gleichzeitig beruhigend wirkt. „Diese Konfiguration bietet dem Körper eine generelle Ruhepause und andererseits die Bereitschaft und die Begeisterung, jede Aufgabe anzupacken und vielfältige Ziele anzustreben."

Wissenschaftliche Erklärung für dieses Phänomen ist, dass durch Lachen Endorphine ausgeschüttet werden, die wiederum körperliche und seelische Schmerzen lindern. Hoffen wir, dass die Stellensuche für Sie möglichst schmerzfrei abläuft! Ganz vermeiden werden Sie negative Emotion nicht. Ängste, Unruhe und Unbehagen gehören einfach zu Veränderungen dazu. Und dagegen ist der Humor das richtige Mittel.

Kann man lernen, humorvoll zu reagieren?

### Versuchs mal mit Humor

- Schreiben Sie sich besonders ulkige Begebenheiten im Laufe Ihrer Stellensuche auf.
- Versuchen Sie, auch angstbesetzte Situationen von der komischen Seite zu nehmen.
- Schalten Sie Comedy-Sendungen ein, gehen Sie in die Komödie, leihen Sie sich eine lustige DVD oder lesen Sie ein witziges Buch.
- Suchen Sie die Gesellschaft lachender, glücklicher, unbeschwerter Menschen. Lachen ist ansteckend!

## Intelligenz

Intelligenz heißt vor allem, die Art und Richtung der eigenen Fähigkeiten einschätzen zu können und zu erkennen, wo die spezifischen Stärken der Mitmenschen liegen. Die Situation jedes Menschen ist natürlich sehr speziell, und doch haben viele Menschen ganz ähnliche Dinge wie Sie erlebt: haben vielleicht etwas am Arbeitsplatz verändert, sich beruflich umorientiert, sich selbstständig gemacht oder anderes getan, was in den früheren Kapiteln besprochen wurde.

**Tipp:** Intelligent bei der Jobsuche handelt, wer Kontakt zu Menschen sucht, die Veränderungen angestoßen haben und von denen man etwas lernen kann.

**Beispiel:** Christina ist Ende 30 und hat bereits viermal den Beruf gewechselt. Sie begann bei einer Investmentbank und wechselte zum Event-Marketing. Eine Zeit lang arbeitete sie als selbstständige Unternehmerin und trat dann ihre derzeitige Führungsposition in der Nordamerika-Division eines globalen Pharmakonzerns an. Gefragt, inwiefern sie bei der Stellensuche Intelligenz bewiesen habe, antwortet sie: „Man muss vor allem die Fähigkeiten entwickeln oder verbessern, die man während der Stellensuche benötigt. Abgesehen davon bin ich sicher, dass wir alle Stärken und Schwächen haben und es sich nicht lohnt, Energie mit den Dingen zu verschwenden, die wir nicht so gut können. Das, worin wir gut sind, gefällt uns ohnehin in der Regel viel, viel besser."

Erfinden Sie das Rad nicht neu auf Ihrer Suche nach einer neuen Arbeit. Es lohnt sich nicht und macht auch keinen Spaß. Seien Sie schlau und knüpfen Sie Kontakt zu Menschen, aus deren Fehlern und Erfolgen Sie lernen können.

## Optimismus

Über den Optimismus wird derzeit viel geredet. Zu Recht! Wenn ich von den zehn Schlüsseln zum Erfolg drei als besonders wichtig auswählen sollte, der Optimismus gehörte in jedem Fall dazu. Die andern beiden wären Ausdauer und Neugier.

**Experten-Rat:** Keith Harrell arbeitet schwerpunktmäßig mit Menschen, die dem Downsizing-Syndrom zum Opfer fielen, und hat aus diesen Erfahrungen heraus *Attitude Is Everything* geschrieben. Er meint: „Das Leben wird nicht von dem bestimmt, was einem passiert, sondern von dem, was man daraus macht."

Martin Seligman schreibt in *Pessimisten küsst man nicht* sinngemäß, dass Optimisten Niederlagen für vorübergehend halten und sie lediglich als Rückschläge betrachten, die nur auf diesen einen Fall beschränkt bleiben. Umgekehrt glauben sie, dass die guten Dinge lange anhalten werden.

Im September 2000 veröffentlichte das US-Magazin *Health* einen Artikel von Judith Newman über Seligmans Theorie: „Letzten Endes geht es um das Gefühl, ob man sein Leben unter Kontrolle hat. Das Gefühl, selbst über sein Leben bestimmen zu können, unterscheidet die Macher am stärksten von den Zauderern."

Seligman spricht von der erlernten Hilflosigkeit, die negativ denkende Menschen daran hindert, wie Optimisten ein Gefühl von Macht auszubilden. Sie sind darauf konditioniert, das Scheitern für wahrscheinlicher zu halten, und scheitern deswegen tatsächlich häufiger.

Der folgende kleine Test zeigt Ihnen die Richtung Ihres Denkens. Kreuzen Sie die Antwort an, die am ehesten auf Sie zutrifft.

✍

1. Sie kommen zu spät zum Flughafen, weil der Fahrdienst Sie zu spät abgeholt hat und unterwegs ein Stau war. Die Maschine ist schon in der Luft.
   a) Sie brüllen das Mädchen am Schalter an, es solle Sie gefälligst sofort in die nächste Maschine umbuchen und zwar in die erste Klasse. ☐
   b) Sie fragen höflich, wann die nächste Maschine fliegt, und sagen lächelnd: „Na ja, ich habe ohnehin noch ein paar Telefonate zu erledigen." ☐
2. In Anwesenheit des Vorstands sollen Sie einen Vortrag halten. Fünf Minuten vor Beginn der Veranstaltung läuft der Projektor für die Powerpoint-Präsentation immer noch nicht.
   a) Sie schimpfen laut vor sich hin: „Verdammter Mist, warum muss das immer mir passieren? Diese Technik funktioniert doch nie, wenn man sie braucht." ☐
   b) Sie sagen Ihren Zuhörern, der Vortrag sei ohne Folien mit Sicherheit viel intensiver, Sie würden in zwei Minuten anfangen, wenn alle da seien. ☐
3. Ihr Vorgesetzter bittet Sie zum Gespräch und sagt, es täte ihm furchtbar Leid, aber Sie müssten leider im Zuge der nächsten Restrukturierung gehen.
   a) Sie reagieren sehr verärgert und herrschen ihn an, Sie würden nie wieder einen vergleichbaren Job finden und könnten bloß hoffen, dass er es genieße, Ihre Karriere zu zerstören. ☐
   b) Sie holen tief Luft und sagen: „Puh, das ist ein echter Schock. Wir sollten die einzelnen Konditionen vielleicht besser erst diskutieren, wenn ich mich wieder beruhigt habe." ☐

4. Nach verschiedenen Tests und Erkundigungen haben Sie sich endlich für eine bestimmte Branche entschieden. Gleich der erste Gesprächspartner meint, der Stellenmarkt in diesem Bereich sei dicht.
   a) Sie gegen heim und sagen Ihrem Mann oder Ihrer Frau, es sei aussichtslos und Sie würden sich wohl am besten einen Job in Ihrem derzeitigen Beruf suchen. ☐
   b) Sie fragen Ihren Gesprächspartner, was Sie seiner Meinung nach tun könnten, um Ihre Chance zu verbessern. ☐
5. Seit drei Monaten bemühen Sie sich um die Besetzung einer frei gewordenen Stelle in Ihrer Abteilung. Sie haben endlich eine geeignete Kandidatin gefunden und wollen ihr gerade ein Angebot unterbreiten, da teilt Ihnen der Chef mit, in diesem Geschäftsjahr dürften keine Neueinstellungen mehr getätigt werden.
   a) Sie sind frustriert und wütend und sagen Ihrem Chef, er würde Ihnen die Arbeit unmöglich machen, Sie könnten die Umsatzvorgaben ohne einen weiteren Mitarbeiter nicht erreichen. ☐
   b) Sie bitten Ihren Chef um ein Gespräch, um die Neuverteilung von Ressourcen zu erörtern, damit Sie Ihre Umsatzvorgaben erreichen können. Außerdem versuchen Sie den Kontakt zu der Kandidatin zu halten, in der Hoffnung, dass sich die Personalsituation wieder ändern wird. ☐

## Auflösung

Überflüssig zu sagen, dass die a-Variante nicht für eine optimistische Einstellung spricht. Je öfter Sie also b angekreuzt haben, als einen umso größeren Optimisten dürfen Sie sich bezeichnen.

Optimismus ist nicht zuletzt auch angeboren, aber es ist wissenschaftlich erwiesen, dass die Umwelt und die Lebenserfahrungen mindestens genauso wichtig sind. Und man kann Optimismus nachweislich lernen.

## Wie wird man Optimist?

- Wenn Sie in einer unschönen oder schwierigen Situation sind, fragen Sie sich, was Sie daraus lernen. Halten Sie es schriftlich fest, damit Sie in der nächsten vergleichbaren Situation besser reagieren können.
- Wenn Sie schlecht gelaunt über etwas nachgrübeln, unterbrechen Sie sich selbst und denken Sie an etwas Schönes oder Lustiges, was Ihnen vor kurzem passiert ist. Oder denken Sie an das nächste entspannte Wochenende.
- Wenn man das Gefühl hat, dass alles über einem zusammenbricht, muss man sich schlecht fühlen. Gegen dieses Gefühl hilft am ehesten, sich jeweils die nächsten kleinen Schritte zu überlegen. Welche Kleinigkeit können Sie heute erledigen auf dem Weg zum großen Ziel?
- Treiben Sie Sport. Gehen Sie spazieren. Besuchen Sie einen Yogakurs. Es ist völlig egal, was Sie tun, aber bewegen Sie sich. Geben Sie den Endorphinen eine Chance, Ihre Stimmung wird sich aufhellen. Die Mayo Clinic hat 2000 eine Studie durchgeführt und den Gesundheitszustand von über 800 Männern und Frauen untersucht, die sich 30 Jahre zuvor einem Persönlichkeitstest unterzogen hatten. Die Optimisten hatten um 19 Prozent bessere Chancen, noch am Leben zu sein.
- Konzentrieren Sie sich auf die positiven Aspekte in Ihrem Leben, und seien diese noch so unscheinbar: der Routinecheck beim Arzt hat ergeben, dass Sie kerngesund sind, Sie waren gerade beim Friseur, das geplante Golfwochenende mit Ihren Kumpels, der große Tulpenstrauß, den Sie sich selbst gekauft haben, oder die E-Mail, die Sie gerade von einem früheren Kollegen bekommen haben.

## Respekt

Mein Vater sagte immer: „Man kann genauso gut nett sein.“ Allen Menschen freundlich zu begegnen, ihnen Komplimente zu machen und höflich Bitte, Danke und Entschuldigung zu sagen, dass ist der Anfang von Respekt.

Das ist doch selbstverständlich, mögen Sie denken. Nun, im Prinzip schon, aber wir alle kennen Menschen, die ihren Mitmenschen keineswegs immer Respekt erweisen.

Der Reiseveranstalter Rosenbluth International mit Sitz in Philadelphia stellt ganz bewusst Menschen ein, die nett sind. Das Unternehmen gehört laut *Fortune* zu den 100 besten Arbeitgebern der USA, nicht zuletzt, weil bei Rosenbluth Respekt zu den für alle Mitarbeiter verbindlichen Werten zählt.

**Tipp:** Sie werden insgesamt erfolgreicher sein, wenn Sie den Menschen ganz bewusst rücksichtsvoll begegnen.

**Hinweis:** Wenn Sie auf der Suche nach einem besseren Arbeitsplatz frustriert sein sollten oder das Gefühl haben, auf der Stelle zu treten, können Ihnen die zehn Schlüssel den entscheidenden Kick geben. Wenn Sie sich diese in Erinnerung rufen, wissen Sie wieder, dass Sie es schaffen können.

# 12. Das 1 × 1 der Stellensuche

## Wie Sie sich vorbereiten und wappnen können

1999 veröffentlichte *Fast Company* ein Interview mit Richard Bolles. Das Magazin wollte von dem Autor des Klassikers *Durchstarten zum Traumjob* (die amerikanische Erstausgabe erschien 1970, das Buch wurde immer wieder aktualisiert und neu aufgelegt) wissen, was sich in diesen Jahren bei der Suche nach einer Anstellung verändert habe.

**Experten-Rat:** Eigentlich, so Bolles Antwort, sei das interessanter, was gleich geblieben sei. Und das wäre? „Die menschliche Natur. Die ändert sich nie. Menschen mögen keine Zurückweisung, haben es nie gemocht und werden es nie mögen."

**Achtung:** Während Ihrer Stellensuche werden Sie höchstwahrscheinlich Gefühle der Frustration, Furcht, Unsicherheit, Zurückweisung und Niedergeschlagenheit erleben. Gelegentlich wächst Ihnen bestimmt alles über den Kopf.

Das ist normal. Sie werden an arrogante Schnösel geraten, an Ignoranten und an unprofessionelle Leute. Auch das ist normal. Andererseits werden Sie euphorische Phasen erleben, in denen Sie froh, selbstsicher und hoffnungsvoll in die Zukunft schauen. Das kann so stark sein, dass Sie den Augenblick gern für immer festhalten würden. Sie werden freundliche, nette, hilfsbereite und zuvorkommende Menschen kennen lernen, die Ihnen Mut zusprechen und Komplimente machen und Sie ganz konkret unterstützen werden.

**Hinweis:** Wenn Sie herausgefunden haben, wo Sie stehen und was Sie wollen, können Ihnen die folgenden Tipps bei der Suche nach der neuen Stelle helfen. Trotz aller Unterschiede zwischen Branchen oder Hierarchieebenen und trotz der technischen Veränderungen sind die Grundzüge doch immer dieselben.

## Kontakte

Je konsequenter Sie Ihre Beziehungen pflegen, eingerostete Freundschaften wieder beleben und neue Kontakte knüpfen, desto einfacher und erfolgreicher wird sich Ihre Stellensuche gestalten.

**Achtung:** Mit Beziehungen sind nicht Namen auf irgendwelchen Listen gemeint, bei denen Sie die zugehörige Person eigentlich gar nicht richtig kennen.

Beziehungen setzen persönlichen Umgang miteinander voraus und intensive Kommunikation. Die Beteiligten sind mit der Arbeit des jeweils anderen vertraut, unter Umständen auch mit dessen persönlicher Lage. Zwischen beiden Personen herrscht Vertrauen, sie wollen sich gegenseitig helfen. Oft teilen beide darüber hinaus dieselben Interessen, verfolgen dieselben Ziele und ihre Zuneigung beruht auf Gegenseitigkeit.

**Tipp:** Beziehungen sind harte Arbeit, und viele Menschen scheuen deswegen vor der notwendigen Pflege und dem Knüpfen neuer Kontakte zurück.

Auch wenn Sie nicht nach einer neuen Stelle suchen, sollten Sie beides keinesfalls vernachlässigen und es zum integralen Bestandteil Ihrer Arbeit machen.

Was, wenn Sie vor lauter Arbeit Ihre Beziehungen vernachlässigt haben? Im Gegensatz zur landläufigen Meinung ist es besser, Verbindungen zu reaktivieren als sich neue Bekannte zu suchen. Denn alte Bekannte kennen Sie eben schon, das Vertrauen und der Bezug zueinander stellen sich oft relativ schnell wieder ein. Wenn Sie länger keinen Kontakt hatten, ist es spannend, wie es dem anderen in der Zwischenzeit ergangen ist, und das empfindet Ihr Gegenüber wahrscheinlich genauso. Immerhin hat sich der oder die andere ja auch nicht gemeldet, und Sie haben den schwereren ersten Schritt getan. Menschen helfen im Prinzip gern, am liebsten jenen, die sie bereits kennen.

Aber natürlich sind neue Bekannte unverzichtbar, wenn Sie sich beruflich verändern wollen.

**Tipp:** Bitten Sie Freunde und Bekannte um Empfehlungen, fragen Sie nach, mit wem Sie sich zu diesem oder jenem Thema unterhalten könnten.

Wenn Sie Menschen über gemeinsame Bekannte kennen lernen, öffnen sie sich eher Ihrem Ansinnen. Leiten Sie das Gespräch also mit einem entsprechenden Hinweis ein. Signalisieren Sie auch, dass Sie aktuell zwar etwas von Ihrem Gesprächspartner wollen, aber gern bereit sind, sich zu revanchieren, dass der Austausch auf Gegenseitigkeit beruhen soll.

**Achtung:** Wenn Sie am Ziel Ihrer Wünsche sind, sollten Sie den anderen nicht vergessen, sondern den Kontakt weiter pflegen.

## Realistische Selbsteinschätzung

Je genauer Sie Ihre Vorlieben und Abneigungen, Ihre Stärken und Schwächen kennen – Ihr eigenes Wesen –, desto geradliniger wird Ihre Stellensuche verlaufen. Wenn Sie dieses Buch bereits durchgearbeitet haben, fällt es Ihnen sicher leicht, eine klare Vorstellung von sich und von dem, was Sie wollen, zu erlangen.

**Hinweis:** Wenn nicht, blättern Sie zurück und holen die Tests nach oder vergegenwärtigen Sie sich noch einmal Ihre Antworten.

Wenn Sie aktiv nach einem guten Arbeitsplatz suchen, sollten Sie Ihren Charakter mündlich wie schriftlich kurz und treffend beschreiben können und erläutern, welchen Berufswunsch Sie daraus ableiten, welche Stärken Ihnen in der gewünschten Tätigkeit zugute kommen.

**Achtung:** Es kommt immer wieder vor, dass Menschen selbst mitten im Bewerbungsprozess Interessen oder Erfolge im bisherigen Berufsleben nur mit Mühe artikulieren können. Stattdessen werden sie im Vorstellungsgespräch nervös und erzählen von bisherigen Aufgaben und den Qualifikationen. Wenn sie dann noch an einen Gesprächspartner geraten, der nicht eigens für die Personalauswahl geschult wurde, ist der ganze Auftritt vermutlich verschwendete Zeit.

Wie können Sie Ihre Selbstdarstellung vorbereiten?

✍ 1. Überlegen Sie sich anhand folgender Fragen, was Sie bisher im Beruf erreicht haben:

- Welche Herausforderung, welche schwierige, verbesserungswürdige Situation haben Sie erkannt?

  ............................................................................................

  ............................................................................................

  ............................................................................................

  **Beispiel:** Dem Personalchef Fred fiel auf, dass die Fluktuation bei den stundenweise beschäftigten Mitarbeitern sehr hoch war.

- Was haben Sie getan, um das Problem zu beheben?

  ............................................................................................

  ............................................................................................

  ............................................................................................

  **Beispiel:** Fred befragte die Teilzeitkräfte nach ihren Arbeitsbedingungen und den Gründen für ihre Unzufriedenheit. Er bat sie darüber hinaus um Vorschläge, wie sich die Arbeit sinnvoller einteilen ließe. Anhand dieser Informationen entwickelte er ein Programm speziell für stundenweise beschäftigte Mitarbeiter: Kleine Sonderzahlungen für Zielerreichung, gleitende Arbeitszeit und Schulungen im technischen Bereich. Außerdem stellte er ihnen einen kaum genutzten Tagungsraum als Aufenthaltsraum zur Verfügung.

- Wie haben sich die von Ihnen angeregten Veränderungen ausgewirkt? (Nennen Sie möglichst quantifizierbare Kriterien, Prozentzahlen oder Kennziffern.)

  ............................................................................................

  ............................................................................................

  ............................................................................................

  **Beispiel:** Die Fluktuation sank innerhalb von sechs Monaten von 80 Prozent auf 55 Prozent.

2. Halten Sie diesen Erfolg in einem prägnanten Satz fest.

   ..........................................................................................

   ..........................................................................................

   ..........................................................................................

   **Beispiel:** Fred könnte sagen: „Ich habe die Fluktuation der Teilzeitkräfte mit einem Motivations- und Belohnungssystem von 80 auf 55 Prozent gesenkt."

3. Nennen Sie drei Leistungen je Arbeitsplatz, einschließlich Ihrer derzeitigen Position. Schreiben Sie diese nach demselben Schema wie eben auf.

- Welche Herausforderung, welche schwierige, verbesserungswürdige Situation haben Sie erkannt?

  ..........................................................................................

  ..........................................................................................

- Was haben Sie getan, um das Problem zu beheben?

  ..........................................................................................

  ..........................................................................................

  ..........................................................................................

- Wie haben sich die von Ihnen angeregten Veränderungen ausgewirkt? (Nennen Sie möglichst quantifizierbare Kriterien, Prozentzahlen oder Kennziffern.)

  ..........................................................................................

  ..........................................................................................

  ..........................................................................................

## Ein realistischer Plan

Ein detaillierter, ergebnisorientierter Plan mit genau beschriebenen Maßnahmen und Zielvorgaben hilft Ihnen dabei, Kurs zu halten und nicht vorzeitig aufzugeben. Außerdem verringern Sie so den Zeitverlust: Sie schützen sich vor Umwegen und kontraproduktiven Handlungen.

Es ist seltsam, dass wir gerade für die großen, hehren Ziele im Leben – zu denen auch der Beruf zählt – die Mühe und den Aufwand für einen umfassenden, durchdachten Plan scheuen. In der Regel liegt das weniger an mangelnden Planungsfähigkeiten als an dem psychologischen Hintergrund, vor dem die Stellensuche abläuft.

**Achtung:** Allzu oft lassen wir uns von der scheinbar unerreichbaren Aufgabe abschrecken statt sie in kleine Schritte mit genauen, wenn auch flexiblen Zielen sowie realistischen und messbaren Vorgaben zu zerlegen.

**Beispiel:** Sam strebt eine leitende Marketing-Position im Konsumgüterbereich an. Er will innerhalb von sechs Monaten wechseln und sucht über sein Netzwerk eine neue Stelle. Er nimmt sich vor, wöchentlich mit zwei Menschen zu sprechen, was er bequem schafft. Seine Gesprächspartner wählte er nach folgenden Kriterien aus: Zugänglich, nett, großer Bekanntenkreis, möglichst bereits bei einem Konsumgüterproduzenten beschäftigt. Sams Liste von Ansprechpartnern erreichte eine beträchtliche Länge, und innerhalb von drei Monaten zog er nach New Jersey und trat als Marketingleiter in die Firma eines früheren Kommilitonen ein.

Pläne sollte man immer schriftlich festhalten. Folgende Punkte könnte Ihr Plan enthalten:

## Stellensuche

✍ Meine drei Hauptziele sind

1. den Lebenslauf auf Stand bringen und drei Leuten zeigen.
   Zeitraum: .............................. erledigt: ja ☐ nein ☐
   Anmerkungen:
   ..........................................................................................

2. 15 Namen von Ansprechpartnern notieren mit Telefonnummer und E-Mail-Adresse.
   Zeitraum: .............................. erledigt: ja ☐ nein ☐
   Anmerkungen:
   ..........................................................................................
   ..........................................................................................

3. Fünf Personen aus meiner Liste anrufen, um ein Treffen zu vereinbaren.
   Zeitraum: .............................. erledigt: ja ☐ nein ☐
   Anmerkungen:
   ..........................................................................................
   ..........................................................................................
   ..........................................................................................

**Tipp:** Heften Sie Ihre Wochenpläne ab, damit Sie jederzeit darauf zurückgreifen können.

## Entscheidungen treffen

Ein Plan ist die Basis, aber ohne Entscheidungen und Handlungen aufgrund dieser Entscheidungen bleibt Ihre Stellensuche vergeblich. Ohne Entscheidung kein Handeln.

**Achtung:** Ohne Handeln – Anrufe tätigen, telefonisches Nachhaken, Treffen vereinbaren und Gespräche führen – wird sich an Ihrer Situation nichts ändern und Sie sitzen weiterhin auf der ungeliebten Stelle.

Entscheidungsschwäche hat viele Ursachen: Unsicherheit, Angst vor Veränderungen oder vor dem Unbekannten.

**Tipp:** Das beste Mittel gegen diese Ängste ist jedoch der Erfolg. Sie sollten also die Unsicherheit beiseite schieben, die Furcht überwinden und etwas tun.

Wenn wir etwas ohne innere Anteilnahme tun, dann tun wir entweder etwas, von dem wir annehmen, dass es wichtig ist, wir tun es für andere oder uns fehlen wichtige Informationen. Menschen treffen keine Entscheidungen, solange es keinen Grund dafür gibt. Der erste Schritt zu Entscheidungen ist das Wissen darüber, was einen selbst antreibt.

**Beispiel:** Harold war 40, hatte eigentlich keine schlechte Position, fühlte sich aber so unwohl und unausgefüllt, dass er sich coachen ließ. Beim ersten Termin sagte er, sein größtes Problem sei, dass er sich nicht entscheiden könne. In der Vergangenheit hatte er zweimal die Stelle gewechselt, jedoch hatten ihn jedes Mal Freunde in diese Jobs gehievt, und außerdem war er damals jünger und ungebunden gewesen. Er war als Anwalt, in der Werbung und in einer Nonprofit-Organisation tätig, ohne je selbst nach einer Stelle gesucht zu haben, und nun wusste er nicht, wie und wo er anfangen sollte.

Die Beraterin riet Harold zu kleinen Schritten. Woche für Woche nahm er sich einzelne, kleine Entscheidungen vor: Erkundigungen in einer Branche einholen, Bekannte treffen, auf Stellenanzeigen im Internet reagieren, sich Chancen verschaffen. Er durchlebte Höhen und Tiefen, aber nach eineinhalb Jahren fand er eine Stelle in einer PR-Agentur. Den Erfolg schreibt er den bewusst wöchentlich getroffenen Entscheidungen zu; eine Haltung, die ihm mit der Zeit in Fleisch und Blut überging.

## Das ABC des Bewerbens

### Der Lebenslauf

Daran denkt fast jeder zuerst, wenn er sich bewerben will. Die meisten Arbeitgeber legen Wert auf den Lebenslauf, um den beruflichen Werdegang eines Bewerbers zu erfahren und gegebenenfalls eine Gesprächsgrundlage für das persönliche Gespräch mit dem Kandidaten zu haben. Der Lebenslauf vermittelt einen ersten Eindruck von Ihrer Persönlichkeit, Ihren Wünschen und Ihren Vorzügen. Er bewirkt daneben aber auch Dinge, die vielleicht wichtiger sind als der unmittelbare Zweck:

1. Ein guter Lebenslauf setzt voraus, dass Sie gründlich über sich selbst und Ihre bisherige Tätigkeit nachgedacht haben. Danach fällt es Ihnen erheblich leichter, sich in Vorstellungsgesprächen zu behaupten und mit anderen Menschen über Ihre berufliche Zukunft zu reden.
2. Mit ein bisschen Fantasie trifft Ihre Beschreibung von Erfahrungen und Leistungen exakt die Bedürfnisse des potenziellen Arbeitgebers.

3. Durch die schriftliche Darstellung Ihrer persönlichen Eigenschaften und Fähigkeiten können Sie sich von anderen Bewerbern abheben.

Wer sich im Internet bewirbt, hat mehrere Möglichkeiten. In vielen Fällen haben Sie im Internet vorgegebene Eingabemasken auszufüllen, in denen Sie Ihre Person und Ihren beruflichen Weg stichpunktartig darstellen können.

**Achtung:** Gehen Sie dennoch mit der gleichen Sorgfalt an das Ausfüllen wie an das Schreiben eines schriftlichen Lebenslaufs.

Oftmals wird das Internet für eine erste Kontaktaufnahme genutzt, auch bei Initiativbewerbungen. In diesen Fällen folgt auf eine erste Bewerbungs-Mail das schriftliche Material per Post. Sie können Ihren ganz auf diese Stelle zugeschnittenen Lebenslauf auch an eine elektronische Bewerbung anhängen. Aber bitte nur, wenn es gewünscht ist. Lange Anhänge stellen die Personalverantwortlichen vieler Unternehmen immer noch vor technische Probleme.

**Achtung:** Sie werden anhand Ihres Lebenslaufs beurteilt und meist auch zum Vorstellungsgespräch oder Assessment-Center ausgewählt.

Der Lebenslauf ist Ihr Stellvertreter gegenüber den Verantwortlichen im Unternehmen, Ihre Visitenkarte. Deswegen sollten Sie niemals einen 08/15-Lebenslauf für jede Gelegenheit versenden, sondern ihn entsprechend der gewünschten Stelle und dem gewünschten Unternehmen modifizieren.

**Tipp:** Der Leser sollte auch bei eiligem Durchblättern Ihrer Unterlagen erkennen können, warum gerade Sie für diesen Job so geeignet sind.

## Netzwerken

Ohne Kontakte ist die Stellensuche relativ hoffnungslos, also gewöhnen Sie sich besser ans Netzwerken. Es ist ungefähr so schwer wie Fahrradfahren. Als kleinem Kind schien es Ihnen unmöglich, sich ohne Stützräder auf diesem wackeligen Ding zu halten, aber einmal gelernt ist es einen Moment lang aufregend und dann einfach nur noch selbstverständlich. Heute können Sie sich vermutlich gar nicht vorstellen, wie das ist, *nicht* Rad fahren zu können. Selbst wenn Sie lange nicht gefahren sind, gelingt es nach zwei Sekunden wieder mühelos.

Angst vor dem Unbekannten ist völlig normal. Angst vor unangenehmen Erfahrungen ebenso. Wenn Ihnen das Netzwerken Angst einjagt, stellen Sie sich am besten den schlimmstmöglichen Fall vor. Was kann Ihnen geschehen? Wahrscheinlich ist die Angst das Schlimmste, während Sie mit einem unangenehmen Vorfall oder einem negativen Ergebnis durchaus umgehen könnten.

**Tipp:** Wenn Sie Angst vor Ablehnung haben: Es ist gerade in Netzwerken unwahrscheinlich, dass Sie als Person abgelehnt werden. Wenn jemand ein Gespräch mit Ihnen ablehnt, hat er oder sie vielleicht keine Zeit, kann Ihnen zum Thema ohnehin nichts sagen oder sieht keinen Sinn darin. Wenden Sie sich einfach an den nächsten Ansprechpartner, wenn Sie keine oder eine abschlägige Auskunft erhalten.

Hier einige Vorschläge, wie man Netzwerke aufbaut:

1. Schreiben Sie sich alle Menschen auf, die Sie kennen, unterteilt nach Geschäftspartnern, Ex-Kollegen, Bekannten, Nachbarn, Freunden und früheren Mitstudenten. Sie werden immer wieder wegen der Hilfsbereitschaft überrascht sein, die Ihnen während Ihrer Suche nach einer besseren Arbeit zuteil wird, ob von Ihrem Zahnarzt oder von dem Nachbarn drei Häuser weiter.
2. Nützlich kann die Nutzung von Organisations-Software wie Outlook sein. Ob elektronisch oder konventionell auf Karteikarten: Halten Sie Namen und Informationen fest, legen Sie alles an einer Stelle ab.
3. Bevor Sie eine E-Mail abschicken, sollten Sie genau überlegen, was Sie mitteilen wollen. Fallen Sie nicht mit der Tür ins Haus, sondern schicken Sie etwas Persönliches voraus: „Ist das wirklich zwei Jahre her, seit wir uns zum letzten Mal gesehen haben? Wie geht es dir?“ Erklären Sie dann mit ein, zwei Sätzen Ihr Anliegen: „Ich habe gehört, dass du vor einem Jahr die Stelle gewechselt hast, und weil ich das jetzt auch vorhabe, würde ich mich gern mit dir darüber unterhalten.“ Im letzten Satz fragen Sie ganz

konkret: „Hast du 20 Minuten Zeit für mich? Wann würde es dir passen?“

4. Kommen Sie vorbereitet zu dem Treffen. Bringen Sie, falls das passt, Ihren Lebenslauf mit, halten Sie eine Visitenkarte bereit (auch wenn Sie arbeitslos sind, lassen Sie sich schlichte Karten mit Namen, Adresse, Telefon und E-Mail drucken) und überlegen Sie sich, welche zwei, drei Punkte Sie in Erfahrung bringen wollen. Geht es Ihnen um Feedback wegen Ihres Lebenslaufs oder wollen Sie Ansprechpartner in einem bestimmten Unternehmen genannt bekommen? Wenn Sie sich das nicht vorher überlegen, ist das Treffen womöglich umsonst.
5. Fragen Sie immer, ob Sie etwas für den Gesprächspartner tun können. Vielleicht sucht er dringend nach einem zuverlässigen Babysitter? Vielleicht können Sie bei Problemen mit dem Auto helfen oder sich auf gleicher Ebene revanchieren?
6. Ihr Auftreten gibt den Ausschlag. Es kommt wirklich darauf an, welchen Eindruck Sie hinterlassen. Treten Sie professionell auf, präsentieren Sie sich zuversichtlich. Reden Sie nicht allzu viel von sich selbst.
7. Jede Ansammlung von Menschen ist eine Gelegenheit zum Netzwerken. Ob auf dem Fußballplatz oder in Verbandstreffen, dem Nachbarschaftsfest oder beim Gemüsehändler, überall sind Menschen, die sich im Geschäftsleben auskennen und andere Menschen kennen.
8. Bedanken Sie sich immer nach einem Gespräch, am besten mit einem Kärtchen oder einer E-Mail. Schreiben Sie, Sie würden sich gelegentlich melden. Falls der oder die Betreffende Ihnen einen Namen oder sonstige Informationen nachliefern wollte, haken Sie ruhig nach.

Netzwerken erleichtert das Leben in jeder Hinsicht, und nicht nur dann, wenn man gerade auf Stellensuche ist. Je häufiger Sie es praktizieren, desto mehr Nutzen wird es Ihnen bringen – auch wenn Sie schon längst in einer tollen Position sind.

## Stellenanzeigen und Jobbörsen

Nach wie vor gehören Anzeigen, sowohl im Internet als auch in der Tageszeitung oder anderen Printmedien, für den Stellensuchenden zur Pflichtlektüre, auch wenn sie schon längst nicht mehr das wichtigste Tor zur neuen Stelle sind. Die Arbeitgeber haben einige Fantasie entwickelt, was die Personalsuche betrifft: Sie inserieren in Bussen und U-Bahnen, in öffentlichen Toiletten oder sogar auf Mülleimern. Häufig können Mitarbeiter mit einer Belohnung rechnen, wenn sie einen passenden neuen Mitarbeiter empfehlen.

Effektiv ist die Arbeit mit elektronischen Jobbörsen, wie stepstone oder monster. Dort kann man nicht nur Stellenanzeigen lesen, sondern meist kostenlos den eigenen Lebenslauf hineinstellen und sich per Mail passende Angebot zusenden lassen. Unternehmen wählen anhand der Bewerberprofile mögliche Kandidaten für zu besetzende Stellen aus und setzen sich unter Umständen direkt mit Ihnen in Verbindung.

**Achtung:** Antworten Sie auf Stellenanzeigen, aber denken Sie daran, dass es nicht der einzige und erfolgversprechendste Weg der Kommunikation mit potenziellen Arbeitgebern ist. Persönliche Empfehlungen aus Ihren Netzwerken und Initiativbewerbungen kommen in vielen Unternehmen weitaus besser an und bieten größere Chancen als ein Bewerber unter hunderten zu sein, der auf eine Anzeige antwortet.

## Headhunter und Arbeitsvermittler

Personalberatungen und Headhunter erhalten vom Arbeitgeber den Auftrag, geeignete Kandidaten insbesondere für besondere Fach- und Führungspositionen zu ermitteln.

**Achtung:** Personalagenturen sind einer Seite verpflichtet – dem Arbeitgeber.

Recruiter handeln also nicht unbedingt im Sinn des Arbeitnehmers und vertreten im Zweifelsfall nicht dessen Interessen. Stellenvermittler schenken nur den Bewerbern Aufmerksamkeit, die nach ihrer Einschätzung zu einem ihrer Auftraggeber passen könnten. Alle anderen wimmeln sie ab. Wenn Sie sich das klarmachen, werden Sie eine solche Behandlung gelassener hinnehmen können.

Nutzen Sie Headhunter und Arbeitsvermittler, aber verlassen Sie sich nicht auf diese Möglichkeit. Das gilt vor allem, wenn Sie den Beruf oder die Branche wechseln wollen. Kein Vermittler würde das Risiko eingehen, jemand ohne Berufserfahrung in dem speziellen Gebiet zu empfehlen. **Tipp:** Trotzdem ist es nicht verkehrt, gute Beziehungen zu solchen Beratungsunternehmen zu knüpfen.

Empfehlen Sie geeignete Kandidaten und antworten Sie immer, wenn Sie eine Anfrage wegen solcher Empfehlungen erreicht. Mit hoher Wahrscheinlichkeit wird sich dieses Engagement irgendwann auszahlen. Arbeitsvermittler und Headhunter sind auf die Vermittlung von Menschen mit besonderen Kenntnissen für besondere Herausforderungen spezialisiert.

## Das Vorstellungsgespräch

Keine Einstellung ohne mindestens ein vorheriges persönliches Gespräch. Heutzutage sind mehrere Gespräche innerhalb der künftigen Firma üblich. Wenn Sie keinen günstigen Eindruck hinterlassen, werden Sie kein Angebot erhalten.

Eine gelungene Selbstdarstellung im Vorstellungsgespräch umfasst verschiedene Punkte. Achten Sie auf ein ansprechendes Aussehen. Ihre Äußerungen sollten Interesse wecken und sich auf die Pluspunkte konzentrieren, die für den potenziellen Arbeitgeber wichtig sind. Nicht zuletzt müssen Sie beweisen, dass Sie in das Unternehmen passen.

Sich vorstellen bereitet den meisten Menschen Stress, aber es lässt sich lernen. Man kann trainieren, kurz und bündig über sich und eigene Leistungen zu berichten, und zwar auf ansprechende Art und Weise.

**Tipp:** Wenn Sie Tests ausgefüllt und intensiv über Ihren Lebenslauf nachgedacht haben, stehen Ihnen die Fakten bereits zur Verfügung.

Natürlich stellt man sich zu selten vor, um echte Routine zu entwickeln, aber Sie können mit Freunden, Familienmitgliedern oder einem Karriereberater im Rollenspiel üben. Davor scheuen die meisten leider zurück. Neben der Selbstdarstellung ist es auch wichtig, im Vorstellungsgespräch die richtigen Fragen zu stellen.

**Tipp:** Legen Sie sich vorher zurecht, was Sie den oder die Gesprächspartner im Unternehmen fragen wollen.

Voraussetzung dafür ist natürlich, dass Sie sich in der Bewerbungsphase gründlich mit der Branche und dem konkreten Unternehmen befassen, auf das Sie aus sind. Hier sind Berufsverbände, Geschäftsberichte und Internetseiten denkbare Quellen. Auch Gespräche mit Mitarbeitern können Sie vorab führen, um etwas über die Unternehmensphilosophie herauszubekommen. In manchen Image-Broschüren von Firmen ist das Selbstverständnis ebenfalls sehr gut dargestellt.

Folgende Fragen wären denkbar:

### Diese Fragen zum Unternehmen können Sie stellen

- Wie sieht ein normaler Tag an diesem Arbeitsplatz aus?
- Was erwarten Sie von mir in den ersten drei Monaten, dem ersten Halbjahr, dem ersten Jahr?
- Welche Probleme müssen in dieser Abteilung oder Sparte vordringlich gelöst werden? Welche Herausforderungen gilt es zu meistern?
- Wem bin ich berichtspflichtig?
- Welcher Typ von Mensch ist hier besonders erfolgreich?
- Wie würden Sie die Unternehmenskultur beschreiben?

Nicht alle, die für Einstellungen verantwortlich sind, haben eine spezielle Ausbildung dafür. Auch als Bewerber haben Sie die Möglichkeit, das Gespräch in Ihrem Sinne zu beeinflussen:

1. Sie sollten alle notwendigen Informationen über sich selbst „loswerden“, bevor Ihr Gesprächspartner Sie entlässt.
2. Sie sollten alle Informationen über die neue Stelle und das Unternehmen abfragen, die Sie für Ihre Entscheidung brauchen.

## Nachhaken

Kurze Dankschreiben sind wichtig, sowohl bei informellen Kontakten als auch bei offiziellen Gesprächen. Ob mit der Maschine, mit der Hand oder elektronisch geschrieben ist dabei nebensächlich. Wichtig ist nur, dass Sie es tun. Sie verstärken den positiven Eindruck, den Sie hinterlassen haben, können noch einmal auf denkbar vornehme, zurückhaltende Art Ihre Vorzüge anpreisen und Bedenken, die während des Gesprächs bei Ihrem Gegenüber aufgekommen sein mögen, zerstreuen.

**Experten-Rat:** Joanne ist stellvertretende Personalleiterin einer internationalen Handelsagentur. Ihrer Beobachtung nach schicken nur 10 Prozent der Bewerber für Feld-Wald-Wiesen-Stellen und 50 Prozent der Bewerber für eine Führungsposition ein Dankschreiben.

Mary, Personalchef bei einem Versorgungskonzern, sagt: „Dankschreiben werden immer seltener, unabhängig von der Position, für die sich der Bewerber oder die Bewerberin vorgestellt hat. Das ist schade, denn so kann man sich in Erinnerung bringen und das Interesse an der Position bekräftigen.“ Der Bewerber vergibt sich also mit dem Verzicht auf ein kurzes Dankeschön eine Chance, insbesondere wenn er im Vertrieb tätig sein will.

Jeder hat seine eigenen Erfahrungen mit der Stellensuche gesammelt. Trotzdem kursieren auf diesem Gebiet einige anscheinend unausrottbare, aber deswegen nicht weniger falsche Ansichten. Deswegen versucht der letzte Abschnitt, die wichtigsten Mythen gerade zu rücken.

## Die sieben Märchen von der Stellensuche

Es gibt viele Irrtümer, die sich hartnäckig halten. Am meisten sind folgende Meinungen verbreitet:

Märchen Nummer 1:

### Der Lebenslauf sollte nicht länger als eine Seite sein.

Völlig falsch! Er kann bis zu drei Seiten umfassen. Eine zusätzliche Seite mit Referenzen oder Veröffentlichungen – wenn sie relevant sind –

wird problemlos akzeptiert. Dagegen stimmt es, dass man das Anschreiben möglichst auf einer Seite unterbringen sollte.

Märchen Nummer 2:

**Wer über eine Personalagentur eingestellt wird, sollte nach dem eigentlichen Vorstellungsgespräch die Verantwortlichen im Unternehmen nicht mehr direkt ansprechen.**

Sie sprechen entweder mit dem Entscheidungsträger oder mit einer Person, die die Entscheidung vorbereitet. Fragen Sie während des Gesprächs, ob Sie sich später mit Fragen bei ihm oder ihr melden dürften. Wenn die Frage verneint wird, ist entweder das Interesse an Ihnen oder der Stil des Verantwortlichen fraglich. Schließlich sollen Sie eingestellt werden und nicht der Vermittler der Agentur.

Märchen Nummer 3:

**Wenn Sie mit acht Personen gesprochen haben, müssen Sie sich nur bei Ihrem direkten Vorgesetzten bedanken, falls Sie eingestellt werden.**

Die anderen sieben Personen haben sich Zeit für Sie genommen. Natürlich ist Ihnen das auch ein Dankeschön wert!

Märchen Nummer 4:

**Sie sollten während des Vorstellungsgesprächs nicht mitschreiben.**

Was sollte dagegen sprechen? Niemand hat ein absolutes Gedächtnis, kann sich alles merken und gleichzeitig noch reden, zuhören und mitdenken.

**Tipp:** Fragen Sie im Zweifel höflich, ob es Ihren Gesprächspartner stört, wenn Sie sich Notizen machen.

Natürlich sollten Sie nur Stichworte oder Kürzel festhalten, sonst lenkt es Sie zu sehr ab. Ihr Hauptaugenmerk sollte auf dem Gespräch liegen.

Märchen Nummer 5:

**Während der Sommermonate oder im Dezember kann man die Stellensuche von vornherein vergessen.**

Das ist lächerlich. Während der Sommermonate ist die Atmosphäre in den Unternehmen oft entspannter, der Stress lässt in dieser Zeit etwas nach. Das ist Ihre Chance! Manche Firmen mögen im Dezember tatsächlich mit Abschlussarbeiten oder andern Dingen überlastet sein, außerdem jagt eine Weihnachtsfeier die nächste. Trotzdem ist die Stimmung festlich. Eine gute Zeit, um Menschen zu treffen, von denen man Informationen möchte.

Märchen Nummer 6:

**Der am besten qualifizierte Kandidat hat die besten Aussichten, eingestellt zu werden.**

Natürlich sind die meisten Stellen an bestimmte Qualifikationen geknüpft, und es stimmt, dass die meisten Unternehmen lieber Kandidaten mit Berufserfahrung in derselben Branche und einer vergleichbaren Position nehmen. Die Wahl fällt bei gleicher Qualifikation aber meist auf den Bewerber, der in die Unternehmenskultur passt. Wer die Unternehmenswerte rasch herausfindet, sich in die Umgangsformen einfühlen kann, ein Gespür für die Unternehmenskultur beweist und merkt, welcher Menschentyp hier respektiert wird, hat die Nase vorn. Diese Art von Information kann man sich nicht aus dem Internet holen oder im Jahresabschluss nachlesen. Da müssen Sie schon mit Menschen – Mitarbeitern, Lieferanten und früheren Mitarbeitern – reden.

Märchen Nummer 7:

**Nur Teile der Stellenausschreibung sind verhandelbar.**

Mit einem Unternehmen können Sie am besten bei der Einstellung und bei einer anstehenden Kündigung verhandeln. Alles steht zur Debatte, wenn Sie sich über Ihre Bedürfnisse im Klaren sind und sie begründen können.

**Tipp:** Wie Sie Ihre Forderungen wirksam durchsetzen, wird am deutlichsten, wenn Sie sich in die Position des Arbeitgebers hineinversetzen.

Nicht nur das Gehalt, auch die Arbeitsinhalte sind verhandelbar, die Art, wie die Arbeit erledigt werden muss, die Frage, wem Sie berichtspflichtig sind, und jeder andere Punkt.

Die Suche nach einem neuen Arbeitsplatz verlangt viele Talente, und je häufiger Sie Ihre Kontakte pflegen, zu Vorstellungsgesprächen gehen und verhandeln, desto leichter fällt es Ihnen. Vertrauen Sie vor allen Dingen Ihrem Instinkt. Wie in jeder Beziehung muss man natürlich auch bei der Stellensuche Kompromisse eingehen. Aber es gibt keinen Grund, warum Sie nicht den richtigen Job finden sollten, einen Arbeitsplatz, der zu Ihnen passt und Ihren Ansprüchen genügt.

# Nachwort

Eine Umfrage des Conference Board in den USA ergab 2000, das nur 51 Prozent der Amerikaner mit ihrem Job zufrieden waren. 1995 waren es noch 59 Prozent gewesen. Die Umfrage einer Weiterbildungsorganisation, die 30 Schulen für den zweiten Bildungsweg betreibt (Career Education Corporation), belegt ebenfalls für das Jahr 2000, dass fast die Hälfte aller Erwerbstätigen in den USA eine berufliche Veränderung erwägen und immerhin 25 Prozent eine Umschulung oder eine einschneidende Veränderung innerhalb eines Jahres anstreben. Nur drei Prozent gaben an, mit ihrem derzeitigen Job zufrieden zu sein.

Auch in anderen Ländern ist das Problem bekannt. Allerdings bleiben viele Arbeitnehmer in dem Stadium der Unzufriedenheit hängen. So prägte der deutsche Wirtschaftspsychologe Ralf Brinkmann, Professor an der Fachhochschule Heidelberg, den Begriff des „Larvenstadiums", in dem sich viele Arbeitnehmer befinden: Sie seien zwar in hohem Maße unzufrieden und hätten bereits innerlich den alten Job gekündigt; die beruflichen Alternativen und der Arbeitsmarkt seien aber häufig so beschaffen, dass es zu keiner Entscheidung kommt. Etwa ein Drittel der Angestellten ist nach Untersuchungen von Professor Brinkmann davon betroffen (Quelle: Süddeutsche Zeitung vom 18.10.2003). Besonders ältere Arbeitnehmer scheuen häufig aus verständlichen Gründen vor einem Wechsel zurück. Um nicht ganz aufs Abstellgleis geschoben zu werden, verharren sie in dem ungeliebten Job. Nach einem Bericht des Magazins Focus Money aus dem Jahr 2002 können sich nur 19 Prozent der 40- bis 50-Jährigen vorstellen, noch einmal einen neuen Job anzunehmen. Die Folgen sind verheerend: Innere Kündigung bewirkt, dass die Betroffenen nur noch das Nötigste tun, sich zurückziehen und häufig psychisch angeschlagen sind.

Für die Schweiz hat das d&s Institut für Markt- und Kommunikationsforschung Zürich in einer Studie festgestellt, dass die Zahl der absprungbereiten Arbeitnehmer auf der mittleren Ebene noch nie so groß war wie gegenwärtig. Jeder zweite Unzufriedene trägt sich mit dem Gedanken, innerhalb der nächsten zwölf Monate die Stelle zu wechseln. Männer und jüngere Arbeitnehmer sind der Studie zufolge wechselbereiter als andere. Interessant. Nicht das Einkommen gibt Anlass zur Unzufriedenheit, sondern fehlende Aufstiegschancen, Anerkennung und Unterstützung.

Wenn Sie sich in diesem „Larvenstadium“ befinden oder schon vage Wechselabsichten haben, halten Sie sich vor Augen, dass Arbeiten nicht nur Broterwerb bedeutet. Sehen und fühlen Sie sich als Individuum, das nach Freiräumen, Sinn, Anerkennung, Motivation und Erfolg strebt. Dabei muss jeder Mensch seinen eigenen Weg gehen. Wer in seinem derzeitigen Beruf unzufrieden oder enttäuscht ist, sollte es nicht bei dieser Erkenntnis belassen, sondern von sich aus Perspektiven entwickeln und einen Plan, um an dieser Situation etwas zu ändern. Warum fangen Sie nicht jetzt in diesem Moment damit an?

Tausende und Abertausende von Menschen haben bewiesen, dass man umsatteln und eine neue Laufbahn beginnen kann.

Und hier einige **Beispiele**, die Ihnen Mut machen sollen:

- Rita arbeitet freiberuflich als Medienberaterin. Nach einer Tätigkeit in sechs verschiedenen Bereichen (Personalwesen, Gastronomie, Sozialberatung, Immobilienverkauf, Umzugsservice für Unternehmen, Anzeigenvertrieb) nutzte sie ihre vielfältigen Erfahrungen, um sich mit 46 Jahren selbst einen interessanten Arbeitsplatz zu schaffen. „Mir war schon immer eine sinnvolle Arbeit wichtig, ich will mit Herz und Seele dabei sein und mein Bestes geben. Vor kurzem habe ich die größere Sicherheit einer festen Anstellung aufgegeben und mich selbstständig gemacht, und ich habe genug zu tun, bin finanziell also trotzdem ausreichend abgesichert!“
- Greg ist 52 und blickt auf 20 Jahre Anwaltstätigkeit zurück. „Ich musste meinem kreativen Ich mehr Raum geben, das bisher viel zu kurz gekommen war.“ Gesagt, getan: Greg wurde Fotograf.

„Jetzt kann ich etwas mit meinen eigenen Händen gestalten, und das ist mir sehr wichtig."

- Jon, Leiter der Personalabteilung, wurde mit 36 entlassen und genehmigte sich ein Jahr Auszeit, um sich erst einmal über seine Wünsche klar zu werden. Warum? Er hatte Karriere gemacht, fand die Inhalte seiner Arbeit aber unbefriedigend. „Ich hielt mich für schlau, als ich mit der Reise nach innen begann, musste aber bald feststellen, dass es schwieriger werden würde als erwartet. Es gibt keine Sprache und keinen vorgezeichneten Weg, der einen zum richtigen Beruf führt. Jeder muss ihn sich ganz persönlich durch den Dschungel der Möglichkeiten bahnen." Jon will ein ganzheitliches Leben führen und sucht nach einer Herausforderung, einer Arbeit, in der er sich richtig engagieren kann. Beides lässt sich in einem Dasein als Angestellter seiner Überzeugung nach nur schwer verwirklichen.

Unter dem Zwang, bestimmte Vorgaben erfüllen zu müssen – Ziele, die Sie mit Ihrem Arbeitgeber vereinbart haben –, bleibt der Sinn häufig auf der Strecke.

- Die 35-jährige Teri verkauft Musik. Seit sechs Jahren glänzt sie bei ihrem Arbeitgeber als die Vertreterin mit den besten Absatzzahlen. Aber Teri langweilt sich. „Warum sollte ich die Liste ein siebtes Mal anführen?", fragt sie sich. „Es bedeutet mir nichts mehr." Teri will ein kleines Unternehmen gründen und Acryl-Rahmen für die Ultraschallbilder der Babys im Bauch der Mutter verkaufen. „Das Projekt ist mein Baby, ich liebe es also und die Idee spornt die kreative Seite in mir an. Es wird eine gewaltige Aufgabe, ich kann's gar nicht erwarten."
- Michael war sein gesamtes Berufsleben lang Anwalt. Mit 60 kaufte er sich in einen Weinhandel ein und eröffnete für den Franchisegeber eine neue Niederlassung. Binnen sechs Monaten erwirtschaftete er den höchsten Umsatz aller Filialen der Kette in den USA. Wichtiger noch, Michael ist hochzufrieden. „Ich bin sehr dankbar, dass ich jetzt selbstbestimmt leben kann, ich habe meine Zukunft selbst in der Hand." Er war es schon lange leid, für un-

fähige Manager zu arbeiten, die ihren Posten mehr durch Beziehungen als durch Kenntnisse hatten. „Ich hatte es so satt und wollte einfach nur mein eigener Herr sein."

- Jack hat 30 Jahre lang in der Chemieindustrie gearbeitet und ging mit 63 in Rente. Heute ist er 69 und arbeitet ganztags als Berater für ein chemisches Forschungsinstitut, nachdem er drei wichtige Führungsaufgaben in verschiedenen gemeinnützigen Organisationen übernommen hatte. Wenn er einmal nicht 60 Wochenstunden arbeitet, segelt er, fährt Kajak, sitzt am Steuer seines Sportflugzeugs oder sammelt Kameras. Gefragt, wie lange er noch arbeiten wolle, antwortet Jack: „Wenn es geht, noch zehn Jahre."

**Experten-Rat:** Die Psychologin Dorothy Cantor weist zu Recht in *What Do You Want to Be When You Grow Up?* darauf hin, dass sich das Selbstverständnis mit der Zeit wandelt und frühere Lebensentwürfe an Bedeutung verlieren können. „Das Leben geht weiter, und Übergänge sind normal." Zentrale Aussage ihres Buchs ist: Es ist einzig und allein Ihre Sache, einen erfüllten, aufregenden, glücklichen Beruf zu ergreifen.

- Die 40-jährige Caroline ist Inhaberin einer Beratungsfirma. Sie übernimmt die Koordinierung für Ingenieurbüros und arbeitet derzeit an einem Forschungsprojekt zur Wirtschaftlichkeit und Sicherheit des Gütertransports auf Schienen. Sie ist von Haus aus selbst Ingenieurin, aber die eigentliche Ingenieursarbeit interessiert sie nicht. Jetzt nutzt sie ihr Studium als Background, ohne den sie ihre Beratungsarbeit nicht bewältigen könnte. Als Mutter von zwei Kindern muss sie dazuverdienen, andererseits kann sie sich Pausen zwischen zwei Beratungsaufträgen leisten.

  Caroline hat verschiedene Tests durchlaufen, um ihre Stärken und Interessen zu bestimmen, und daraufhin eine Stellenbeschreibung entwickelt, die ihr entsprach, genug Einkommen versprach und sich mit den beiden Kindern vereinbaren ließ.

  Auf die Frage, ob sie mit ihrem derzeitigen Job zufrieden sei, antwortete Caroline: „Ich bin hellauf begeistert, ich genieße die freie Zeiteinteilung, ich finde die riesige Bandbreite an Aufgaben fantastisch. Es ist wunderbar, zwischen zwei Projekten etwas

> ganz anderes tun zu können oder sich in zwei Projekten gleichzeitig engagieren zu können, statt immer dieselbe Arbeit zu tun und bei Arbeitsmangel meine Zeit abzusitzen."

Es ist an der Zeit, dass Sie sich um eine gute Arbeit kümmern. Fangen Sie noch heute an. Es wird nicht einfach sein. Denken Sie nur an Jon: Der Weg ist steinig. Wahrscheinlich entscheiden sich deswegen so viele Menschen gegen eine Veränderung und arrangieren sich stattdessen mit ihrer Unzufriedenheit. Muten Sie sich das nicht zu. Schließen Sie die Augen und malen Sie sich aus, wie glücklich Sie sein könnten, wenn Sie eine erfüllende, interessante Stelle hätten. Eine lohnende Aufgabe wird Ihr Leben verändern!

# Quellen und Adressen

## Kapitel 1: Warum wollen oder müssen Sie den Arbeitsplatz wechseln?

Beverly Goldberg: Age Works. The Free Press 2000. Ein Leitfaden für Arbeitgeber, wie man den Bedürfnissen älterer Arbeitnehmer entgegenkommen kann.

Helen Harkness: Don't Stop the Career Clock. Gegen das Alters-Mythos für eine neue Arbeitskultur im 21. Jahrhundert. Davies-Black Publishing 1999.

Ron Zemke, Claire Raines und Bob Filipczak: Generations at Work. AMACO 2000.

## Kapitel 2: Der Status quo

Faith Popcorn, Lys Marigold: „Clicking": der neue Popcorn-Report. Die neuesten Trends für unsere Zukunft. Heyne Verlag 2002.

Carole Kanchier: Mut zum Stellenwechsel. Wie Sie zur richtigen Zeit Ihr Leben verändern können. Econ Taschenbuch 1993.

Robert B. Reich: Wie wir morgen arbeiten werden. Piper Verlag 2002.

www.fastcompany.com – Das Internetmagazin Fast Company klärt über verschiedenste Karrieremöglichkeiten auf.

## Karriereseiten im Internet aus Deutschland, Österreich und der Schweiz:

www.jungekarriere.com – Das Internet-Magazin der Handelsblatt-Gruppe.

www.monster.de, www.stepstone.de, www.jobpilot.de – Jobbörsen und Information.

www.bmwa.gv.at – Informationen des österreichischen Bundesministeriums für Wirtschaft und Arbeit.

www.ams.or.at/neu – Arbeitsmarkt-Service für Österreich.

www.jobsuchmaschine.at, www.jobplilot.at, www.jobfinder.at, www.stepstone.at – Jobbörsen und Information.

www.bbt.admin.ch – Schweizerisches Bundesamt für Berufsbildung und Technologie.

www.bbw.admin.ch – Bundesamt für Bildung und Wissenschaft der Schweiz.

www.s-b-institut.ch – Institut für Berufsberatung und Lebensgestaltung in Bülach/ Schweiz.

www.consulting.ch – Suche nach Beratungsdienstleistungen in der Schweiz.

www.jobwinner.ch, http://topjobs.ch, http://jobsuche.monster.ch – Jobbörsen und Information.

## Kapitel 3: Werte, Einstellungen und Veränderungsbereitschaft

Spencer Johnson: Die Mäuse-Strategie für Manager. Veränderungen erfolgreich begegnen. Hugendubel 2000.

## Kapitel 5: Es ist alles so sinnlos …

Mark Bryan, Julia Cameron: Der Weg des Künstlers im Beruf. Das 12-Wochen-Programm zur Steigerung der Kreativität. Droemer Knaur 2003.

Richard Chang: The Passion Plan. Jossey-Bass 2000.

## Internetseiten über Ehrenämter in Deutschland, Österreich und der Schweiz:

www.ehrenamt.de, www.vereinsknowhow.de, www.pro-ehrenamt.de, www.ehrenamt-im-sport.de, www.startsocial.de, www.buerger-fuer-buerger.de, www.ehrenamtlich.de, www.gemeinsinn.de

www.freiwilligenweb.at, www.volkshilfe.at, www.efoe at.org, www.ngo.at/index.htm

www.statistik.admin.ch (Bericht über das Ehrenamt in der Schweiz), www.sgg-ssup.ch, www.pro-senectute.ch, www.kummernetz.ch

## Kapitel 6: Das kann's doch nicht gewesen sein

Suze Orman: The Nine Steps to Financial Freedom. Crown Publishers 1997.

## Kapitel 7: Gebrannte Kinder

Ruth Luban: Are You a Corporate Refugee? Penguin Books 2001.

## Kapitel 8: Die ewige Tretmühle

Judith M. Bardwick: The Plateauing Trap. How to Avoid It in Your Career and in Your Life. AMACOM 1986.

Nicholas Lore: The Pathfinder. How to Choose or Change Your Career for a Lifetime of Satisfaction and Success. Simon & Schuster/Fireside 1998.

## Kapitel 9: Endlich selbstständig!

Elaine Biech: Unternehmensberater werden und bleiben. Rosenberger Fachverlag 2001.

Peter Block: Erfolgreiches Consulting. Heyne Verlag 1999.

Alan Weiss: Million Dollar Consulting. The Professional's Guide to Growing a Practice. MacGraw Hill1998.

Harriet Rubin: Soloing. Die Macht des Glaubens an sich selbst. Fischer Taschenbuch 2003.

Robert B. Miller, Stephen E. Heiman mit Tad Tuleja: Strategisches Verkaufen. Die praxiserprobte Miller-Heiman-Methode, um komplexe Verkaufsvorgänge erfolgreich zu bearbeiten. Verlag Moderne Industrie 1997.

Andreas Lutz, Ich-AG und Überbrückungsgeld, Linde International 2004.

## Internetseiten in Deutschland, Österreich und der Schweiz:

www.bmw-bund.de, www.nexxt.de, www.startup-initiative.de, www.chancenfueralle.de, www.teamarbeit-fuer-deutschland.de, www.profirma.de, www.ueberbrueckungsgeld.de

www.bmwa.gv.at (Link zur Unternehmensgründung), www.lebedeinentraum.at, www.jungewirtschaft.at, www.informationscouts.com/was/unternehmertum-links.htm, www.unitrain.at/karriere/index.php (Career Center der Uni Wien)

www.weka.ch/de/info/category/management/unternehmensgruendung (Fachinformationsdienst des Züricher WEKA-Verlags), www.netnotar.ch (rechtliche Infos zur Gründung in der Schweiz)

## Kapitel 10: Wirklich schon aufs Altenteil?

John Howells: Retirement on a Shoestring. The Globe Pequot Press 2000.

Mike Robbins: Smart Guide to Planning for Retirement. John Wiley & Sons 1999.

## Kapitel 11: Die zehn Schlüssel zum Erfolg

Keith Harrell: Attitude Is Everything. 10 Life-Changing Steps to Turning Attitude into Action. Cliff Street Books 2000.

Daniel Goleman: Emotionale Intelligenz. dtv 2001.

Martin Seligman: Pessimisten küsst man nicht. Optimismus kann man lernen. Droemer Knaur 2001.

## Kapitel 12: Das 1 × 1 der Stellensuche

Richard Nelson Bolles: Durchstarten zum Traumjob. Das Handbuch für Ein-, Um- und Aufsteiger. Campus 2002.

Stefan Klein: Die Glücksformel. Oder wie die guten Gefühle entstehen. Rowohlt Taschenbuch 2003.

Jürgen Hesse, Hans Christian Schrader: Das Hesse/Schrader Bewerbungshandbuch. Alles, was Sie für ein erfolgreiches Berufsleben wissen müssen. Eichborn Verlag 2002.

Jürgen Hesse, Hans Christian Schrader: Die überzeugende schriftliche Bewerbung, Eichborn Verlag 2001.

Johanna Zugmann: Bewerbungsberater Österreich. Die Kunst der kreativen Stellensuche. Ueberreuter 2003.

Forum Praxisführer 2003/2004. Ausgabe Schweiz. Berufsstart in Wirtschaft und Technik. DSV-Studenten Verlag 2003.

Harvey Mackay: Suche dir Freunde, bevor du sie brauchst. Econ Taschenbuch 2000.

Uwe Scheler: Erfolgsfaktor Networking. Piper Verlag 2003.

Monika Scheddin: Erfolgsstrategie Networking. BW-Verlag 2003.

Gudrun Frey: Kontakte knüpfen und beruflich nutzen. Walhalla Fachverlag 2002.

## Nachwort

Nella Barkley, Eric Sandburg: The Crystal-Barkley Guide to Taking Charge of Your Career. New York 1995.

Dorothy Cantor, Andrea Thompson: What Do You Want to Be When You Grow Up? Boston 2000.